哈尔滨工业大学马克思主义学院 院史

1920—2020

HARBIN INSTITUTE OF TECHNOLOGY

不忘初心 砥砺前行

《不忘初心 砥砺前行》编写组 编

哈尔滨工业大学出版社

图书在版编目(CIP)数据

不忘初心　砥砺前行：哈尔滨工业大学马克思主义学院院史/《不忘初心　砥砺前行》编写组编. — 哈尔滨：哈尔滨工业大学出版社，2020.12
　　ISBN 978-7-5603-8895-3

Ⅰ.①不… Ⅱ.①不… Ⅲ.①哈尔滨工业大学马克思主义学院—校史 Ⅳ.①G649.283.51

中国版本图书馆CIP数据核字(2020)第113387号

不忘初心　砥砺前行：哈尔滨工业大学马克思主义学院院史
BU WANG CHUXIN DILI QIANXING：HAERBIN GONGYE DAXUE MAKESI ZHUYI XUEYUAN YUANSHI

策划编辑　李艳文　范业婷
责任编辑　付中英　苗金英
装帧设计　屈　佳
出版发行　哈尔滨工业大学出版社
社　　址　哈尔滨市南岗区复华四道街10号　邮编150006
传　　真　0451-86414749
网　　址　http://hitpress.hit.edu.cn
印　　刷　哈尔滨市石桥印务有限公司
开　　本　787毫米×1 092毫米　1/16　印张14.75　插页4　字数347千字
版　　次　2020年12月第1版　2020年12月第1次印刷
书　　号　ISBN 978-7-5603-8895-3
定　　价　100.00元

(如因印装质量问题影响阅读，我社负责调换)

哈尔滨工业大学文件

校人发〔2014〕95号

哈尔滨工业大学关于明确马克思主义学院机构、编制有关事宜的通知

各有关单位：

　　为深入贯彻《中共中央国务院关于进一步加强和改进大学生思想政治教育的意见》（中发[2004]16号）、《中共中央宣传部、教育部关于进一步加强和改进高等学校思想政治理论课的意见》（教社政[2005]5号）、《中共中央宣传部、教育部关于进一步加强高等学校思想政治理论课教师队伍建设的意见》（教社科[2008]5号）等文件精神，切实加强我校思想政治理论课教学、科研以及学科建设，根据《高等学校思想政治理论课建设标准》（教社科[2001]1号）的有关要求，经学校党委常委会十一届第37次会议研究，决定对马克思主义学院职能定位、领导职数和人员编制明确如下。

一、职能和定位

哈尔滨工业大学马克思主义学院为直属学校领导的独立二级学院，承担全校本科生、研究生思想政治理论课教学任务，并作为我校马克思主义理论相关学科点的依托单位，承担马克思主义理论研究、学科建设、研究生培养等工作。

二、领导职数和人员编制

马克思主义学院设院长（正处级领导岗位）1名，党委书记兼副院长（正处级领导岗位）1名，专、兼职副院长3名。

马克思主义学院内设学院办公室，其中设非领导管理岗位编制2个，其他内设机构和教师编制配备根据学院教学、科研工作、学科发展情况以及国家有关文件要求确定。

特此通知。

哈尔滨工业大学
2014年3月25日

哈尔滨工业大学学校办公室	2014年3月25日印发

共印 4 份

学院名牌

2019年学院教职员工合影

中共哈尔滨工业大学委员会文件

校党发〔2014〕20号

中共哈尔滨工业大学委员会关于设立马克思主义学院党总支的通知

各党委(总支)，各院（系）、部、处、直属单位：

  按照《中国共产党哈尔滨工业大学基层组织工作条例》的有关规定，经党委常委会2014年4月17日十一届第三十八次会议讨论决定，设立中共哈尔滨工业大学马克思主义学院总支部委员会。

  特此通知。

中共哈尔滨工业大学委员会

2014年4月25日

哈尔滨工业大学学校办公室	2014年4月25日印发

共印4份

中共哈尔滨工业大学委员会文件

哈工大党组〔2019〕56号

中共哈尔滨工业大学委员会
关于调整部分基层党组织设置的通知

各党委（党总支），各院、部、处、直属单位：

经党委常委会2019年7月16日十二届第51次会议讨论决定：

成立：

中共哈尔滨工业大学马克思主义学院委员会；

中共哈尔滨工业大学体育部委员会；

中共哈尔滨工业大学基础学部委员会；

中共哈尔滨工业大学校医院委员会。

撤销：

中共哈尔滨工业大学马克思主义学院总支部委员会；

中共哈尔滨工业大学体育部总支部委员会；

中共哈尔滨工业大学基础学部总支部委员会；

中共哈尔滨工业大学校医院总支部委员会。

特此通知。

中共哈尔滨工业大学委员会

2019 年 7 月 16 日

哈尔滨工业大学学校办公室　　　　2019 年 7 月 19 日印发

编 写 组

组　长　徐奉臻

副组长　魏红梅

成　员　徐奉臻　魏红梅　吴威威　巩茹敏
　　　　　黄进华　石　影　姜　山　王佳妮

序

哈尔滨工业大学马克思主义学院是一个有着历史传承的学院。在1920年哈尔滨工业大学创立之初,马克思主义学院便孕育成长。1950年,哈尔滨工业大学开设了"社会发展史""中国革命史""政治经济学"等思想政治理论课;哈尔滨工业大学和中国人民大学一起,被确定为全国高校学习苏联的两个样板。1952年,哈尔滨工业大学在全国理工科院校中率先成立政治课教研室。1956年,分别成立哲学教研室、政治经济学教研室、中国革命史教研室、马列主义理论课教研室。1984年,马列主义理论课教研室改为社会科学部。1991年,在社会科学部的基础上,成立社会科学系。1995年,在社会科学系的基础上,成立人文与社会科学学院。2011年5月25日,在人文与社会科学学院马克思主义理论学科和哲学学科相关教研室发展的基础上,正式组建"马克思主义学院"(校党发〔2011〕34号)。2014年3月,学校又进一步明确马克思主义学院为直属学校领导的独立二级学院(校人发〔2014〕95号)。同年5月4日,马克思主义学院正式从人文与社会科学学院独立出来。目前,学院共有在编教师41人。

2011年建院以来,学院领导带领广大师生,践行"规格严格,功夫到家"的校训,始终坚持党的教育方针,认真落实党、国家和学校的各项部署,在党建、教学、科研、学科建设、队伍建设、行政管理等方面,都取得了令人欣慰的成绩,其中有很多成绩是全国、全省、全校、全院"零"的突破。

在党建上,2014年4月17日,设立中共哈尔滨工业大学马克思主义学院总支部委员会;2019年,成立中共哈尔滨工业大学马克思主义学院委员会,学院党建工作迈上了新台阶。在六年的发展历程中,学院党委紧扣时代脉搏,以学校中心工作为外延点,不断增加学院美誉度、提高学院知名度、提升全院教职工政治理论水平,为学院发展助力。通过2014年的党建创优工程、群众路线教育实践,2015年的"三严三实"专题教育,2016年的"两学一做",2017年的落实中央巡视整改工作任务、贯彻落实全国高校思想政治工作会议精神,2019年的"不忘初心,牢记使命"主题教育等活动,学院党委不断创新、勇于开拓,结合学院学科优势,认真履行主体责任,将中心工作、重点工作在做好贯彻、学习的同时积极向外围延伸,同时通过创造性地开展专题研究,取得了丰硕成果。

在教学上,学院获首届全国高校思想政治理论课教学能手第一名、首届全国高校思想政治理论课教师影响力标兵人物、首届全国高校"形势与政策"课巡回教学展示活动教学标兵、全国高校思想道德修养与法律基础课教学展示活动教学标兵、首届全国高校思想政治理论课教学展示活动一等奖、全国高校中国近现代史纲要课教学展示活动教学骨干、首届全国高校思想政治理论课优秀教学案例、全国大学生素质教育精品通选课、宝钢教育奖(2人)、黑龙江省精品课、黑龙江省普通高等学校教学名师奖、黑龙江省教学能手、黑龙江省精品视频公开课、黑龙江省优秀教学创新团队、黑龙江省思想政治理论课教学竞赛一等奖(9人次)、校精品课(新四门本科思想政治理论课)、校教学贡献奖、校最受学生欢迎的教师奖等荣誉。

在科研上,2011年以来,获批国家社会科学基金重大招标项目子课题、国家社会科学基金一般项目、国家社科后期资助项目、国家出版基金重点资助项目等30项。在《马克思主义研究》《哲学研究》《中共党史研究》《马克思主义与现实》《自然辩证法研究》《人民日报》《光明日报》等期刊报纸发表文章近百篇,在中国社会科学出版社、高等教育出版社、中国环境出版社等出版教学科研著作19部,荣获国家第二批"万人计划"哲学社会科学领军人才、中宣部文化名家暨"四个一批"人才、全国和各省区市中国特色社会主义理论体系研究中心高质量理论文章奖、全国基层理论宣讲先进个人、黑龙江省宣传文化系统"六个一批"理论类人才(2人)、青年龙江学者、黑龙江省社会科学优秀科研成果奖一等奖(3次)、黑龙江省高校人文社会科学研究优秀成果奖一等奖(2次)、黑龙江省优秀高等教育科学研究成果奖一等奖(3次)。学院教师先后担任"中国高校经济理论与思政教改研究会"会长、"教育部思想政治理论课高职高专分教学指导委员会"委员、"教育部马克思主义理论研究和建设工程重点教材配套用书"编写专家等。2011年以来,学院教师应邀做客人民网、社会主义核心价值观百场讲坛、学习强国平台等,在全国各地进行各种教学和学术宣讲800余场,已经成为具有全国影响力的品牌。

在学科建设上,2016年,被黑龙江省委宣传部、黑龙江省委高校工委和黑龙江省教育厅评为"黑龙江省首批高校重点马克思主义学院"。2017年,成功获批"马克思主义社会学(马克思主义理论与社会实践)"二级学科博士学位点(现改为博士培养方向),并从2018年起正式招收博士研究生。2018年,在黑龙江省教育厅组织的专项调研督察中,"马克思主义理论"一级学科获评最高档——"A"。2018年,获评"黑龙江省哲学社会科学学科体系创新工程学科项目"最高档,全省只有两所马克思主义学院入选。

为加快重点马克思主义学院建设,学院党政领导班子群策群力,各项建设取得长足发展。2019年学院整体搬迁至明德楼后,办公条件进一步得到改善,学院新址总面积1 292.7平方米,增幅达75%,对重点马克思主义学院建设起到了推动作用;学院增设了教授办公室、名师工作室、课程思政教学咨询分中心、文献信息中心、党员之家、职工小家等,使学院各项工作迈上新台阶。

值此百年校庆之机,在行进的路上驻足回眸,梳理学院发展的脉络轨迹,总结全院教师孜孜不倦的奋斗历程,是对穷当益坚之过往的纪念,更是促进学院待势乘时、进一步发展的需要。在此,一并向一直以来对学院发展给予真诚支持的领导、师长、朋友表示诚挚的谢意,祝愿学院在未来的发展中百尺竿头更进一步,取得新的更大的成绩。

马克思主义学院院长

2020年5月2日于哈尔滨工业大学

目 录
CONTENTS

第一章　马克思主义学院发展简况 /1

第一节　2011年之前马克思主义学院简史 /3
　一、基业初立(1950—1957) /3
　　(一)建设马列教研室 /3
　　(二)开展教学科研 /4
　　(三)组织社会实践 /6
　二、曲折前行(1957—1965) /7
　　(一)曲折不断 /7
　　(二)砥砺前行 /9
　三、十年艰辛(1966—1976) /9
　　(一)"文革"冲击 /9
　　(二)坚持与抗争 /10
　四、恢复发展(1977—1995) /11
　　(一)教研机构建设 /11
　　(二)师资队伍建设 /12
　五、发展壮大(1995—2011) /13
　　(一)世纪之交的创新发展 /13
　　(二)"05"方案的贯彻实施 /16
　　(三)"两课"师资队伍建设 /16

第二节　2011年以来马克思主义学院师资建设 /20
　一、师资队伍现状 /21
　二、高层次人才 /22
　三、师资队伍建设 /28
　　(一)师资选聘 /28
　　(二)师资培养 /29

第二章　马克思主义学院教学建设/31

第一节　马克思主义学院教学建设简况/33
　　一、社会主义革命和社会主义建设时期(1949—1976)/33
　　二、改革开放和社会主义现代化建设新时期(1978—2011)/34
　　三、中国特色社会主义新时代(2012年至今)/37
第二节　2011年以来马克思主义学院课程教学/38
　　一、教育教学理念/39
　　　（一）办学定位/39
　　　（二）培养目标/40
　　二、课程教学管理/40
　　　（一）组织管理/40
　　　（二）教学管理/42
　　三、课程设置/43
　　　（一）预科生思想政治理论课设置/43
　　　（二）本科生思想政治理论课设置/44
　　　（三）研究生思想政治理论课设置/46
　　　（四）研究生专业课设置/46
　　　（五）其他类别课程设置/57
　　四、教学改革举措/58
　　　（一）开展思想政治理论课专题化教学探索/58
　　　（二）深化现有的思想政治理论课教学模式/59
　　　（三）采用多元化思想政治理论课教学方法与手段/60
　　　（四）推广"大班授课—小班讨论—大班总结"的教学模式/61
　　　（五）实现"线上教学"与"线下教学"无缝衔接/61
　　　（六）完善思想政治理论课"累加式-发散性考试体系"/62
　　　（七）推动"第二课堂+社会实践"的课外教学/63
第三节　2011年以来马克思主义学院教改成果/65
　　一、教学改革项目/65
　　二、教学改革论文/71
　　三、教改著作、教材/73
　　四、教学奖励和荣誉/74
　　　（一）教学奖励/74
　　　（二）教学荣誉/78

目 录

第三章 2011年之前马克思主义学院学科建设/87

第一节 2011年之前马克思主义学院学科发展/89
 一、学科简介/89
  （一）马克思主义理论一级学科简介/89
  （二）哲学一级学科简介/90
 二、人才培养/92
  （一）马克思主义理论专业硕士生培养/92
  （二）哲学专业硕士生培养/94
 三、依托与平台/96
  （一）相关教研室/96
  （二）图书资料室/96

第二节 2011年之前马克思主义学院科研状况/99
 一、科学研究项目/99
 二、科学研究论文/101
 三、科学研究著作/124
 四、科研奖励和荣誉/126
 五、重大标志性成果/132

第四章 2011年以来马克思主义学院学科建设/133

第一节 2011年以来马克思主义学院学科发展/135
 一、学科简介/135
  （一）马克思主义理论一级学科简介/135
  （二）哲学一级学科简介/136
  （三）马克思主义社会学二级学科简介/138
 二、人才培养/140
  （一）硕士生培养/140
  （二）博士生培养/142
 三、依托与平台/145
  （一）黑龙江省重点马克思主义学院/145
  （二）黑龙江省哲学社会科学学科体系创新工程学科项目/146
  （三）徐奉臻名师工作室/146
  （四）马克思主义文献中心/148

第二节　2011年以来马克思主义学院科研状况/148
　　　一、科学研究方向/148
　　　二、科学研究项目/151
　　　三、科学研究论文/166
　　　四、科学研究著作/179
　　　五、科研奖励和荣誉/181

第五章　马克思主义学院行政管理与党的建设/187

　　第一节　马克思主义学院行政管理/189
　　第二节　马克思主义学院党的建设/194
　　　一、发展历程,追根溯源,以史为鉴知兴替/194
　　　二、围绕中心,服务大局,咬定青山不放松/195
　　　三、不断创新,勇于开拓,创新是引领发展第一动力/198
　　　四、继往开来,稳中求进,立足现在规划长远/199

第六章　马克思主义学院社会服务与社会影响/201

　　第一节　马克思主义学院社会服务/203
　　　一、社会兼职/203
　　　二、理论宣讲/207
　　第二节　马克思主义学院的社会影响/220

第一章 马克思主义学院发展简况

第一节 2011年之前马克思主义学院简史

作为全国首批211、985和"双一流"建设A类高校,哈尔滨工业大学(以下简称哈工大)的思想政治理论课建设具有悠久的历史和优良的传统。自从哈工大建校后,就有一批中共党员在校内从事地下活动,暗中进行思想政治教育。在1950年哈工大全面回归祖国后,党和国家把哈尔滨工业大学和中国人民大学共同确定为全国高校学习苏联的两个样板,它们承担起为国家社会主义工业化建设培养高级技术干部和高校理工科教师的重任。此后,哈工大一直保持着高度重视人才思想政治素质培养的光荣传统,并曾受到毛泽东、邓小平等党和国家领导人的鼓励:1960年,自然辩证法专业关士续等教师在《光明日报》上发表文章,后在《红旗》杂志发表相关内容高水平论文并收到毛泽东同志亲笔信,在全国引起很大反响。

一、基业初立(1950—1957)

早在1925年,哈工大就出现了第一位共产党员——吴保泰。据统计,1925年9月至1949年9月,哈工大共有地下党员52名。在党的领导下,这些党员勇敢地站在革命斗争前列,开展各种革命活动,特别是在校内外积极进行马克思主义传播活动,这为1950年后党在哈工大正式开展思想政治理论教育打下了一定的思想基础。

1950年10月,哈工大全面回归祖国,进入一个全新的发展时期。1951年,刘少奇代表中共中央,对哈工大的办学方针做出重要批示,确定哈工大为学习苏联高等教育先进经验的重点学校,这实际也蕴含了哈工大的马列主义理论教学应该成为全国样板的明确要求,无疑构成了哈工大党委抓好马列主义理论教学工作的重要指针;构成了马列主义理论教师献身学校建设,搞好教学工作的强大动力。从此,哈工大担负起既要为新中国培养又红又专的社会主义建设高级人才,又要学习苏联社会主义教育先进经验,推动我国教育制度改革的光荣而又艰巨的任务,哈工大由此进入学校发展史上第一个"黄金时代","政治理论课也迎来了自己的"黄金时代"。

(一)建设马列教研室

从1950年起,哈工大仿效苏联马列主义理论教学模式,结合中国实际,坚持理论联

系实际的方针,开始创建马列主义理论课的工作,最初是由学校党组成员讲授"社会发展史""中国革命史""政治经济学"等马列主义理论课。在课堂教学中,任课教师认真引导学生弄清弄懂马列主义的基本原理,并在此基础上,运用这些原理解决中国的实际问题。

1952年6月,为加强师生马列主义理论课的系统学习及进行政治理论研究,学校专门成立政治课教研室,首任教研室主任为陈泽(校人字第24号文),但因师资短缺,仍由几名兼职教师讲授马列主义理论课。1953年秋,为了系统地对学生进行马列主义理论教育,在原政治课教研室的基础上成立了马列主义教研室。由陈泽教授担任马列主义教研室主任;同年11月,任命党组成员王波鸣副教授(曾在延安中央党校工作,时任中国人民大学马列主义基础教研室副主任)为副主任。1954年10月,陈泽前往北京工作,马列主义教研室由王波鸣同志兼任主任;其后,王波鸣同志担任学校党委副书记,但仍兼任马列主义教研室主任。

1956年,为了适应学校发展和大量开设马列主义理论课的需要,学校又对马列主义教研室进行了调整,在原有四个教学组和资料组的基础上,分别成立哲学、政治经济学、马列主义理论课、中国革命史四个教研室,统一由学校党委直接领导:由王波鸣兼任哲学教研室主任,学校党委委员、副教授冯兰瑞任政治经济学教研室主任,学校党委书记李东波兼任马列主义理论课教研室主任,学校党委副书记张恩起兼任中国革命史教研室主任。

为了破解马列主义理论课教师严重短缺的难题,1952年,学校选送10名政治素养好、有志献身政治教育的教师和学生,前往中国人民大学马列主义研究生班,分别学习哲学、政治经济学、马列主义基础和中共党史等专业,并聘请苏联专家贝斯特雷赫来校培养师资、研究生。1953年7月,学校又从预科和专修班学生中抽调政治素质较好的14名同志到政治课教研室进行培养。同时,先后从全国各大学毕业生中调进一些青年教师,如从东北局党校毕业生中分配来4名同志,使得政治课教研室的总人数突增至三四十名。到1956年,马列主义专兼职教师已经发展到50多名,其中副教授2名,讲师10名,助教30多名。至1957年,随着学校扩大招生,哲学、政治经济学、马列主义理论课、中国革命史四个教研室也初具规模,教师们团结合作,朝气蓬勃,成为马列主义理论课发展史上的第一个高峰,为后来的教研室建设、师资队伍建设和课程建设奠定了坚实的基础。

在这一阶段,学校设置的马列主义理论课由少及多,仅1951年至1953年上半年,就先后开设了"社会发展史""政治经济学""中国革命史"三门课程;1954年又增设了"马克思主义哲学"课程。随着马列主义理论课的不断开设,政治课教师队伍也不断壮大,但其专业基础、政治思想水平仍然参差不齐,与客观要求相比仍有较大距离,需要调整、提高。于是,这些青年教师一边学习、一边教课,承担起全部教学任务,完成讲课、讨论和辅导的整个教学过程,保证马列主义理论课的教学质量和水平,逐步成长为各个教研室的领导和骨干。

(二)开展教学科研

在马列主义理论课教学过程中,教师们逐渐加深对马列主义理论课教学规律的领悟。1955年5月23日,在《哈尔滨工大》上,有一位马列主义教师明确提出,在复习中"要特别注重对原理的理解,要深入地了解每一章的主要内容,并弄清它们之间的有机联系。对于一般的历史事实不要花很多的时间去记,但是对一些重要的并与原理有关的历史事实事例是不可不记的";还要"注重理论与实际的联系,特别是与中国实际的联系。要逐步运用原理来说明中国实际问题,反对教条式的记忆。要想很好地联系实际,必须首先把原理搞通,然后有机地去联系,但对于有一些问题,不能联系就不联系,能联系多少,就联系多少,也要防生拉硬扯"。

1955年10月11日,在《怎样学习经济学》一文中,政治经济学教研组明确提出,"开始学习的时候起,就必须弄清基本概念、基本原理的含义,同时也需要记住基本概念的内容",要"真正理解这些原理的精神实质,而不是要求背诵","联系实际分为联系思想实际和社会实际",即"解决你对社会上经济现象的认识",解决自己从事革命事业的态度和信心,所以在政治理论课的课堂教学过程中,各门课都把课堂讨论作为一个重要的教学环节认真抓好。

1955年10月21日,在校刊《哈尔滨工大》上,中国革命史教学组也撰文指出,"课堂讨论是学习苏联先进的教学方法,是政治理论课教学过程中的一个重要环节,是在教师支持指导下对课程主要内容进行系统、充分的讨论的一种教学方法。其好坏的关键,在于讨论前的准备",其最基本的要求"是理论联系实际,即联系历史实际,联系目前国际、国内和党的政策;联系自己的思想实际,用新学到的理论来检查与批判自己的思想,提高觉悟"。每个人在"讨论时一定要积极发言、大胆争论,虚心倾听别人的发言,学习别人的长处,在讨论时应以理服人,不要乱扣帽子",实际这也是马列主义理论教学的课堂讨论的如实概括。

当时,哈工大马列主义教师积极参加学生党团组织活动,参加校内外理论宣传和国家经济建设专题研究,以及参加全国编写理论教材活动,从而使得马列主义理论课的教学和科研水平有了很大的提高。从1954年开始,一些年轻的马列主义理论课教师在校刊《哈尔滨工业大学》上发表教学科研论文,如徐之梦1955年5月10日的《要牢记着马克思关于教育的党性原则的指示——纪念马克思诞辰137周年》,1955年10月1日的《怎样学习〈联共(布)〉党史第一章》等文章,使政治经济学教学科研工作在这一阶段有了新突破。

1957年下半年,时任学校党委委员、政治经济学教研室主任冯兰瑞被借调到中共中央宣传部科学处,参加由于光远牵头的《政治经济学教科书》编写工作。此前,我国高校政治经济学教学都是使用苏联的教科书。1956年,于光远受党中央之命,组织编写中国自己的教科书,便邀请冯兰瑞参加这一工作。冯兰瑞多次参加中宣部科学处组织召开的双周座谈会,结识并了解了中国许多知名经济学家的重要观点,也认识和熟悉了孙冶方、薛暮桥、陈翰笙、姜君辰、许涤新、骆耕漠和宋涛等著名经济学家。1959年4—5月,中宣部在北京中央党校召开各省市编写政治经济学教科书讨论会,冯兰瑞作为黑龙江省代表与会,提交大会的有十几部教科书,而黑龙江省没有自己的教科书。会后,黑龙江省委决定要编一部政治经济学教科书,抽调十几位经济学教师集中在黑龙江省委党校组成编写组,由冯兰瑞担任主编。1959年,黑龙江省的《政治经济学讲义·社会主义部分》完成,冯兰瑞为这本书写了上万字的导论,成为黑龙江省高校的内部教材。在此期间,冯兰瑞及时把有关信息传达给本校政治课教师,极大地深化了大家的科研意识,不仅对哈工大政治课教师的科研工作有深远影响,而且带动了全省高校政治课教师科研工作的真正起步。

同时,在马列主义教师指导下,许多大学生自发地成立了一些马列主义科学研究小组。1955年3月,3025班12名学生建立了全校第一个马克思列宁主义科学研究小组,结合一年级学习马列主义基础课、二年级学习政治经济学的内容,请老师做了三次报告,进行了四次小组讨论,并与哈尔滨医科大学医疗系五期四班三组的马列主义科学研究小组建立了联系。1956年3月3日,校刊《哈尔滨工大》介绍了他们的活动情况,立即使全校如雨后春笋般涌现出一大批同样的小组,到1956年6月6日,马列主义科学研究小组就达到了13个。此外,还有一些同学自动组织党的知识学习小组,也都以深入研究马列主义理论为主要内容。

(三)组织社会实践

这一阶段,马列主义教师在课外积极组织、引导学生参加社会实践,在火热的社会主义改造、社会主义建设的高潮中运用自己学习的马列主义理论,投身社会实践。

1956年1月,全校同学和教职工共2 500人,组织了4个农村访问团,结合学习毛泽东《关于农业合作化问题》的报告,利用寒假分两批到哈尔滨市郊的王岗区、天恒区和松浦区农村进行调查研究和宣传工作。同学们走进农民家中,与农民交谈;走进村党支部,听党支部书记介绍农业合作化的现状,亲身感受到了农村社会主义改造的历史变革。同时,还有同学奔赴哈尔滨市内各区,考察资本主义的社会主义改造。如5122班的同学们,在1月7日访问公私合营的哈尔滨印刷厂,与厂里的一部分青年团员和党总支负责同志分别进行座谈,具体了解社会主义资金的比重为何不断上升,什么是"四马分肥",现在资本家在工厂的状况怎样等,大大提高了自己的政治水平和思想觉悟。此外,同学们积极开展宣传工作,在王岗区西屯,哈工大学生带来宣传苏联农村集体农庄的幻灯片给农民观看,还表演农民喜闻乐见的评剧、二人转、小话剧、相声、快板等反映社会主义新变化的小节目,还有的带"小图书馆"下乡,都受到农民的热烈欢迎。

为了加强理论联系实际,实现教学与实践相结合、教学与科研相结合,在1957年5月12日校第一次党员代表大会上代表校党委做的工作报告中,学校党委副书记、副校长高铁明确提出:"高等工业学校应该培养为社会主义建设服务的、体魄健全、热爱祖国和具有一定的马克思列宁主义水平、掌握先进科学技术的高级建设人才";"政治理论学习、结合党团日常政治思想工作、时事政策教育和各种社会活动,使学生逐渐地具有马克思列宁主义的立场、观点、方法和共产主义道德品质;使学生了解马克思列宁主义的基本原理,懂得什么是辩证唯物论,什么是形而上学;使学生具有联系实际、联系群众、勇于进行自我批评的作风",推动学校政治理论课教学、科研和社会实践上了一个新台阶。

二、曲折前行(1957—1965)

总体来看,在这一时期,马列主义理论教育处于曲折发展的过程。劳动和社会活动过多,教学工作经常受到冲击。1957年下半年,有的教师受到错误批判,有的教师被认为不适合从事马列主义理论教学工作而被调离。1960年以后国家又处在三年经济困难之中。这一切,都给马列主义理论教育带来不利的影响。但是,不能否认,这一时期哈工大和全国一样,从总体上看,还是坚持了党的正确路线。马列主义教师在参加学校各项活动中,发挥了高度的社会主义积极性和创造性,团结一致,克服困难,辛勤劳动,努力工作,在校党委的重视和领导下,在为国家培养又红又专的高级科技人才的工作中,做出了应有的贡献。

(一) 曲折不断

1958年初,学校撤销马列主义教研室,成立社会主义教育办公室,冯兰瑞任主任,李天珉、岳凯武任副主任。当时,"大跃进"运动兴起,哈工大有大批教师(包括一部分马列主义理论课教师)被下放到江北红星农业生产合作社参加劳动,个别人到市内工厂和哈工大江北农场劳动,而留校的教师在社会主义教育办公室领导下,下到各系成立教学组,对学生进行社会主义教育,学习中央规定的文件和开展"大辩论"。为了补充教师数量,学校从各专业学生中抽调30多名骨干,充实到马列主义教育的师资队伍中;1959年5月,又将下乡、下系的马列主义理论课教师重新集中,恢复政治经济学、马克思主义理论两个教研室,并成立中共党史教研室,停开"中国革命史"课程。至1960年春,又成立自然辩证法研究室。

1959年,学校确定建校的指导思想是"两个基础,一个尖端",也就是加强马列主义理论教育和基础课教育,发展尖端科学,把哈工大办成国际一流的大学。为此,在李昌校长亲自主持下,1960年2月,学校将社会主义教育办公室和机械系工程经济专业合并,成立政治经济系,李云麟任党总支书记兼主任,王者兴任党总支副书记兼副主任,关键、黄净、刘景林任副主任。由于开设马克思主义哲学、政治经济学两个专业培训班的专业课,政治经济系教师不够用,学校又从学生中抽调22名骨干充实队伍,使得政治经济系教师达到100多人,开设10多门课程,这是哈工大马列主义理论教育发展史上的第二个高峰。

1960年2月16日,学校党委做出《关于加强马列主义教育,开展毛主席著作学习的决定》。4月,学生在按常规学习马列主义理论课之外,还学习《列宁主义万岁》等三篇文章。同年9月,《毛泽东选集》第四卷出版;在1961年春季学期,全校停开政治理论课,广大师生员工统一学习《毛泽东选集》第四卷,由校党委副书记和正、副校长亲自讲课。在此基础上,全校掀起学习毛主席著作的高潮,在马列主义教师的指导和帮助下,全校共成立1 000多个学习小组,这对广大学生掌握毛泽东思想起到了重大作用。

从1959年开始,中国进入三年经济困难时期。根据1961年中共中央提出的"调整、巩固、充实、提高"八字方针,学校进行调整,于1961年11月27日撤销政治经济系,成立政治课委员会,张真任主任,李云麟任副主任。

1961年9月,教育部颁布《教育部直属高等学校暂行工作条例(草案)》(简称《高教60条》),强调恢复正常的教学秩序,保证教师有5/6的时间用于教学,注意提拔和培养拔尖人才,因而学校政治课委员会决定恢复正常的马列主义理论教学。

1962年,为贯彻《高教60条》,学校对1958年以来从学生中抽调当教师的骨干实行"退赔",其中政治课教师有30多人回到原系学习。同年,撤销社会主义教研室,原有教师分到中共党史和马克思主义哲学等教研室工作,另成立形势与任务教学组。

根据学校决定,1963年8月26日,李云麟担任政治课委员会主任;同年11月27日,成立政治课委员会党的分总支,李云麟兼任书记、张桂荣担任副书记;翌年11月7日,王者兴任副主任。1963年9月,在形势与任务教学组的基础上,成立形势与任务教研室。同年10月,贯彻高教部指示,制订师资提高规划,提倡"摘桃子"精神。

黑龙江省教育系统学习毛主席著作先进单位、个人留影纪念(1964年5月14日)

从1961年9月《高教60条》颁布到1964年,是比较稳定地开设三门政治理论课的时期,教师能够在比较正常的情况下进行教学和开展科研工作,自身素质提高比较快。

不过,在1964年以后,学校强调教师和学生同吃同住同劳动,于是马列主义教师住到学生宿舍,对学生进行阶级和阶级斗争的教育。因为教师的大部分时间放在"与学生打成一片"之中,缺少备课时间,马列主义理论教育的质量有所下降。

1963年5月,中共中央印发了《关于目前农村工作中若干问题的决定(草案)》("前十条")。根据这一决定,从1964年开始,哈工大马列主义教师分三批,和全校师生一起下乡进行社会主义教育。

(二)砥砺前行

这一阶段,哈工大马列主义科研工作成就最大、影响最深的当数自然辩证法研究。1958年,在校长李昌同志的大力支持下,哈工大率先在国内开展"自然辩证法"研究,并把这种研究与当时的生产实践结合起来,取得了令人瞩目的成就,在全国产生了广泛影响。

1958年,哈尔滨机联机械厂技术人员和工人合作设计和运用积木式机床;次年,与哈工大机械系的教师一起组成"三结合"的科研小组,这个科研小组一举研制成功"三化四度"("三化"是指运转自动化、用途多能化、部件通用化,"四度"是指高精度、高速度、高刚度、合理刀角度)积木式机床,这是利用矛盾规律,解决机床设计上的难题而取得的丰硕成果。1960年11月25日,有关这一成果的文章以《从设计积木式机床试论机床内部矛盾运动的规律》为题,在《光明日报》发表后,引起了毛主席的高度重视,他还以"《红旗》杂志社编辑部"的名义亲笔给哈工大机械系党组织写了一封热情洋溢的信。

接到毛主席的亲笔信后,哈工大党委和时任校长李昌同志连忙从机械系和自然辩证法研究室抽调精兵强将,由自然辩证法教研室青年教师关士续作为主要执笔人,与另外几位老师合作,写了《再论机床内部矛盾运动的规律和机床的"积木化"问题》一文,经过李昌同志反复修改并定稿后,发表在1960年第24期的《红旗》杂志上。这篇文章的发表,在全国引起了极大反响,也空前有力地激励了哈工大"两课"教师的科研积极性。自然辩证法学习从此蔚然成风,不但在"两课"教师中形成研究梯队,而且很多理工科教师也结合自己的专业,认真学习和自觉运用自然辩证法,推动哈工大成为这一时期全国自然辩证法研究的领军单位。

三、十年艰辛(1966—1976)

(一)"文革"冲击

1966年哈工大马列主义教师队伍受到极大的冲击。

尤其值得一提的是,1970—1974年,哈工大的主要部分南迁重庆市北碚区,但只有极少数马列主义教师获准南迁,绝大多数马列主义教师因为不符合南迁的"政治条件",除个别人去五常县举家"插队"落户参加劳动,一部分趁乱调去外省市之外,大多数留哈的马列主义教师与黑龙江工学院、黑龙江电工学院两校的马列主义教师合并。至此,原来团结向上、朝气蓬勃的哈工大马列主义教师队伍已经处于支离破碎的状态。

在这一阶段,马列主义理论课程队伍的领导班子、管理机构频繁变更,动荡不安。60年代,原有的马列主义理论课领导班子就被砸烂。1971年,为贯彻毛主席"理工科大学还是要办"的指示,哈工大准备复课;同年9月,学校安排新招收的7名在职人员前往黑龙江大学进修,以补充马列主义教师队伍。1973年夏,再次成立"政治理论课教育委员会",崔勇为党支部副书记,黄净、冰利为副主任。同年3月,孙景泰为副主任。1974年初,各个马列主义理论课教研室被拆散,所属教师也分组下系,参加运动。

(二)坚持与抗争

"疾风知劲草,板荡识诚臣",广大马列主义理论课教师并没有被冲垮、压倒。他们越来越努力地用马克思主义基本原理分析辨别关系党和国家命运的大是大非问题,开始不同程度地、针锋相对地同极"左"理论、路线进行斗争。

这一阶段,哈工大的马列主义理论教师都坚信共产主义理想,坚信马列主义理论基本原则,坚持不断运用自己已经熟知牢记、深入骨髓的马克思主义原理分析纷乱的现实,坚信目前的状况只是一段历史的曲折,中国、哈工大的未来是光明的。

在遭到严重破坏和削弱的情况下,马列主义理论教师队伍也补充了一些新的力量。1974年,由于马列主义理论教师队伍严重不足,学校办了一期政治课师资班,招收工农兵学员35人,学制两年;1976年毕业以后,13人留校。由于当时的客观条件,这个师资班的教学思想、教学内容受到了一些"左"的影响,这些同志没有学过系统、完整的中学课程,但他们大都有过上山下乡、当工人或参军等阅历,对从事马列主义理论教育未必不是一个好条件,加上个人勤奋、努力,对课堂教学和课外辅导都十分投入,他们的政治素质、专业水平得到很大的提高。值得一提的是,商桂珍、李学丽、杜兰平等同志分别担任本教研室、社科系、成人教育学院等单位的领导,为马列主义理论课程建设、学校建设做出了自己的贡献。特别是商桂珍同志,几十年如一日,始终淡泊名利,在工作上尽心尽责、关心同志,被同志们公认为马列主义理论教师队伍中的"老黄牛"。

总之,这一时期虽然给马列主义理论教师队伍造成严重损失,但也有力地促进了马列主义理论教师队伍政治业务素质的提高。通过极"左"路线的反面教育,大家更加坚定马克思主义与中国基本原理下的中国具体实际相结合的理论方向,对"实事求是""群众路线""独立自主"等中国化马克思主义活的灵魂有了更加深刻的认识;通过下乡下厂、南迁北返,与广大工农群众长期打成一片,大家对中国的经济、文化发展水平和人民生活状况等有了更加切实、深入的体验,这些都是在正常条件下难以得到的。这些经历,都使马列主义理论课教师倍加珍惜自己的工作,努力以实际行动,最大限度地弥补特殊时期造成的巨大损失。

四、恢复发展(1977—1995)

(一)教研机构建设

1978年党的十一届三中全会之后,全国进入了改革开放的新时期,哈工大的建设也跨入了新时期,马列主义理论教师队伍随之进入了拨乱反正、恢复发展的崭新阶段。

1977年春,哈工大正式恢复全国统一招生,思想政治理论课教学工作也转入正常轨道。在拨乱反正、正本清源的思想、组织清理中,按照党中央和黑龙江省委的指示,在学校党委的正确领导下,在马列主义理论教师队伍建设中全面落实党的知识分子政策和干部政策,政治课党支部正式为李云麟等24名同志平反,不仅使他们从政治上、思想上彻底甩掉思想包袱,而且使全体马列主义理论教师从思想上进一步认清极"左"路线的严重危害,从而振奋革命精神,坚定献身共产主义理想的革命信念。1985年,按照中共中央和航天部党委的统一部署,哈工大又用一年时间进行党员重新登记,使马列主义理论教师受到了一次深刻教育,得到全面提高,有力地促进教学、科研等多项工作,为新时期马列主义理论教师队伍建设扫清了障碍,奠定了基础。

马列主义理论教师队伍的组织机构、领导班子不断得到加强。1977年,马列主义理论教师从各系陆续调回,重新建立中共党史、政治经济学、哲学、科学社会主义4个教研室和自然辩证法研究室。1979年10月,学校党委决定撤销政治课委员会,恢复马列主义教研室,1984年改为社会科学部,1991年成立社会科学系。先后担任党总支书记的有李云麟、张桂荣、张巨浩、解保军,担任副书记的有乔士辉、陈松;先后担任主任的有李云麟、彭瑞玲、孙景泰、何明升,担任副主任的有崔勇、冰利、龙俊才、蔡昌瑞、张连枝、史会来、乔士辉、韩福才、张德旺。1985年,原属学校学工部领导的德育教研室与党委宣传部领导的形势与任务教研室也划归社科部建制;1989年3月,德育教研室与思想政治教研室实现合并。

为进一步加强马列主义理论科学研究工作,建立多个科研机构:1985年,成立社会科学研究所,袁礼周任所长,彭瑞玲、蔡昌瑞任副所长;1987年2月,孙景泰任所长,彭文晋任副所长;1992年,建立软科学研究所,关士续任所长;同年,建立东北亚经济研究所,彭瑞玲任所长。这些科研机构的发展构成哈工大"两课"教师成长、发展的新平台,开拓哈工大"两课"教师密切联系改革开放主战场的渠道,有力地促进了教学、科研等工作的展开。

值得强调的是,上述科研机构各位负责人都是教学、科研带头人,又是率领"两课"教师队伍适应全国改革开放形势发展和国家社会主义物质文明、精神文明和政治文明建设需要开拓前进的团队领军人物,其中有代表性的是彭瑞玲教授:1983—1987年,在担任社科系主任期间,彭瑞玲教授带领全部教师在教书育人上取得突出成就的同时,积极、扎实地抓学科建设和科研工作,不断参与黑龙江省迫切需要的科研项目,不断加强与兄弟院校、上级机关的密切联系,于1986年前后取得政治经济学、马克思主义哲学、中共党史3

个硕士学位授予点。需要指出的是,由于长期透支体力努力工作,这批教学、科研带头人的身体状况均不好,但在名利面前,他们总是坚持事业第一,如孙景泰教授,黑龙江省委、哈尔滨市委多次调他去校外单位,提拔重用,其中一次明确提出安排他担任哈尔滨市委党校副校长,在学校表示希望他继续留校工作时,孙景泰都愉快地服从了组织安排。他们这些行动,体现了哈工大教师的思想风采、精神力量和人格魅力。

(二)师资队伍建设

20世纪80年代以来,一大批新成员走进"两课"教师队伍的行列。仅1986—1994年,"两课"教师队伍就引进中青年教师将近30名,占全体"两课"教师总人数的40%以上。其中,有的教师是学校从工科毕业生中择优选拔出来攻读文科硕士生后留校的,如后来担任马克思主义基本原理教研室主任、校基础学科教学带头人的李荫榕教授等。还有的教师是从北京师范大学、东北师范大学、吉林大学等全国重点大学毕业到哈工大工作的,如从黑龙江大学引进,后担任社科系副主任、人文学院院长助理、政史系主任、校基础学科带头人的张德旺教授等。这些教师思想作风正派、理论基础扎实,绝大多数都拥有硕士学位,特别是不少人拥有上山下乡、当工人或当兵的经历。

学校领导下了极大气力,培养、提高"两课"教师队伍的政治业务素质。如校党委继续发扬校领导亲自抓思想政治理论课教师队伍建设的优秀传统,长期分管"两课"工作的校党委副书记彭云坚持深入教师,与教师谈心,交知心朋友,对每个"两课"教师的基本情况、思想状态了如指掌。1980年,彭云亲自带领多数"两课"骨干教师到7965班,进行教改试点,对全校学生的思想情况进行全面调查、专题调查、典型调查,于1983年整理出12个专题和212个问题,使得"两课"教师进一步加深了对党的理论联系实际、调查研究、工作深入、务实优良传统的理解和自觉实践的自觉性。

对于"两课"教师队伍的政治业务素质,张桂荣等系、部领导尤为重视,组织教师积极参加教育部在哈尔滨举办的1979年暑期马列主义理论课教师讲习班、1980年在大连举办的暑期讲习班。同时,教育部主管部门召开多种与"两课"教师密切相关的会议,学校创造条件,让全部"两课"教师都能够参加,在时间、资金等方面予以充分保证,从其他兄弟院校调来的教师对此感受尤深。系、部领导坚持自觉引导,组织"两课"教师接近改革开放火热的社会实践,从实践中了解、认识党的路线方针在实践中的贯彻及其带来的中国社会的巨变,从根本上提高自己的政治理论水平。1991年夏,社科系自筹经费1万多元,组织全体青年教师参加社会实践,系主任孙景泰亲自带队,到大庆采油四厂锻炼,在采油井旁、钻井房里,青年教师们从工人师傅身上直接感受到大庆精神和铁人作风。不久,这些青年教师由社科系党总支书记张巨浩教授带队,到农村亲眼看到实行联产承包责任制给农村带来的巨变,如在尚志市考察农民养鸡业迅速发展,开展行业协会活动,促进业务发展的红火局面;在肇东市,考察乡镇企业的兴旺发展情况。当然,这些青年教师也看到农村科技、文化落后远不尽如人意的一面,从而感到深化改革、振兴中华的长期性,增强自己作为一个马列主义理论课教师的重要责任。对此,学校党委给予高度评价——校党委副书记卢振环教授指出:"社科系为学校培养青年教师走出了一条路子。"

在为青年"两课"教师提高教学科研能力方面,许多老教师投入了很多心血。以关士续、彭瑞玲为代表的老教师,不断在各自主攻的科技史、技术创新、东北亚区域经济等方面艰辛开拓,在承担多个国家级、省部级科研项目的同时,都坚持带动青年教师参加,使他们从基本功练起,走向学科前沿,提高创新意识和科研能力。在老同志的引导下,这些新教师很快融入哈工大马列主义教师队伍这个优秀团体,使这个"大家庭"呈现出活力与亲和力高度统一的突出特色,尤其是孟庆伟、叶平、王大洲、李荫榕等都迅速成长起来,成为省内、国内小有名气的教授,其中一些教师仍然活跃在相关科研前沿和哈工大本科、硕士、博士生的"两课"教学第一线。

这一阶段,在国家和航天部等部委的相关政策指引下,哈工大积极进行职称评定工作,彻底扭转自从1957年后职称评定工作停滞的局面。1978年12月,评定23名"两课"讲师;1979—1982年,崔勇等9名"两课"讲师晋升为副教授;1986—1994年,先后晋升46名"两课"副教授、14名"两课"教授。在这些评职工作中,系、部党政领导按照公开公平公正的原则,坚持把评职作为促进教师切实提高政治、业务素质的一个重要环节,有力地促进了"两课"教学、科研工作的顺利开展。

这一阶段,马列主义理论教师初步打开与国外同行进行学术交流的渠道。1988年,社科系主任孙景泰随学校访问团访问朝鲜民主主义人民共和国;1989年,张巨浩随"学校团"访问苏联。同时,彭瑞玲、关士续先后两次访问美国和日本;王文香、李广和先后访问苏联;解保军、王大洲、孙艺年等青年教师先后奔赴法、英、日、澳等国留学进修,还先后同日、美、英、韩、苏联等国家的来访学者进行交流。每次外出访问和与国外学者交流,都由有关同志向全体"两课"教师做了详细汇报。这些学术交流,从总体上拓宽了"两课"教师队伍的政治视野、学术视野,成为他们开展"两课"教学、科研的重要新资源。

为适应学校向国际知名的研究型大学、世界一流大学转变和对全校学生文化素质教育的迫切需要,马列主义理论教师队伍积极发挥人才"孵化器"的作用,如一些马列主义理论和思想政治教育教师在教学、科研中积极创新,进入相关学科或开辟新的学科领域,学校和社科系、部领导对此大力扶持,先后以他们为主要基础力量,建立国际经济学、社会学等专业,也有一些同志离开哈工大,走向其他学校或其他单位,得到了较好的发展。

五、发展壮大(1995—2011)

(一)世纪之交的创新发展

在1995年人文与社会科学学院成立后,哈工大"两课"教师队伍建设的形势发生了很大变化。从国家大局来看,改革开放进入攻坚阶段,社会主义市场经济体制迅速建立,并全面影响到社会生活的各个方面。随着2001年中国加入WTO(世界贸易组织),中国经济进一步融入全球经济一体化的历史进程。对此,中共中央提出社会科学与自然科学同等重要,须同等重视。教育部连续发出《关于深化教学改革,培养适应21世纪需要高质量人才的意见》《关于加强大学生文化素质教育的若干意见》,并推出"211工程""985工程"等一系列重大战略决策。哈工大紧跟形势的发展,不断奋进,顺利成为向全国进军

重点建设的前9所大学之一。所有这一切,都对哈工大的"两课"教师队伍建设提出新的要求,其核心是应时而进,适应建设世界先进水平一流大学的需要,全面提高"两课"教师队伍的政治、文化素质和教学科研水平。

在校、院党政领导的亲切关怀和正确领导下,人文与社会科学学院把"两课"教师学好马克思主义、毛泽东思想、邓小平理论和"三个代表"重要思想、科学发展观作为头等大事紧抓不放。学校党委领导多次深入人文学院,或把"两课"教师找到学校党委,同大家一起学习党的十五大精神、"三个代表"重要思想、党的十六大文件和科学发展观。如时任党委书记吴林、李生,时任校长杨士勤多次参加"两课"教师的会议,对"两课"教师要求先学一步,学得更好,主管思想政治理论课教学工作的学校党委副书记顾寅生、李绍滨教授更是经常直接指导政治课教师的理论学习。李绍滨教授经常向政治课教师再三强调:"我们每一个共产党员、高校教师都应学好邓小平理论、'三个代表'重要思想,但政治课教师更应学好,你们是正规军、主力军,应该出高水平的东西,不仅要提高马列主义理论课的水平,把学生培养好,而且要带动全校教职员工学习。"

学校党政领导积极引导"两课"教师,要自觉开拓出哈工大独特的丰富文化资源,抓好"两课"教学。杨士勤校长、顾寅生副书记提出:应结合新形势,全面总结哈工大的历史经验和优秀革命传统。2000年,在校庆80周年纪念大会上的讲话中,杨士勤校长明确提出,"建校80年来,特别是新中国建成50余年来,在哈工大内部形成了一种极强的凝聚力,从而凝结成为一种'哈工大精神',我们把其表述为:关心国家命运、主动适应国家需要的爱国精神;自强不息、开拓创新的奋进精神;'规格严格,功夫到家'的求实精神;搞五湖四海、尊重人才、互相协作的团结精神";"这是学校整体意识和价值观念的综合反映,是哈工大生存发展的内在动力,是学校宝贵的精神财富"。郭大成书记、周玉副校长也提出,特别是应与时俱进,根据形势的发展和学校改革的新情况、新认识,不断丰富、充实"规格严格,功夫到家"校训的内涵。

2004年3月,国防科工委、黑龙江省委、学校党委做出向马祖光院士学习的决定,号召国防科工委、全省共产党员、人民群众要学习马祖光同志爱党、爱国的坚定信念,像他一样"共产党员要处处走在前面,身挑重担,忘我工作,鞠躬尽瘁;学习他献身国防科技事业的强烈事业心和使命感;像他一样勤于探索,务实敬业,精益求精;学习他淡泊名利、甘为人梯的高尚情操,像他一样在利益面前不伸手;不计个人得失;学习他艰苦奋斗、克己奉公的精神,像他一样严于律己,正确处理个人与集体的关系"。于是,人文学院党委立即组织全体思想政治理论课教师反复学习马祖光的感人事迹和伟大精神。

为了加强思想政治理论课在学校思想政治工作中的主渠道作用,学校党委2003年6月6日正式发出题为《关于进一步加强本科生"两课"建设的意见》的决议,明确指出:"'两课'教师在政治上必须与党中央保持一致,坚定马克思主义信仰,坚定共产主义信念,树立科学的世界观、人生观和价值观;牢记职责,不辱使命,把'传道'和'授业'有机结合。"这些观点言简意赅,是对哈工大高度重视"两课"教师队伍建设丰富经验的科学总结,也为新世纪"两课"教师队伍政治建设、思想建设指明了政治方向和行动规范。学校党政领导的这些有力措施,极大地提高了"两课"教师把马克思主义、毛泽东思想、邓小平理论和"三个代表"重要思想、科学发展观与哈工大实际密切结合的历史责任感和行动自觉性,构成了从根本上提高政治课建设水平的强大思想动力。

为了正确处理教学与科研的关系,学校党委决议明确提出:"教师要在教学、学习和科研的有机结合上下功夫,坚持以教学为中心,加强教学研究,以科研为先导,以学习为基础,做到每个人都有稳定明确的科研方向。"人文学院坚决贯彻这一要求,结合"两课"4门主干课的马克思主义哲学、经济学、中共党史、马克思主义思想政治教育的硕士点建设和争取"马克思主义理论"一级学科博士点的迫切需要,狠抓各门课的科研方向的整合。在教师的工作量考核条件中,人文学院对教师(包括"两课"教师)的科研工作也提出了具体要求,有力地促进了教师科研水平的提高,从而直接或间接地提高了教学水平。

学校党政领导班子、职能部门和人文学院领导非常重视"两课"教师的专业学习,视之为教学、科研的基础,为此做了大量工作。首先,坚持保证两课教师及时参加教育部和省教育厅组织的培训。在人文学院"两课"教师会议上,学校教务处处长竺培国、武高辉教授,人文学院院长姜振寰、何明升教授多次提出"两课"教师必须及时参加上级组织的会议培训班或进修,教务处、人文学院全力支持,常常派遣超出上级有关部门规定人数的人员参加。

学校职能部门和人文学院积极支持"两课"教师把外校的专家学者请进来讲学,或者举办会议,交流信息、交流经验。2002年、2003年,马克思主义经济学和马克思主义哲学教研室分别与相应的全国教学研究会合作,承办暑期全国高校本专业教师教学研讨会,邀请全国各高校同行教师汇集哈工大,畅谈、交流搞好教学工作的体会经验。毛泽东思想概论教研室先后邀请中共中央党史研究室副主任石仲泉研究员、中共中央党校教授金春明、中国社科院近现代史所副所长耿云志研究员、美国研究所所长陶文钊教授、上海社会科学院副院长黄仁伟教授、黑龙江省社会科学院副院长(后为中国社会科学院近代史研究所副所长)步平研究员等专家学者来校,给广大"两课"教师及学生就"三个代表"重要思想、"文化大革命史"、中美关系、中日关系等专题做学术报告,使"两课"教师了解和跟踪学术前沿及发展动态。

学校党政领导、职能部门及人文学院领导坚持不断创造条件,促进"两课"教师参加社会实践,及时了解中国改革开放的发展现状,增加实感、加深认识。1996年,教务处处长竺培国教授主动提出由学校提供经费,人文学院"两课"各门课程负责人——张德旺、谭晶、朱加凤、商桂珍、刘乃新等一行6人利用暑期,赴深圳、珠海、广州、上海、南京、武汉、杭州、天津、北京等改革开放前沿地区的科技开发区,在校友们大力支持下,参观国企、民企高技术密集型企业,访问北京大学、清华大学、上海交通大学、复旦大学、浙江大学、杭州大学、华中科技大学、华南理工大学、中山大学等著名高等学校,通过集体座谈、个别访问等,同专家、学者、企业领导等进行了广泛深入的交流,从而直接了解、感受到在邓小平理论指导下中国社会经历的翻天覆地的深刻变化。

学校和人文学院坚持扩大学术交流,派遣解保军、黄莺、孙艺年等年轻教师先后赴法、美、日、澳等国做访问学者,史会来教授曾经两次赴俄罗斯考察,张德旺教授赴我国台湾地区、香港地区考察。回校后,这些同志都向所属教研室进行了全面、详细的汇报,大大开阔"两课"教师的视野,特别是深刻切实地领略到邓小平正确处理社会主义与资本主义的关系,坚持改革开放与坚持四项基本原则有机结合等重大理论的深远意义。

(二)"05"方案的贯彻实施

2005年,中共中央发出16号文件,对高校"两课"建设进行重大改革,明确新的教学体系——面向全体本科生开设"中国近现代史纲要""马克思主义基本原理""毛泽东思想、邓小平理论和'三个代表'重要思想概论"(后改为"毛泽东思想与中国特色社会主义理论体系概论")和"思想道德修养与法律基础"4门思想政治理论课,简称"新四门"课。

为此,人文学院党政领导采纳张德旺教授的建议,果断地做出决定,由教学副院长付丽教授带领"新四门"课课程负责人徐奉臻、张德旺、孟祥宇等人,前往中国人民大学、北京大学、清华大学、北京师范大学及教育部社政司,了解这些学校和部门"两课"建设的经验及下一步打算,特别是直接向教育部"新四门"课的首席教授北京大学沙健孙、中国人民大学教授吴潜涛等人了解到了新课程设计的指导思想和基本框架。在返回学校后,他们立即以此为基础,组织"新四门"课的任课教师,制订、修改和完善"新四门"课的教学计划,并于2005年秋季学期,与清华大学、北京大学、中国人民大学、北京师范大学一起启动"新四门"课的教学,成为京外唯一一所提前一年启动"新四门"课课程教学的高校,为教育部在全国实施"05"方案提供了有益经验。

为此,人文学院专门实施名师精品课项目,对"新四门"课课程组的建立实现全部教师竞聘上岗(面向校内外),实行个人申请、申报,聘请学院内外专家进行评审,上榜公示,最后确定人选的严格程序,同时对个别教师进行必要的调动,形成鼓励"两课"教师自觉提高政治业务水平的内在动力。为了加强"两课"建设,2005年秋,人文学院成立中国近现代史纲要教研室,把徐奉臻教授从研究生思想政治理论课教研室调至政史系任副主任兼中国近现代史纲要课程建设负责人;至2006年春季学期,在徐奉臻教授带领下,中国近现代史纲要教研室为全校本科生顺利开设"中国近现代史纲要"课程,并获得好评。

(三)"两课"师资队伍建设

21世纪初,学校党政领导提出加强师资队伍建设,并把培养国家级、省级的教学名师作为建设世界一流大学的重要战略任务,并提到全校重要日程。人文学院及时制订了"名师和精品课建设"规划,关士续、姜振寰、何明升、杨韬等几任院长多次指出:"哈工大'两课'建设有优秀传统丰富经验,我们要继承下来,还要有新的突破,要培养出我们自己的大师来。"这些号召得到"两课"教师的热烈响应。

一批年富力强、教学水平高、科研能力强的骨干教师迅速涌现。1995年,中共党史教研室主任史会来荣获首届校"海王基金"优秀教师奖,在全校教师中获此殊荣的当时仅有4人。1998年、2000年、2002年,张德旺、邢祝国、李荫榕相继荣获教育部"宝钢基金"优秀教师奖,获奖名单刊登于《光明日报》《中国教育报》。2005年、2006年,张德旺、李荫榕相继被评为学校基础课教学带头人。张德旺被评为2004年度黑龙江省普通高校思想政治工作先进工作者,2005年度获评国防科工委高校思想政治先进工作者。徐奉臻教授在对世界近现代史和中国科技史深入研究的基础上,承担博士生的思想政治理论课教学任务,把马列主义理论和中外科技实践结合起来进行专题讲授,经常以热烈的掌声结束课堂教学,荣获宝钢奖优秀教师奖。

一些老教师继续发挥对"两课"教学工作的指导、督导作用,如袁礼周教授、彭瑞玲教授、孙景泰教授等在从领导岗位退下来后,仍然积极为系(院)、教研室出主意、提建议,带领青年教师疏通扩大对外联系,袁礼周教授1994年被全国高等学校思想政治教育研究会授予"全国高等学校思想政治工作教育研究会奉献奖"。

这一阶段,"两课"教师队伍在出现流失现象的同时,也增添了姚永利、姚永志、黄进华、彭华等青年教师。为了促进青年教师的迅速成长,学校党委提出40岁以下的"两课"教师必须要有硕士以上的学历,逐年增加教师中获得博士学位的比例的要求,人文学院也明确提出新进青年教师原则上必须具有博士学位的要求,并坚决执行。因此,在承担繁重的教学任务的同时,"两课"青年教师迅速掀起一股攻读博士学位的热潮,先后有解保军、吴威威等人获得博士学位,姚永利等青年教师相继攻读博士学位,黄进华前往中国社会科学院攻读博士后,从而迅速提升"两课"教师的学历水平,相应的专业水平、文化素质也得到明显提高,其中解保军、黄莺等人被评为教授,吴威威担任马克思主义理论教育系的副主任兼思想道德修养与法律基础教研室的主任,标志着人文学院"两课"的青年教师正在迅速成长。

在此期间,一些优秀的青年教师开始崭露头角,如黑龙江省教育厅于1998年、2005年举办两届全省高校"两课"青年教师大奖赛,第一名均为哈工大教师,第一届为政治经济学教研室的朱加凤,第二届为历史教研室的黄莺;2008年黄进华入选"首届全国高校思想政治理论课优秀教学案例"。

为了搞好"两课"教师队伍的思想建设和组织建设,人文学院加强了相应的制度建设,特别是竞争机制、激励机制。除结合中央、国防科工委和黑龙江省"三讲","三个代表"重要思想和科学发展观等中心工作的系统政治学习外,"两课"各教研室课程组制定了周二的业务学习制度。

在教师队伍建设多项工作的进行中,校、院两级党委十分重视发挥"两课"教师各党支部的战斗堡垒作用,并发挥教师党员的模范带头作用,坚持不懈地抓紧入党积极分子队伍建设,把符合党员条件的青年教师及时吸收到党的队伍中来,这构成了"两课"教师队伍建设各项工作的重要保证。人文学院党委书记韩淑珍、陈松坚持深入到"两课"教师中,陈松还多次同"两课"骨干教师一起反复研究,写出《"两课"教学与建设若干问题思考》等论文,提交学校思想政治工作年会,受到好评。

党员"两课"教师处处发挥模范带头作用。特别是2006年,"新四门"开课计划确定后,"思想道德修养与法律基础"课奋勇当先,该课程组全体同志整整一个假期没有休息,按照教学总体思路,一个专题一个专题地详细做研究观点、事例及多媒体课件等,终于迎来2006年秋季学期首次顺利开课,学生评价课程组"全优",孟祥宇获评"A+"。

2008年，黄进华入选首届全国高校思想政治
理论课优秀教学案例证明1

四、会务有关事项

1. 与会人员住宿费、往返交通费由所在单位报销。如需预定返程票，请尽早告知。

2. 请与会人员务必于11月20日前将个人信息以电子邮件或传真的方式发到会务组。会务组将于11月26日全天在大连市周水子国际机场和大连市火车站接站。

联系人：杨慧民　　邮箱：yhm7426@dl.cn

联系电话：0411-84706484，13050536362，13941138332

传真：0411-84708554

附件：

1. 入选与会名单

2. 会议回执

教育部社会科学司
二〇〇八年十月三十日

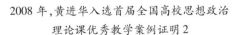

2008年，黄进华入选首届全国高校思想政治
理论课优秀教学案例证明2

《中国近现代史纲要》组		
序号	入选者	所在单位
1	黄建华	北京航空航天大学
2	黄进华	哈尔滨工业大学
3	梅学霞	哈尔滨工程大学
4	马静松	哈尔滨医科大学
5	李 洁	哈尔滨商业大学
6	张玉瑜	上海交通大学
7	曹景文	华东师范大学

2008年,黄进华入选首届全国高校思想政治
理论课优秀教学案例证明3

尤其值得一提的是"中国近现代史纲要"教研室教师的茁壮成长:作为"05"方案实施后新开设的一门思想政治理论课,"中国近现代史纲要"于2006年春季学期首次开课,2007年,获评"哈工大优秀课程";2008年,获评"05"方案实施后黑龙江省思想政治理论课第一门省级"精品课";2009年,"中国近现代史纲要教学团队"被评为黑龙江省优秀教学创新团队,实现了黑龙江省思想政治理论课"零"的突破。同时,"中国近现代史纲要"课程组两次荣获"黑龙江省高等教育教学成果一等奖"(2009年、2011年),两次荣获"黑龙江省优秀高等教育科学研究成果二等奖"(2010年、2011年),两次荣获"哈尔滨工业大学教学成果一等奖"(2008年、2011年)。

第二节 2011年以来马克思主义学院师资建设

百年大计,教育为本;教育大计,教师为本。建设一支政治素质过硬、业务能力精湛、育人水平高超的高素质教师队伍是大学建设的基础性工作。2019年3月18日,在学校思想政治理论课教师座谈会上,习近平总书记强调,"办好思想政治理论课关键在教师","要配齐建强思想政治理论课专职教师队伍,建设专职为主、专兼结合、数量充足、素质优良的思想政治理论课教师队伍",为哈工大加强思想政治理论课教师队伍建设指明了奋斗方向和行动指南。

自从1950年回归祖国以来,哈尔滨工业大学一直保持高度重视人才培养中的思想政治素质的光荣传统,曾受到毛泽东、邓小平等党和国家领导人的鼓励,素来重视思想政

治理论课教师队伍建设。

一、师资队伍现状

目前,马克思主义学院拥有一支年龄、学历、专业、职称、学缘结构较为合理,政治素质较好、教学水平较高、科研能力较强的思想政治理论课教师队伍。截至2020年1月,马克思主义学院有在岗教职工45人,其中专职教师41人,行政管理人员4人。从年龄结构来看,体现老、中、青三代结合的年龄特点:在41名专职教师中,35岁及35岁以下8人,占19.51%;36~45岁13人,占31.71%;46~55岁9人,占21.95%;56岁及56岁以上11人,占26.83%。从学缘结构来看,这些专职教师大多毕业于北京大学、吉林大学等国内著名的985、211高校或"双一流"建设高校;同时,团队中的彭华、姚永志、闫金红、黄磊等许多老师有在美国、法国、英国、澳大利亚做访问学者的经历。从专业结构来看,教师主要从事马克思主义哲学、马克思主义中国化、思想政治教育、中国近现代史基本问题、国外马克思主义、科技哲学等领域的研究,凸显马克思主义理论学科和哲学学科特色。从职称结构来看,呈现教授、副教授、讲师梯级过渡的合理状态:在41名专职教师中,教授9人,占21.95%;副教授18人,占43.90%;讲师12人,占29.27%;助教2人,占4.88%。从学历结构来看,41名专职教师中,博士后5人,占12.20%;博士17人,占53.66%;硕士17人,占41.46%。

为进一步提升教师队伍整体实力和水平,马克思主义学院积极采取"走出去"策略,广泛挖掘社会资源,共聘请兼职教师10人——张德旺、孙艺年、王力、刘艳君、金兴伟、钟海燕、文长春、王林波、车德志、刘冰,其中教授2人、副教授3人、讲师5人,他们来自黑龙江省多所高校,具有较高的学术水平和影响力,学生教学评价总体优良。如张德旺是黑龙江省中共党史学会副理事长、中华人民共和国国史学会高教专业委员会副会长;刘冰是全国高校首届"形势与政策"课教学标兵;刘艳君获教育部思想政治理论课"教学能手"称号,并多次荣获黑龙江省思想政治理论课教学大奖赛二等奖;金兴伟、钟海燕荣获黑龙江省思想政治理论课教学大奖赛一等奖;王林波多次获黑龙江省优秀教师、校级教学优质奖。

在共享省内优质社会资源的同时,马克思主义学院还聘请中共中央党校博士生导师罗平汉、薛广洲两位教授和黑龙江省中国特色社会主义理论体系研究中心刘金祥研究员为兼职教授,为进一步提升马克思主义学院的层次、辐射影响力积蓄力量。

二、高层次人才

据不完全统计，目前，马克思主义学院拥有"万人计划"哲学社会科学领军人才1人（徐奉臻）、中宣部文化名家暨"四个一批"人才1人（徐奉臻），全国高校思想政治理论课教师影响力标兵人物1人（徐奉臻），全国高校思想政治理论课教师影响力提名人物1人（巩茹敏），全国高校思想政治理论课教学标兵3人（徐奉臻、吴威威、巩茹敏），全国高校思想政治理论课教学骨干1人（赵爱伦），入选工信部部属高校教育培训师资库1人（巩茹敏），入选教育部中国教育报刊社全国高级别专家数据库1人（黄进华），入选教育部学位论文特聘通讯评议专家4人（徐奉臻、吴永忠、吴威威、黄进华）。

2016年，徐奉臻入选中宣部文化名家暨"四个一批"人才工程

2014年，徐奉臻荣获高校思想政治理论课教师2013年度影响力标兵人物称号

徐奉臻入选国家高层次人才特殊支持计划证书

2017年,吴威威荣获全国高校思想政治理论课教学标兵称号

2019年,巩茹敏(左一)荣获教育部教学展示活动一等奖

2018年，巩茹敏荣获全国高校思想政治理论课教师2017年影响力提名人物称号

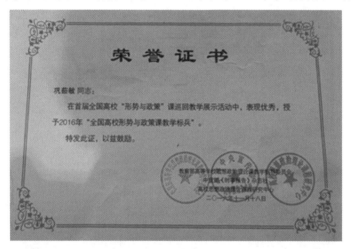

2016年，巩茹敏荣获全国高校"形势与政策"课教学标兵称号

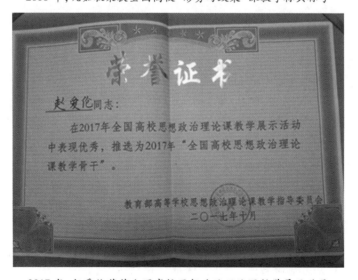

2017年，赵爱伦荣获全国高校思想政治理论课教学骨干称号

同时,马克思主义学院拥有青年龙江学者1人(巩茹敏),黑龙江省宣传文化系统"六个一批"理论类人才1人(徐奉臻),宝钢优秀教师奖2人(徐奉臻、巩茹敏),黑龙江省优秀教学名师1人(徐奉臻),黑龙江省优秀教师3人(巩茹敏、徐奉臻、黄英),入选黑龙江省思想政治理论课骨干教师师资库2人(吴威威、巩茹敏),曾任"教育部思想政治理论课分教学指导委员会"委员1人(徐奉臻),入选中宣部"核心价值观百场讲坛"宣讲专家1人(徐奉臻),入选黑龙江省十九大精神讲师团成员1人(徐奉臻),入选黑龙江省十八届四中全会讲师团成员1人(徐奉臻),入选黑龙江省教育系统十九大讲师团宣讲专家1人(徐奉臻),入选黑龙江省中国特色社会主义理论体系研究中心特聘研究员1人(徐奉臻),入选工业和信息化部党的政治建设研究中心第一届学术委员会委员1人(徐奉臻),入选中共黑龙江省委意识形态工作领导小组专家组成员1人(徐奉臻),担任"黑龙江省中国近现代史纲要教学指导委员会"主任1人(徐奉臻),担任黑龙江省思想政治理论课教学指导委员会委员6人(徐奉臻、解保军、叶平、黄英、杨涯人、巩茹敏),入选"教育部马克思主义理论研究和建设工程重点教材配套用书"编写专家1人(徐奉臻),被聘为中共四川省委组织部"特邀研究员"3人(巩茹敏、黄进华、姚永利),参加黑龙江省"习近平总书记系列重要讲话精神专题辅导"教学大纲的编写工作3人(徐奉臻、巩茹敏、赵爱伦)。

2008年,徐奉臻荣获宝钢优秀教师奖

此外,马克思主义学院当选"中国高校经济理论与思政教改研究会"会长1人(徐奉臻),当选"中国近现代史纲要"研究会、"毛泽东思想与中国特色社会主义理论体系概论"研究会副会长2人(徐奉臻、黄英),担任中国环境伦理学研究会会长1人(叶平),担任全国大学绿色教育筹备委员会主任1人(叶平),担任中国伦理学会环境伦理学专业委员会主任1人(叶平),担任中国自然辩证法研究会科技与工程伦理专业委员会副主任1人(叶平),担任中国自然辩证法研究会科技与社会专业委员会副主任1人(吴永忠),担任中国社会学工业社会学专业委员会秘书长1人(谢咏梅),担任中国自然辩证法研究会生态哲学专业委员会副秘书长1人(解保军),担任中国伦理学会生态伦理学专业委员

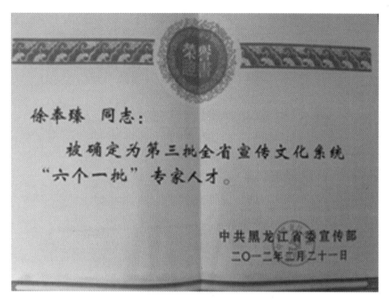

2012年,徐奉臻荣获黑龙江省"六个一批"专家人才称号

2017年,巩茹敏荣获宝钢优秀教师奖

会副秘书长1人(解保军),担任哈尔滨工业大学本科生系列和研究生系列教学督导专家6人(徐奉臻、解保军、黄英、杨涯人、叶平、田径),担任哈尔滨工业大学教师教学发展分中心课程思政教学咨询委员会主任委员、副主任委员、秘书长3人(徐奉臻、巩茹敏、田径),担任哈尔滨工业大学教师教学发展分中心课程思政教学咨询分中心主任、副主任2人(徐奉臻、巩茹敏)。

2019年，巩茹敏荣获黑龙江省优秀教师称号

三、师资队伍建设

毋庸讳言，由于种种原因（主要是历史原因和自然原因），哈工大思想政治理论课教师队伍建设也存在一定的问题，其中最为突出的问题是思想政治理论课教师队伍数量不足、整体水平参差不齐，与教育部对本科院校思想政治理论课教师队伍的建设要求尚有一定距离。在师资队伍建设上，马克思主义学院的建设目标是：到2020年底，全院教师队伍总人数达到55～65人，从而基本建成一支职称、学历、年龄、学缘等结构比较合理，且具有较好政治素质、较强战斗力的专职教师队伍。

（一）师资选聘

自从建院以来，马克思主义学院树立主要依据教学、科研水平开展教师选聘工作的理念，积极贯彻"降标不降质"的教师选聘基本原则，努力健全师资队伍选聘机制。

一方面，推动学校成立"哈尔滨工业大学思想政治理论课教师专业技术职务（职称）评聘委员会"，专门负责马克思主义学院教师的选聘、评职、聘岗、评优和导师评聘等工作，并争取学校的特殊政策，为马克思主义学院师资选聘开辟用时最省、流程最简、一事一议、特事特办的"绿色通道"。

另一方面，全面落实《哈尔滨工业大学马克思主义学院教师招聘暂行办法》《哈尔滨工业大学马克思主义学院引人进人基本规程（试行）》等多项政策，特别是专门制定《哈尔滨工业大学思想政治理论课教师选聘举措12条》，分别从宣传、搭台、选聘、稳培四个方面制定详细措施，并成立"马克思主义学院人才招聘工作小组"，刊印人才招聘材料，到全国重点高校，尤其是全国重点马克思主义学院高校进行招聘宣传，从多个渠道选聘思想政治理论课教师，真正做到不拘一格、广纳贤才，扎实、有序地推进马克思主义学院师资队伍建设水平。

（1）依托长聘、准聘岗位，引进、培养"思想政治理论课名师/学科带头人"。

（2）着重引进40周岁以下的优秀博士（或博士后）。

（3）从"双一流"建设高校培养的马克思主义理论、哲学两个一级学科及其相关学科的优秀博士生中提前预留师资。

（4）用活、用好学校的师资博士后政策。

（5）积极参加学校组织的国际青年学者神舟论坛，招贤纳才。

（6）选择恰当时机，举办"青年学者论坛"，招贤纳才。

（7）积极探索胜任思想政治理论课教学的党政管理干部转岗为专职思想政治理论课教师的机制和办法，大力推动符合条件的辅导员参与思想政治理论课教学，认真动员政治素质过硬的相关学科专家转任思想政治理论课教师。

尤其值得一提的是，从2018年11月起，哈工大开始大规模招聘思想政治理论课教师，副校长安实，党委常委、宣传部长吴松全多次亲自带队前往吉林大学、东北师范大学、哈尔滨师范大学等多所高校，进行思想政治理论课教师招聘政策宣讲，这在哈工大历史上可以说是"空前"的。

由于多措并举，哈工大思想政治理论课教师队伍出现"爆发式"增长的良好局面：自从2018年11月至今，前后不过18个月的时间，就有200多人前来应聘，马克思主义学院本着"降标不降质"的进人基本原则，对其进行严格筛选和面试，已有12人顺利入职，另有7人于2020年初经校长办公会通过入职申请，即将办理入职手续（由于疫情延误入职）。

（二）师资培养

马克思主义学院素来注重现有思想政治理论课教师培养培训，建立健全教师队伍培养机制。

一方面，继续落实《马克思主义理论高层次人才领军人物计划》《中青年马克思主义骨干人才培养资助计划》，加强思想政治理论课教师培训工作力度，支持思想政治理论课教师积极开展马克思主义理论创新研究，鼓励思想政治理论课教师申报教学名师、龙江学者、长江学者等各级各类人才称号，支持其在各类教学、科研组织任职，培育并加强教学科研团队、学科发展平台。

另一方面，充分运用学校人才政策，继续贯彻落实《马克思主义学院人事制度改革方案》，深化人事制度改革成果，构筑推进思想政治理论课教师进步、发展的优化轨道，支持思想政治理论课教师积极申报长聘、准聘岗位，为思想政治理论课教师发挥聪明才智提供广阔的发展平台和上升空间。

第二章

马克思主义学院教学建设

哈尔滨工业大学
HARBIN INSTITUTE OF TECHNOLOGY
—— 1920-2020 ——

第一节 马克思主义学院教学建设简况

中华人民共和国成立70多年来,马克思主义学院思想政治理论课课程建设始终在发展中完善,经历了一个从薄弱初创到成长壮大的发展历程。

一、社会主义革命和社会主义建设时期(1949—1976)

1949年中华人民共和国成立为我国国民经济的恢复发展和其他各项事业的起步创造了现实的可能性,同时高校思想政治理论课课程也在这一时期开始了建设发展之路。由于人民民主政权仍处于新生阶段,加之新民主主义革命的影响,这一时期我国思想政治理论课课程的设置主要围绕从新民主主义向社会主义的转变以及社会主义建设进行,体现了深刻的革命性和历史继承性。课程设置主要依据《华北地区专科以上学校一九四九年公共必修课过渡时期实施暂行办法》以及《关于华北地区各高等学校1951年度上学期进行"辩证唯物论和历史唯物论"等教学工作的指示》的相关规定,思想政治理论课课程设立辩证唯物论与历史唯物论、新民主主义论、政治经济学三门主干课程,并在全国高校试行。以上课程的设置,旨在及时转变和改造高等院校学生思想,进一步使学生将革命的世界观、人生观与社会主义建设相联系,保持为人民服务的热情。这种课程设置成为我国思想政治理论课课程设置的最早形态。

1953年,随着三大改造的进行,教育部开始对思想政治理论课课程进行一系列调整,特别是将已经开设的"共同纲领"课程以及"新民主主义论经济部分"进行了合并和转化。到1956年底三大改造基本完成,我国开始了大规模的社会主义建设。为了适应我国经济社会发展变化的需要,高教部颁布了《中华人民共和国高等教育部关于高等学校政治理论课程的规定(试行方案)》,从政策上将高校思想政治理论课课程设置为四门,即马克思列宁主义基础、中国革命史、政治经济学、辩证唯物论和历史唯物论。

1957年,随着毛泽东《关于正确处理人民内部矛盾的问题》一文发表,正确处理人民内部矛盾成为社会关注的焦点,高校思想政治理论课程也随之出现较大变动。同年底,中华人民共和国高等教育部、教育部出台了《关于在全国高等学校开设社会主义教育课程的指示》,规定各高等院校开始设置社会主义教育相关课程,并规定教材一律使用《关于正确处理人民内部矛盾的问题》,要求全国高校暂时停开其他四门思想政治理论课程。

至此,各高校相继把社会主义教育相关课程作为学生思想政治教育课程。

进入 20 世纪 60 年代,高校思想政治理论课课程开始重新向系统化发展。在中央的指示要求之下,教育部要求各高校将"社会主义课程"统一恢复为马列主义基础理论、哲学、政治经济学。随着社会主义建设的发展以及国际、国内形势的变化,1961 年 4 月,教育部在《改进高等学校共同政治理论课程教学的意见》中再次把思想政治理论课课程分为马列主义基础理论、形势和任务两大部分。在文科专业中马列基础理论一分为四(中共党史、马列主义基础、政治经济学、哲学),学习科目最多;理工科以及医科、体育学科等开设中共党史、马列主义基础;专科学校一般只开设马列主义基础。1964 年教育部提出了改进高等学校思想政治理论课的意见,重点要求思想政治理论课课程必须反对现存的修正主义,同时强调要加强对毛泽东思想的贯彻和学习,并以其作为思想政治理论课程的主要教材。

1966 年至 1976 年是中国高等教育遭受挫折和破坏、思想政治理论课课程建设严重受挫时期。这一时期,许多高等院校暂停招生。从 1970 年 6 月开始,高校开始招收工农兵学员。1966 年至 1976 年我国高校思想政治理论课教学基本处于无序状态,直至 1978 年高校恢复正常招生,高校思想政治理论课课程设置才重新回归正常状态。

二、改革开放和社会主义现代化建设新时期(1978—2011)

1978 年 12 月党的十一届三中全会开启了我国改革开放和社会主义现代化建设的新时期。随着拨乱反正不断推进和改革开放的不断深入,高校思想政治理论课课程建设也迎来了新的春天。

1978 年 4 月,教育部办公厅发布了《关于加强高等学校马列主义理论教育的意见》(全国教育工作会议征求意见稿),肯定了从 1949 年到 1978 年间全国思想政治理论课程建设的成绩,为下一步更加科学、规范地开设高校思想政治理论课做了具体安排。按照这一文件精神,高校思想政治理论课课程重新设定为辩证唯物主义与历史唯物主义、政治经济学、中共党史、国际共产主义运动史四门课程,并在此基础上对教学内容、教材体系、授课先后等做出了统一规定,要求各高校根据实际遵照执行。

1980 年 7 月,教育部在全面调研高校思想政治理论课开设和建设的基本情况后,印发了《改进和加强高等学校马列主义课的试行办法》,重点强调了思想政治理论课课程开设的重要性和必要性,明确了马列主义在思想政治理论课中的重要地位,并对思想政治理论课的教学大纲、教材审定、教育教学目标等进行了规范,对课程基本学时、讲授范围等进行了科学规定。

1982—1984 年,在党的十二大精神指导下,教育部开始探索在各高校开设共产主义思想品德相关课程。1984 年 9 月,中央宣传部、教育部发布了《关于加强和改进高等院校马列主义理论教育的若干规定》以及教育部《关于高等学校开设共产主义思想品德课的若干规定》等文件,在全国高校增加"中国社会主义建设基本问题"(实际包含于马列基础课之中)、"共产主义品德"等课程。思想政治教育的"两课"(马列基础课、思想品德课)格局基本形成,思想政治理论课课程体系逐渐完整、丰富,建设速度开始加快。

1985年8月,中共中央正式颁发《中共中央关于改革学校思想品德和政治理论课程教学的通知》,开始对高校思想政治理论课进行新一轮改革和调整。该文件对不同层次高等学校的思想政治理论课提出了具体要求,明确"两课"(即思想品德课和政治理论课)要在教学内容、方式方法等几个方面进行改革。1986年3月,国家教育委员会(现教育部)根据思想政治理论课的发展实际,发出《关于在高等学校进一步贯彻〈中共中央关于改革学校思想品德和政治理论课程教学的通知〉的意见》,重点对现行的思想政治理论课课程进行了合并和重新编排,开设了思想政治理论课的"新四门"课,即"中国革命史""中国社会主义建设""马克思主义原理""世界政治经济与国际关系"(仅限文科)。同年9月,为响应全国普法宣传的相关文件精神,国家教委又将"法律基础课"增加为高校思想政治理论课的一部分。1987年3月,国家教委发布了《关于进一步改革高等学校马克思主义理论课(公共课)教学的意见》,对高等学校现行的思想政治理论课课程改革、教育学时、专业教师培养和开展马列主义专门研究等几个方面进行了详细部署和安排。同年10月,国家教委又将"形势与政策""法律基础"两门课改设为必修课,其他三门课程即"大学生思想修养""人生哲理""职业道德"可根据学校实际选择性开设,不做统一要求。至此,围绕"马克思主义基础"和"思想品德"展开的思想政治理论课"85方案"基本形成,在这一方案的实施过程中,中央仍在不断地对思想政治理论课课程进行补充和调整,新的举措也不断为其带来新变化。

1991年国家教委在继续推行"85方案"的同时,对文科专业建议增开"世界政治与国际关系"课程。1993年,在加强高校德育工作基础上,国家教委思政司召开了新形势下高校思想政治教育课程建设座谈会,决定开设"思想道德修养"课程,这门课由原来的"大学生思想修养"和"人生哲理"两门课程整合而来,新的"两课"产生,即"形势与政策""法律基础""思想道德修养"与"马克思主义基础理论"。1995年,国家教委发布《关于高校马克思主义理论课和思想品德课教学改革的若干意见》的文件,强调"两课"要充分适应新的社会发展要求,坚持以邓小平建设有中国特色的社会主义理论为核心内容,突出当代马克思主义在中国的新发展。同年11月又颁布了《中国普通高校德育大纲(试行)》,规定本科生马克思主义理论课应包含"马克思主义基本原理""有中国特色社会主义建设""中国革命史论"三门课程,思想品德课应包括"思想道德修养""法律基础""形势与政策"三个部分。除此之外,以上两个文件还对思想政治理论教师培养、课程结构、教学方针、学生学习与管理等进行了规定和解释。1997年按照党的十五大的基本要求,高校思想政治理论课将邓小平理论融入其中,中央规定从1998年开始,增开"邓小平理论概论"课程作为高校思想政治理论课的一部分。

1998年6月,在贯彻党的十五大精神和进一步推进党的德育工作要求之下,中央中宣部、教育部联合印发了《〈关于普通高等学校"两课"课程设置的规定及其实施工作的意见〉的通知》,对本科和专科院校的思想政治理论课课程进行了专门规定。"马克思主义哲学原理"、"马克思主义政治经济学原理"、"毛泽东思想概论"、"邓小平理论概论"、"当代世界经济与政治"(仅文科专业开设)、"思想道德修养"和"法律基础"7门主干课程成为思想政治理论课的必修课,并规定"形势与政策"课为每个年级的必修课,无教学

层次的限制,统一开设。该通知还对硕士生和博士生的思想政治理论课课程进行了相应的补充规定。至此,通过不断探索和总结,"两课"改革的最新成果即"98方案"基本形成。这一方案突出强调了以马克思主义基本理论为主线的主体课程设置和教学项目设计,突出了毛泽东思想和邓小平理论的重要地位,具有鲜明的时代特征,重在培养学生强烈的爱国情感和远大的人生理想。

2002年党的十六大正式将"三个代表"重要思想写入党章,成为全党必须长期坚持的指导思想。2003年,在贯彻落实"三个代表"重要思想的要求下,教育部颁发了《关于进一步深化"三个代表"重要思想"三进"工作的通知》,要求各高校对"邓小平理论概论"课程做出调整,将"三个代表"重要思想内容并列其中,并将课程名称改为"邓小平理论和'三个代表'重要思想概论"。至此,"三个代表"重要思想为"98方案"注入新的内容,体现了新时期思想政治理论课课程设置的与时俱进。

2004年初,中共中央印发了《关于进一步繁荣发展哲学社会科学的意见》,对新形势下我国哲学社会科学发展做出了整体部署,决定开始探索实施马克思主义理论研究和建设工程。同年8月,中共中央、国务院颁发了《关于进一步加强和改进大学生思想政治教育的意见》,为高校思想政治理论课的建设构建了新的框架,同时明确提出了高校大学生思想政治理论课课程改革的指导思想,要求思想政治理论课课程设置原则紧贴马克思主义基本理论,在与实践相联系的基础上必须与时俱进并重点突出马克思主义中国化最新理论成果。

2005年2月,在落实中央进一步改进大学生思想政治教育相关文件精神的同时,为了进一步对思想政治理论课课程进行规范和整合,中宣部、教育部共同印发了《关于进一步加强和改进高等学校思想政治理论课的意见》,对思想政治理论课课程进行了重新规定,在充分吸收"85方案"以及"98方案"优势的基础上,对思想政治理论课课程进行了再调整,形成了新的课程体系,即"马克思主义基本原理""毛泽东思想、邓小平理论和'三个代表'重要思想概论""中国近现代史纲要""思想道德修养与法律基础"4门本专科必修课,另开设"形势与政策"课作为选修课。同时再一次对教学管理、课程设置、教学方法、专业教师培养与选聘等进行了新的规定。至此,形成了高校思想政治理论课课程建设的又一新方案,即"05方案",并规定从2006年秋季学期在全国高校开始实施。

2007年党的十七大胜利召开,科学发展观作为我国经济社会发展的重要指导方针正式写入党章。在推进我国经济和社会科学发展过程中,党中央对高校思想政治理论课课程建设也提出了新的要求,开始从整体上对马克思主义中国化理论成果进行全面梳理整合,决定将邓小平理论、"三个代表"重要思想以及科学发展观统称为"中国特色社会主义理论体系"。2008年,统一将"毛泽东思想、邓小平理论和'三个代表'重要思想概论"课程改为"毛泽东思想和中国特色社会主义理论体系概论"。

自2006年教育部全国本科教育评估以后,哈工大思想政治理论课建设也扎实地进行了阶段性的总结,教学管理制度、集体备课制度、课程建设等各方面工作都再上新台阶。学校重视思想政治理论课教师队伍建设。2008年,学院积极组织四门思想政治理论课教师去国家教育行政学院参加为期一个月的系统培训或大力支持教师参加省内培训。2008年,学校党委提出要加强学工部、团委等学生思想政治工作部门和思想政治理论课教师的合作，充分发挥利用好学工部门、团委组织社会实践经验丰富、渠道多元化的特点，弥补思想政治理论课教师课外实践考察不足的问题。于是，在校党委副书记崔国兰书记的亲自领导下，人文与社科学院成立了暑期社会实践考察团，由解保军教授带队，成员有赵爱伦、吴威威、邵力以及社会学专业的学生，调研考察对象为黑龙江省齐齐哈尔市甘南县兴十四村。兴十四村素有"龙江第一村"的美誉，位于黑龙江省西北部，甘南县城东南17公里处，是1956年由山东临沂地区移民组建起来的移民村。全村面积3.3万亩，其中耕地1.68万亩、树林1.13万亩、草原4000亩，有198户村民、956口人。兴十四村生态产业园的建设，为破解"三农"难题提供了新思路，为社会主义新农村建设提供了良好载体。师生们通过走进村史博物馆观看学习、走进田间地头实地考察，走进农户家进行家访，了解了兴十四村的村史村貌，对改革开放以来社会主义新农村建设的情况有了深入的了解，积累了丰富的第一手材料。这些素材也进一步丰富了思想政治理论课的课堂内容，使思想政治理论课内容更鲜活，教育的效果更加突出。兴十四村2017年12月荣获2017名村影响力排行榜300佳；2019年12月24日，入选全国乡村治理示范村名单。说明当年的社会考察获取的资料十分有说服力，理论与实践相结合，提升了思想政治理论课的理论的说服力和感染力。

2008年人文学院领导进行了换届，杨韬出任院长，党委书记仍由陈松担任。2009年在杨韬院长的支持下，思想道德修养与法律基础课成功申报批准为校级优秀课。至此，人文学院原有四门思想政治理论课，即思想道德修养与法律基础、近现代史纲要、毛泽东思想和中国特色社会主义体系概论以及马克思主义基本原理都被评为校级优秀课。中国近现代史纲要课被评为省级精品课。

三、中国特色社会主义新时代（2012年至今）

2012年党的十八大胜利召开，以习近平为核心的党中央继续高举中国特色社会主义伟大旗帜，带领全党和全国人民接续奋斗，推进中国特色社会主义进入新时代。为适应新时代党和国家发展需要，进一步加强社会主义意识形态建设和思想政治工作，党中央把高校思想政治理论课建设提到了一个新的更高的战略位置。

2013年8月19日至20日，全国宣传思想工作会议在北京召开。习近平出席会议并发表重要讲话，强调经济建设是党的中心工作，意识形态工作是党的一项极端重要的工作，宣传思想工作就是要巩固马克思主义在意识形态领域的指导地位，巩固全党全国人民团结奋斗的共同思想基础。

2016年，中共中央、国务院印发了《关于加强和改进新形势下高校思想政治工作的意见》，对进一步推进高校思想政治理论课课程改革创新提出了具体意见和工作部署。同年12月，全国高校思想政治工作会议在北京召开，习近平发表重要讲话，强调高校思想政治工作要坚持把立德树人作为中心环节，把思想政治工作贯穿教育教学全过程，实现全程育人、全方位育人。为了加快提高思想政治理论课教学质量，充分总结"05方案"实施多年来取得的巨大成就，教育部办公厅于2017年开展了思想政治理论课教学质量年专项工作,这项工作有效推进了高校思想政治理论课建设的更好更快发展。

2018年4月,教育部印发了《新时代高校思想政治理论课教学工作基本要求》与《加强新时代高校"形势与政策"课建设的若干意见》等文件。强调"形势与政策"课是思想政治理论课的重要组成部分,课程内容要体现新时代中国特色社会主义发展的一系列理论和实践要求,并在教学方式、组织领导、教师队伍建设、学时、学分、实践教学等方面对思想政治理论课提出了具体安排和部署。

2019年3月18日,习近平主持召开学校思想政治理论课教师座谈会并发表重要讲话,强调办好思想政治理论课,最根本的是要全面贯彻党的教育方针,解决好培养什么人、怎样培养人、为谁培养人这个根本问题。习近平指出,思想政治理论课是落实立德树人根本任务的关键课程,开设思想政治理论课非常必要,是培养一代又一代社会主义建设者和接班人的重要保障。

2019年8月,为了全面贯彻习近平在学校思想政治理论课教师座谈会上的重要讲话精神,中共中央办公厅、国务院办公厅印发《关于深化新时代学校思想政治理论课改革创新的若干意见》(以下简称《意见》),对新时代如何增强思想政治理论课的实效性,如何将立德树人根本任务以及习近平关于教育的重要论述融入思想政治理论课等做出了专门部署。《意见》强调要全面加强思想政治理论课的教材体系建设,要求在全国重点马克思主义学院增开"习近平新时代中国特色社会主义思想概论"课,博士与硕士研究生分别开设"中国马克思主义与当代""中国特色社会主义理论与实践研究"课程;本科生继续开设5门思想政治理论课。

总之,伴随新中国成立70多年的发展,思想政治理论课课程建设也在不断的调整和变革中逐步提高和不断完善。随着中国特色社会主义进入新时代,思想政治理论课建设也进入了一个创新发展的新时代。

第二节 2011年以来马克思主义学院课程教学

马克思主义学院既是专门组织和实施思想政治理论课教学的单位,又是对大学生进行人文素质教育的教研机构。因此,自从2011年建院以来,马克思主义学院建立起一个囊括预科生思想政治理论课、本科生思想政治理论课、研究生思想政治理论课、研究生专业课、人文社科任选课和人文素质教育课的一体化课程体系。

一、教育教学理念

(一)办学定位

1. 学院办学定位

哈尔滨工业大学的办学定位为:"坚持党的领导,坚持社会主义办学方向,全面贯彻党的教育方针,坚持以理工为主,理、工、管、文、经、法、艺等多学科协调发展,面向国际学术前沿、面向国家重大需求、面向国民经济主战场,成为广大学生向往的理工强校、航天名校,成为培养引领未来发展的拔尖创新人才的摇篮、国家创新驱动发展的重要源泉、全球航天领域的学术重镇,成为中国特色、世界一流、哈工大规格的百年强校。"

自从建院以来,马克思主义学院紧紧围绕习近平总书记在高校思想政治工作会议上强调的"四个正确认识"(即正确认识世界和中国发展大势是做好高校思想政治工作的航标,正确认识中国特色和国际比较是做好高校思想政治工作的基石,正确认识时代责任和历史使命是做好高校思想政治工作的指南,正确认识远大抱负和脚踏实地是做好高校思想政治工作的引擎),全面贯彻党的教育方针和中共中央关于加强和改进大学生(包括预科生、本科生、硕士生和博士生,下同)思想政治教育精神,秉承"规格严格,功夫到家"的校训,以马克思主义理论教育为特色内容,以立德树人为根本任务,服务与支撑学校的办学理念和办学定位,帮助大学生树立正确的世界观、人生观、价值观,培养德智体美全面发展的中国特色社会主义事业合格建设者和可靠接班人,服务国家和地方经济社会发展。

2. 学院办学依据

(1)《中共中央国务院关于进一步加强和改进大学生思想政治教育的意见》,中发〔2004〕16号文件。

(2)《中共中央宣传部 教育部关于进一步加强和改进高等学校思想政治理论课的意见》,教社政〔2005〕5号文件。

(3)推进理论工作"四大平台"建设工作会议精神,新华社,2015年7月28日电。

(4)教育部《高等学校思想政治理论课建设标准》,教社科〔2015〕3号文件。

(5)《中共中央国务院关于加强和改进新形势下高校思想政治工作的意见》,中发〔2016〕31号文件。

(6)《中共哈尔滨工业大学委员会关于印发加强和改进新形势下思想政治工作的实施方案》〔2017〕9号文件。

(7)《高等学校马克思主义学院建设标准(2017年本)》教社科〔2017〕1号文件。

(8)教育部关于印发《新时代高校思想政治理论课教学工作基本要求》的通知,教社科〔2018〕2号文件。

(9)《教育部关于加强新时代高校"形势与政策"课建设的若干意见》,教社科〔2018〕1号文件。

(二)培养目标

马克思主义学院落实"以学生为中心,学生学习与发展成效驱动"的教育理念,坚持党的领导,坚持社会主义办学方向,坚持以人民满意为标准,坚持以培养社会主义合格建设者和可靠接班人为根本,坚持培养掌握马克思主义基本理论,坚持培养信念执着、品德优良、知识丰富、本领过硬、具有国际视野、引领未来发展的拔尖创新人才。

为此,马克思主义学院开设思想政治理论课、硕/博士生专业课、人文社科任选课和人文素质教育课。其中,思想政治理论课是哈工大对大学生进行思想政治教育的主渠道、主阵地,其根本任务是通过进行比较系统的马克思主义理论教育,帮助和引导大学生掌握马克思主义的基本观点、立场和方法,确立中国特色社会主义理论自信、制度自信、道路自信和文化自信,坚定共产主义的理想信念,树立科学的世界观、人生观、价值观。

同时,思想政治理论课、硕/博士生专业课、人文社科任选课和人文素质教育课对于培养大学生人文素质和专业素质发挥了不可替代的作用。这些课程从不同侧面对大学生进行人文素质教育和专业教育,帮助和引导大学生深入认识社会历史,认识自我,对于其成为"信念执着、品德优良、知识丰富、本领过硬、具有国际视野、引领未来发展的拔尖创新人才"具有重要作用。上述课程在落实学校人才培养理念、遵循学校人才培养目标、完善学校人才培养体系、契合学校人才培养模式、突出学校人才培养特色等方面占据重要战略地位,发挥着不可替代的作用。

二、课程教学管理

(一)组织管理

1. 领导体制

自从2011年马克思主义学院建院以来,学校两任党委书记王树权、熊四皓,两任校长王树国、周玉等学校主要领导,对于思想政治理论课建设高度重视,将其作为一项系统工程建设,经常听取关于思想政治理论课建设的情况汇报,曾多次做出重要指示,并专门成立"思想政治理论课建设领导小组",组长为学校党委书记,统筹协调思想政治理论课建设。

2. 工作机制

学校高度重视思想政治理论课建设,将其列入学校事业发展规划。在"十二五"规划建设时期,学校从教学和科研等多个方面给予多方支持。在"十三五"整体建设规划中,又将思想政治理论课建设作为重点工作内容,并按照发展规划建设标准实时督查。平时,思想政治理论课建设情况,定期上报学校党委(常委)会、校长办公会。学校主要领导、分管校领导每学期深入马克思主义学院开展调研,听取思想政治理论课教学工作汇报,帮助解决实际问题。学校主要领导、分管校领导和相关校领导,每学期不同时段定期深入思想政治理论课课堂听课,并与任课教师沟通,实时指导。尤其是2015年,在"习近平总书记系列重要讲话精神专题辅导"(现已更名为"习近平新时代中国特色社会主义思想专题辅导")课程设置和开设过程中,学校主要领导高度关注,协调相关部门统一部署,学校多位党委常委听课,既确保这门课程顺利开课,又促进授课质量和水平的提升。

学校党委组织部、宣传部、人事处、本科生院、研究生院、财务处、经管与人文社会科学研究院、学生处、团委等部门,与马克思主义学院密切配合,各司其职、各负其责,落实思想政治理论课建设标准,努力提升思想政治理论课的授课质量,促进马克思主义理论学科建设,发挥思想政治理论课在人才培养过程中的基础作用,为教学改革、科研立项提供相应的经费支持和政策保障。

3. 机构建设

2011年5月25日,正式组建"哈尔滨工业大学马克思主义学院"(校党发〔2011〕34号),承担全校本科生、硕士研究生和博士研究生的思想政治理论课教学任务,并作为哈工大马克思主义理论相关学科点的依托单位,承担马克思主义理论研究、学科建设、研究生培养等工作。

目前,马克思主义学院下设6个教研室——"思想道德修养与法律基础教研室""中国近现代史纲要教研室""毛泽东思想和中国特色社会主义理论体系概论教研室""马克思主义基本原理概论教研室""形势与政策教研室"和"研究生思想政治理论课教研室",其特点是教研室设置与思想政治理论课程设置高度对应,便于各个教研室开展思想政治理论课教学建设。

自2011年建院以来,马克思主义学院认真贯彻国家和学校有关文件精神和要求,始终把讲好思想政治理论课放在学院建设的首位,一直高扬主旋律,认真贯彻落实相关工作要求,积极深化思想政治理论课教学改革,制定和实施鼓励思想政治理论课教学改革和提高思想政治理论课教学质量的规章制度,如在职称系列评定、评奖、评优、岗位聘任和收入分配的条件,提高教学工作方面所占比重,确保专职教师能够积极投入思想政治理论课教学,保质保量地完成思想政治理论课教学任务,并通过大力开展马克思主义理论学科建设,为思想政治理论课教学提供强有力的学术支撑。

4. 专项经费

自从2011年马克思主义学院建院以来,在创建世界一流大学的进程中,学校党委积极落实教育部《高等学校思想政治理论课建设标准》(教社科〔2015〕3号)的文件要求,认真落实思想政治理论课建设经费,建立保障思想政治理论课教学经费投入的长效机制——根据在校本、硕、博学生总人数划拨使用经费。同时,学校有专门经费支持马克思主义学院教学改革与创新教育,如划拨马克思主义学院"本科生核心课程建设经费""本科思想政治理论课建设专项经费""MOOCs课程建设经费"等。在经费使用过程中,始终坚持"专款专用,不可挪做它用"的原则,专项支持思想政治理论课教学体系建设、教学改革和教学研究,能够基本保障学院本科思想政治理论课教学活动和思想政治理论课教学体系建设正常运行,极大地提高思想政治理论课教师的工作积极性和创造性。

(二)教学管理

1. 严格执行教学管理制度

作为一所百年名校,哈尔滨工业大学素来重视教学工作,建立并完善备课、听课制度以及教学内容监控制度等教学管理规章制度,并认真执行,教学档案齐全。在学校层面,相关的教学管理制度主要有:《哈尔滨工业大学本科课堂教学准入、认证及退出管理条例》《哈尔滨工业大学本科生学籍管理办法》《哈尔滨工业大学教师本科教学工作准则》《哈尔滨工业大学本科教学管理干部工作准则》《哈尔滨工业大学本科生评教实施办法》《哈尔滨工业大学本科考试管理实施细则》《哈尔滨工业大学高水平教师承担本科教学任务的规定》《哈尔滨工业大学关于设立教学单项奖的决定》《哈尔滨工业大学教学督导工作条例》《哈尔滨工业大学优秀课建设制度》《哈尔滨工业大学"创新研修课"管理办法》等。

在制度规范上,学院严格遵循学校教学管理制度要求,印发前述一系列教学文件,对于本科、研究生任课教师一体适用,鼓励思想政治理论课教师教书育人、加强师德建设,建立对教师教育教学水平的评价机制及分类管理考核办法。在实际工作中,马克思主义学院严格执行有关制度文件要求,建立备课、听课制度以及教学内容监控制度,落实各项教学管理规章制度、检查、评价制度等,做到组织落实、制度落实和人员落实。

值得一提的是,根据 2017 年学校发布的《哈尔滨工业大学本科课堂教学准入、认证及退出管理条例》,马克思主义学院进一步明确本科思想政治理论课课堂教学是本科教学工作的主渠道,是其他教学环节的基础,通过本科思想政治理论课课堂教学准入、认证及退出制度,完善新的思想政治理论课教师培训、听课、助课、备课、准入、授课、认证、评价、预警、退出等一系列环节的规范及要求,保证本科思想政治理论课课堂教学的规范性、严肃性。

2. 完善教学质量保障体系

自从 2011 年建院以来,马克思主义学院一直把提高教学质量作为教育教学改革发展的核心任务,在学校出台本科、研究生教学制度文件的基础上,多措并举,积极完善教学质量保障体系。

(1)建立以院长—分管教学工作的院长助理—教学秘书—教研室主任—教学督导为架构的教学组织体系。

(2)构建一个涵盖本科思想政治理论课、研究生思想政治理论课、研究生专业课、人文社科任选课和人文素质教育课,囊括课堂教学、课堂研讨、学生成绩考核的教学质量保障体系。

(3)积极培育教学管理人员、任课教师和学生等全员参与质量监测的良好氛围,强化课程教学质量闭环反馈机制,及时地将有关各类课程教学质量的信息反馈给任课教师,及时整改和处理,并作为任课教师评聘、考核的依据,如在职称评审时,明确要求"教学为主型"教师"教学态度认真,效果优良,无教学事故,学生和专家评教均在良好以上,且近 3 年学生评教 A+和 A 的总次数要大于 B 的总次数","教学科研并重型"教师"教学态度认真,效果优良"。

(4)加强马克思主义学院教学督导队伍建设,强化教学质量反馈,教学督导的内容涉及常规课堂随堂听课等,重点是对新入职青年教师的课堂教学进行指导督促,让他们尽快站稳讲台、站好讲台。

(5)把好"教材关",对开课课程的教材进行严格管理。譬如现有的五门本科生思想政治理论课,其中"思想道德修养与法律基础""中国近现代史纲要""毛泽东思想和中国特色社会主义理论体系概论""马克思主义基本原理概论"等4门课程全部使用党的十九大后出版的马克思主义理论研究和建设工程新教材,而"形势与政策"课严格依据教育部下发的教育教学大纲组织教学,选用中宣部、教育部制作的《时事报告(大学生版)》作为学生学习辅导资料,结合"高校思想政治理论课程网站"、"形势与政策"栏目、《时事》DVD音像教材以及网上的"形势与政策"课程组织教学。同时,《习近平谈治国理政》《习近平总书记系列重要讲话读本》《习近平关于全面深化改革论述摘编》《习近平关于全面依法治国论述摘编》等也作为本科生、研究生思想政治理论课教学的重要参考。

在此基础上,为加强马克思主义理论一级学科和哲学一级学科硕士点教材的规范化使用和意识形态建设,马克思主义学院涉及的15门课、22本教材全部使用中央马克思主义理论研究和建设工程重点教材。

此外,对于本科生、研究生的思想政治理论课教学质量,学校高度重视,于2017年修订《哈尔滨工业大学领导听课制度》,对学校领导听课次数做出明确要求。即以2017年为例,王树权书记、周玉校长带头听课,学校领导听课总次数达53次,体现人才培养的中心地位和学校领导对于本科生、研究生思想政治理论课教学的重视程度。

三、课程设置

目前,马克思主义学院教师承担着繁重的教学任务,各类课程一年总学时能够达到12 000个纯学时。总体来看,这些课程大体可以分为两类:第一类是思想政治理论课,包括少数民族预科生思想政治理论课、本科生思想政治理论课、硕士研究生思想政治理论课、博士研究生思想政治理论课;第二类是非思想政治理论课,包括硕/博士生专业课、人文社科任选课和人文素质教育课。

(一)预科生思想政治理论课设置

从2018年起,根据教育部的安排,哈尔滨工业大学从西藏、新疆等少数民族地区每年招收大约100名少数民族预科生。为了对这些少数民族预科生展开思想政治理论课教学,马克思主义学院从2018年起,分秋、春两季,增设少数民族预科班思想政治理论课——时事政治,迄今已经进行了两个年度,并成为马克思主义学院思想政治理论课教学工作的新常态。

值得一提的是,"时事政治"课程的负责人由马克思主义学院的两位院长助理——巩茹敏(秋季学期负责人)、黄进华(春季学期负责人)分别担任,在学院领导的大力支持

下,巩茹敏在理论专题、实践环节对课程进行了全方位顶层设计,并从"思想道德修养与法律基础教研室""中国近现代史纲要教研室""毛泽东思想和中国特色社会主义理论体系概论教研室""马克思主义基本原理概论教研室"和"形势与政策教研室"分别抽调多位骨干教师,组成一个"时事政治"课程的教学团队,分别讲授"走进哈工大""中国共产党与东北伟大社会革命""中共党史著名人物选介""中华传统美德""从防疫抗疫看坚持'四个自信'""'一带一路'倡议及其对大国关系的影响""中国传统法家思想概述""爱我中华:中华民族与中华文化简介"等多个专题,从多个角度、多个侧面对少数民族预科生展开思想政治教育。

为了更好地让少数民族预科班学生了解校情、市情、省情,感受改革开放40多年来国家发生的巨大变化,尽快融入哈工大,为即将到来的本科阶段学习打好基础,两位课程负责人及其教学团队精心设计一个社会实践线路,包括萧红纪念馆、哈尔滨城市规划馆、中东铁路纪念馆、哈尔滨文庙、哈尔滨工运历史展览馆、哈尔滨劳动公园等多个具有独特文化意义的场馆,多次组织、带领学生外出,进行社会实践,多次开展"时事政治"课程的小班讨论,并针对发现的问题提出指导性建议与意见,取得了较好的教学效果。

(二)本科生思想政治理论课设置

1. 2019年之前的本科生思想政治理论课设置

在2019年之前,本科生思想政治理论课的设置情况如下:

(1)"思想道德修养与法律基础",48学时(课堂教学32学时,实践教学16学时),3学分。

(2)"中国近现代史纲要",32学时(课堂教学32学时),2学分。

(3)"毛泽东思想和中国特色社会主义理论体系概论",96学时(课堂教学64学时,实践教学32学时),6学分。

(4)"马克思主义基本原理概论",48学时(课堂教学40学时,实践教学8学时),3学分。

(5)"形势与政策",16学时(课堂教学16学时),1学分。

(6)"习近平总书记系列重要讲话专题辅导"(至2017年,更名为"习近平新时代中国特色社会主义思想专题辅导"),16学时(课堂教学16学时),1学分。

鉴于学时学分未能完全达到国家的要求,在本科生院的大力支持和配合下,马克思主义学院对本科生思想政治理论课采取春、秋通开,打破学期开设思想政治理论课,大班授课—小班讨论—大班总结,加强社会实践,增加课外阅读和课内研讨等教学改革方式,增加学时和学分,并与学校有关部门协商,将改革后增加的学时与学分纳入学校教学计划中。在学时与学分都解决的基础上,也相应解决因师生比不足对思想政治理论课课程建设所带来的影响,能够保障很好地贯彻教育部《高等学校思想政治理论课建设标准》,保证和提高本科生思想政治理论课教学质量。

2. 2019年之后的本科生思想政治理论课设置

2018年,教育部先后印发实施《关于印发新时代高校思想政治理论课教学工作基本要求》(教社科〔2018〕2号文件)、《教育部关于加强新时代高校"形势与政策"课建设的若干意见》(教社科〔2018〕1号文件);2019年,中共中央办公厅、国务院办公厅印发实施的《关于深化新时代学校思想政治理论课改革创新的若干意见》,对于高校思想政治理论课的学时学分有严格的要求。

因此,2018年,马克思主义学院制定《哈尔滨工业大学贯彻落实教育部2018年思想政治理论课教学改革方案》,对本科生思想政治理论课进行调整,严格落实国家文件提出的学时学分规定。其中,本科生思想政治理论课的"马克思主义基本原理概论"课3学分、"毛泽东思想和中国特色社会主义理论体系概论"课5学分、"中国近现代史纲要"课3学分、"思想道德修养与法律基础"课3学分、"形势与政策"课2学分。同时,从本科生思想政治理论课的16个总学分中划出2个学分,用于开展本科生思想政治理论课的实践教学,具体做法是:从"毛泽东思想和中国特色社会主义理论体系概论"课划出1学分,"思想道德修养与法律基础"课划出0.5学分,"中国近现代史纲要"课划出0.5学分,共2学分,由学工处负责实施思想政治理论课实践教学,马克思主义学院承担理论教学的14学分,其中"思想道德修养与法律基础"课2.5学分,"中国近现代史纲要"课2.5学分,"马克思主义基本原理概论"课3学分,"毛泽东思想和中国特色社会主义理论体系概论"课4学分、"形势与政策"(含"习近平新时代中国特色社会主义思想专题辅导")课2学分,详见表1。

表1 本科生思想政治理论课落实教育部2018最新文件方案一览表

序号	课程名称	学分	课内学时	开课学期
1	思想道德修养与法律基础	2.5	40	大一秋季
2	中国近现代史纲要	2.5	40	大一春季
3	马克思主义基本原理概论	3	48	大二春季
4	毛泽东思想和中国特色社会主义理论体系概论	4	64	大二秋季
5	形势与政策（含"习近平新时代中国特色社会主义思想专题辅导"）	2	32	①形势与政策1（8学时）/大一春季;②形势与政策2（8学时）/大二春季;③形势与政策3（8学时）/大三秋季;④形势与政策4（8学时）/大四秋季

备注:从"毛泽东思想和中国特色社会主义理论体系概论"课划出1学分,"思想道德修养与法律基础"课划出0.5学分,"中国近现代史纲要"课划出0.5学分,共2学分,由学工处负责实施思想政治理论课实践教学。

需要说明的是"形势与政策"课的学时学分变化。在充分保证规范开课方面,根据国家文件规定,要将"形势与政策"课纳入学校教学计划,严格落实"形势与政策"课2学分,要保证本科生在校学习期间开课不断线;本科生每学期不低于8学时,共计2学分。此前,"形势与政策"(含"习近平新时代中国特色社会主义思想专题辅导")课是在大一春季学期开设国家要求的16个学时的"形势与政策"课(1学分),在大三秋季学期开设黑龙江省要求开设的16个学时的"习近平新时代中国特色社会主义思想专题辅导"课(原名"习近平总书记系列重要讲话精神专题辅导",又称"四进四信"课,1学分)。从2019级新生开始,"形势与政策"课程组把这两门课进行整合,即把"习近平新时代中国特色社

会主义思想专题辅导"课纳入"形势与政策"课程体系中,统一称之为"形势与政策"课,满足国家规定的2学分要求;同时,为保证开课不断线,将在大一春季学期开设8学时"形势与政策(1)",大二春季学期开设8学时"形势与政策(2)",大三秋季学期开设8学时"形势与政策(3)",大四秋季学期开设8学时"形势与政策(4)"。

从2019年秋季学期起,马克思主义学院在2019级新生中开始全面贯彻落实《哈尔滨工业大学贯彻落实教育部2018年思想政治理论课教学改革方案》;及至2020年春,一场新冠肺炎疫情不期而至。在这个危急时刻,广大思想政治理论课教师积极响应教育部"停课不停教、停课不停学"的号召,转"危"为"机",采用多种形式,开展网络教学,在这场疫情"大考"中考出优异成绩!

(三)研究生思想政治理论课设置

1. 硕士研究生思想政治理论课设置

在2018年秋季学期之前,硕士研究生思想政治理论课的开设情况如下:

(1)"中国特色社会主义理论与实践研究"课,2学分。

(2)"自然辩证法概论"课作为选修课程,1学分。

从2018年秋季学期开始,硕士研究生思想政治理论课严格按照国家规定的课程名称、学分、学时要求进行规范开课,详见表2:

表2 硕士研究生思想政治理论课落实教育部2018最新文件方案一览表

序号	课程名称	学分	课内学时	开课学期	备注
1	中国特色社会主义理论与实践研究	2	32	研一秋季	无
2	自然辩证法概论	1	16	研一春季	选修课

2. 博士研究生思想政治理论课设置

根据新的国家文件,对于博士研究生,开设思想政治理论课"中国马克思主义与当代",2学分,同时可以开设"马克思恩格斯列宁经典著作选读"课(列入学校博士生公共选修课)。与旧的国家文件[中宣部、教育部《关于高等学校研究生思想政治理论课设置调整的意见》(教社科〔2010〕2号)]对比,博士研究生思想政治理论课没有发生变化,仍按既定方案执行,详见表3:

表3 博士研究生思想政治理论课落实教育部2018最新文件方案一览表

序号	课程名称	学分	课内学时	开设学期	备注
1	中国马克思主义与当代	2	32	博一春季/秋季	学位课

(四)研究生专业课设置

1. 马克思主义理论专业硕士生专业课设置

(1)2011—2018年马克思主义理论专业硕士生专业课设置。

2011年秋,根据学校统一部署,对马克思主义学院所属一级学科硕士学位授权点和二级学科硕士学位授权点进行凝练和调整,在"马克思主义理论"一级学科硕士学位授权点之下设置"马克思主义中国化研究""中国近现代史基本问题研究"和"思想政治教育"

三个二级学科硕士学位授权点,分别培养硕士研究生。

①"思想政治教育"二级学科硕士点开设课程及学分情况,详见表4:

表4 "思想政治教育"二级学科硕士点开设课程及学分情况

类别		课程编号	课程名称	学时课内/实验	学分	开课时间
学位课程	公共学位课（GXW）	S0800001Q	马克思主义学说史	48	3	秋
			第一外国语	32	2	秋
		S0807001Q	马克思主义基本原理专题	32	2	秋
		S0807002Q	马克思主义伦理学	32	2	秋
	学科基础课（XW）	S0807003Q	马克思主义经典著作选读	32	2	秋
		S0807004Q	国外马克思主义概论	32	2	秋
		S0807005Q	思想政治教育原理与方法	32	2	秋
	学科专业课（XW）	S0807006Q	马克思主义中国化的历史进程	32	2	秋
		S0807007Q	当代社会主义理论与实践	32	2	秋
		S0807008Q	思想政治教育理论前沿	32	2	秋
选修课程（X）		S0807010Q	当代资本主义研究	32	2	秋
		S0807011C	公共政策分析	32	2	春
		S0807012C	国外马克思主义名著导读	32	2	春
		S0807013C	当代西方政治思潮	32	2	春
		S0807014Q	西方哲学史专题	32	2	秋
专题课程（ZT）		S0807015C	马克思主义理论前沿问题专题	16	1	春
		S0807009Q	中外政治思想史	32	2	秋
学术交流		学术交流			1	夏
论文环节		开题报告			1	秋
		中期检查			1	春

②"马克思主义中国化"二级学科硕士点开设课程及学分情况,详见表5:

表5 "马克思主义中国化"二级学科硕士点开设课程及学分情况

类别		课程编号	课程名称	学时课内/实验	学分	开课时间
学位课程	公共学位课（GXW）	S0800001Q	马克思主义学说史	48	3	秋
			第一外国语	32	2	秋
		S0808002Q	中国共产党执政党建设研究	32	2	秋
	学科基础课（XW）	S0808001Q	马克思主义中国化的历史进程与理论体系研究专题	32	2	秋
		S0808003Q	新民主主义时期中共党史	32	2	秋
		S0808004Q	社会主义时期中共党史	32	2	秋
	学科专业课（XW）	S0808006Q	共产国际、苏联与中国革命	32	2	秋
		S0808007Q	中国现代政治思想史专题	32	2	秋
		S0808005Q	中国共产党改革开放史专题研究	32	2	秋

续表

类别	课程编号	课程名称	学时 课内/实验	学分	开课时间
选修课程（X）	S0809004Q	现代化理论与实践研究	32	2	秋
	S0808008C	五四运动史	32	2	春
	S0808009C	中国近现代经济史专题	32	2	春
	S0808010C	中国共产党统一战线理论与实践专题	16	1	春
	S0808011C	建国以来中国共产党外交理论与实践研究专题	16	1	春
专题课程（ZT）	S0808013C	中共党史人物专题	32	2	春
	S0808012C	中共党史研究前沿述评	16	1	春
	S0808014C	中共党史研究方法专题	16	1	春
补修课（BX）	S0800150Q	中国近代史	30	1	
	S0800151Q	中国现代史	30	1	
	S0800152Q	世界近现代史	30	1	
学术交流	学术交流			1	夏
论文环节	开题报告			1	秋
	中期检查			1	春

③"中国近现代史基本问题研究"二级学科硕士点开设课程及学分情况,详见表6:

表6 "中国近现代史基本问题研究"二级学科硕士点开设课程及学分情况

类别		课程编号	课程名称	学时 课内/实验	学分	开课时间
学位课程	公共学位课（GXW）	S0800001Q	马克思主义学说史	48	3	秋
			第一外国语	32	2	秋
		S0809001Q	中国近代史研究	32	2	秋
		S0809002Q	中国现代史研究	32	2	秋
	学科基础课（XW）	S0809003Q	近代东北亚国际关系史研究	32	2	秋
		S0809004Q	现代化理论与实践研究	32	2	秋
		S0808007Q	中国现代政治思想史	32	2	秋
	学科专业课（XW）	S0808001Q	马克思主义中国化的历史进程与理论体系研究专题	32	2	秋
		S0809005Q	中国科技思想史	32	2	秋
选修课程（X）		S0802007Q	中国文化概论	32	2	秋
		S0809007Q	美国冷战战略与东西方贸易管制研究	32	2	秋
		S0808008C	五四运动史	32	2	春
		S0808009C	中国近现代经济史专题	32	2	春
专题课程（ZT）		S0809009C	中国近现代史前沿问题系列专题	16	1	春
		S0809008C	东北地方史专题	16	1	春
		S0809006C	战后国际关系史专题	32	2	春
补修课（BX）		S0803155Q	世界近代史	30	1	
		S0803156Q	世界现代史	30	1	

续表

类别	课程编号	课程名称	学时 课内/实验	学分	开课时间
学术交流	学术交流			1	夏
论文环节	开题报告			1	秋
	中期检查			1	春

(2)2018年后马克思主义理论专业硕士生专业课设置。

根据国家和学校的统一要求,2018年,马克思主义学院弱化二级学科,对"马克思主义理论"一级学科硕士学位授权点所属"思想政治教育""马克思主义中国化研究"和"中国近现代史基本问题研究"3个二级学科硕士点进行调整,将其更名为"思想政治教育""马克思主义中国化研究"和"中国近现代史基本问题研究"3个培养方向,硕士生专业课也进行相应调整,详见表7:

表7 2018年后马克思主义理论专业课课程体系设置

类别		课程编号	课程名称	学时	学分	开课时间	备注
学位课程	公共学位课	MX61001	中国特色社会主义理论与实践研究	32	2	秋	必修
		MX61002	自然辩证法概论	16	1	秋	
		FL62000	第一外国语(硕士)	32	2	秋	
	学科核心课	MX64001	中国共产党执政党建设研究	32	2	秋	≥12学分
		MX64002	马克思主义中国化历史进程与理论体系研究专题	32	2	秋	
		MX64003	新民主主义时期中共党史	32	2	秋	
		MX64004	社会主义时期中共党史	32	2	秋	
		MX64005	马克思主义基本原理专题	32	2	秋	
		MX64006	马克思主义经典著作选读	32	2	秋	
		MX64007	国外马克思主义概论	32	2	秋	
		MX64008	中国近代史研究	32	2	秋	
		MX64009	中国现代史研究	32	2	秋	
		MX64010	近代东北亚国际关系史研究	32	2	秋	
		MX64011	现代化理论与实践研究	32	2	秋	
		MX64012	共产国际、苏联与中国革命专题	32	2	秋	
学位课程	学科核心课	MX64013	中国现代政治思想史专题	32	2	秋	≥12学分
		MX64014	中国共产党改革开放史专题研究	32	2	秋	
		MX64015	思想政治教育原理与方法	32	2	秋	
		MX64016	当代社会主义理论与实践	32	2	秋	
		MX64017	马克思主义伦理学	32	2	秋	
		MX64018	中国科技思想史	32	2	秋	

续表

类别		课程编号	课程名称	学时	学分	开课时间	备注
选修课推荐列表	马克思主义中国化研究方向	MX64011	现代化理论与实践研究	32	2	秋	
		MX65002F	中国化马克思主义原著导读	32	2	春	
		MX65003F	中国近现代经济史专题	32	2	春	
		MX65004F	中国共产党统一战线理论与实践专题	16	1	春	
		MX65005F	建国以来中国共产党外交理论与实践研究专题	16	1	春	
		MX65025	中共党史研究前沿问题述评	16	1	春	
		MX65026	中共党史人物专题	32	2	春	
		MX65027	中共党史研究方法专题(含史料学)	16	1	春	
	思想政治教育方向	MX65006F	当代资本主义研究	32	2	秋	
		MX65007F	公共政策分析	32	2	春	
		MX65008F	当代西方政治思潮	32	2	春	
		MX65009F	政治伦理与社会伦理问题研究	32	2	春	
		MX65028	中外政治思想史	32	2	春	
		MX65029	思想政治教育理论前沿问题专题	32	2	春	
	中国近现代史基本问题研究方向	MX65010F	中国历代经济变革史	32	2	春	
		MX65011F	中国近代历史发展进程中的现代化问题研究	32	2	春	
		MX65003F	中国近现代经济史专题	32	2	春	
		MX65030	中国近现代史前沿问题系列专题	16	1	春	
		MX65031	东北地方史	32	2	秋	
	本院开设	MX64019	西方哲学史专题	32	2	秋	至少选择1门课程
		MX64005	马克思主义基本原理专题	32	2	秋	
		MX64002	马克思主义中国化历史进程与理论体系研究专题	32	2	秋	
		MX65031	东北地方史	32	2	秋	
		MX65016	马克思主义学说史	48	3	春	
		MX64029	伦理学专题	32	2	春	
		MX64026	马克思主义科学技术哲学原著研读	32	2	秋	
		MX64030	科学技术社会学	32	2	春	
		MX65035F	高技术与社会发展研究	32	2	秋	

续表

类别		课程编号	课程名称	学时	学分	开课时间	备注	
选修课推荐列表	中国大学MOOC	MX65021M	理解马克思(国家精品课)	16	1	春	南京大学张亮	至少选择1门课程
		MX65022M	管理沟通:思维与技能(国家精品课)	16	1	春	哈工大张莉	
		MX65023M	社会调查与统计分析	32	2	秋	大连理工卢小君	
		MX65024M	质性研究方法	16	1	春	北京大学林小英	
补修课(BX)		本科专业非马克思主义理论学科或非相近专业的学生,需和导师协商是否需要补修相关课程,补修课不计入学分,但可以计入成绩单。						
必修环节		MX68001	经典文献阅读及学术交流		2	秋		
		MX69001	开题报告		1	秋		
合计			≥32 学分					

说明:

①MX64011"现代化理论与实践研究"是马克思主义学院除马克思主义中国化研究方向外的学科核心课,马克思主义中国化研究方向为指定选修课,而课程编码以字母F结尾的课程均为指定选修课。

②学位课程为考试课程,选修课程为考查课程。原则上用 0.75~1 学年时间完成课程学习,用 1~1.25 学年完成硕士学位论文。

③马克思主义理论学科学术学位硕士研究生的总学分要求为不少于 32 学分,其中学位课不少于 17 学分,选修课不少于 12 学分,必修环节 3 学分。

④对经典文献阅读的要求:

要求各研究方向入学时列出经典文献阅读书目,供学生学习期间阅读,学生学位论文开题前,需要提交一篇 2 000 字左右的读书报告,在审核合格后,记 1 学分,没有或不合格则不允许开题。

⑤对学术交流的要求:

至少听 5 次学科相关或相近的学术讲座,每次学术讲座记 0.2 学分,多选不限,最多记 1 学分。研究生听每次学术讲座后,需撰写一篇 2 000 字左右的学术心得,由导师签字后,作为取得参加学术交流学分的依据,共需提交至少 5 篇学术心得。或参加一次有文章被采用的国内学术会议,需提交会议邀请函及文章被采用的佐证材料等,记 1 学分。

2. 哲学专业硕士生专业课设置

(1) 2011—2018年哲学专业硕士生专业课设置。

自从2005年成功申报"哲学"一级学科硕士学位授权点后,下设"马克思主义哲学"和"科技哲学"两个二级学科硕士学位授权点,分别培养硕士研究生,其课程设置见表8、表9:

表8 "马克思主义哲学"二级学科硕士点开设课程及学分情况

类别		课程编号	课程名称	学时 课内/实验	学分	开课时间
学位课程	公共学位课（GXW）	S0800001Q	马克思主义学说史	48	3	秋
		S1500054Q	第一外国语	32	2	秋
	学科基础课（XW）	S0807014Q	西方哲学史专题	32	2	秋
		S0802001Q	西方马克思主义	32	2	秋
		S0802002Q	中国哲学史专题	32	2	秋
		S0802003Q	比较哲学	32	2	秋
		S0802004Q	哲学通论	32	2	秋
	学科专业课（XW）	S0802005Q	辩证唯物主义专题	32	2	秋
		S0802006Q	历史唯物主义专题	32	2	秋
选修课程（X）		S0802007Q	中国文化概论	32	2	秋
		S0802008C	现代西方哲学	32	2	春
		S0802009C	社会发展理论研究	32	2	春
		S0802010Q	认识论史专题	32	2	秋
		S0802011C	经济哲学研究	32	2	春
		S0802012C	伦理学专题	32	2	春
		S0802013C	马克思主义哲学中国化专题	32	2	春
专题与实践环节（ZT）		S0802014C	马克思主义哲学与文化遗产研究	32	2	春
		S0802015C	马克思主义哲学前沿问题研究	16	1	春
补修课（BX）		S0800158Q	哲学基础知识	32		
		S0800135Q	马克思主义基本原理	32		
学术交流		学术交流			1	夏
论文环节		开题报告			1	秋
		中期检查			1	春

表9 "科技哲学"二级学科硕士点开设课程及学分情况

类别		课程编号	课程名称	学时 课内/实验	学分	开课时间
学位课程	公共学位课（GXW）	S0800001Q	马克思主义学说史	48	3	秋
		S1500054Q	第一外国语	32	2	秋
		S0807014Q	西方哲学史专题	32	2	秋
	学科基础课（XW）	S0801001Q	科学技术史	32	2	秋
		S0801002C	科学哲学	32	2	春
		S0801003C	技术哲学	32	2	春
		S0801004Q	马克思主义科学技术哲学原著研读	32	2	秋
	学科专业课（XW）	S0801005Q	生态哲学	32	2	秋
		S0801006C	科学技术社会学	32	2	春
选修课程（X）		S0801007Q	当代科技前沿中的伦理问题	32	2	秋
		S0801008Q	高技术与社会发展研究	32	2	秋
		S0801009C	科技政策专题	32	2	春
		S0801010C	工程哲学专题	32	2	春
专题课程（ZT）		S0802004Q	哲学通论	32	2	秋
		S0801011C	科学技术哲学理论前沿系列专题	32	2	春
学术交流		学术交流			1	夏
论文环节		开题报告			1	秋
		中期检查			1	春

（2）2018年后哲学专业硕士生专业课设置。

根据国家和学校的统一部署，2018年，马克思主义学院对"哲学"一级学科硕士学位授权点所属"马克思主义哲学"和"科技哲学"两个二级学科硕士点进行调整，将其调整为"马克思主义哲学"和"科技哲学"两个培养方向，硕士生专业课的设置也做了相应调整，详见表10：

表10 2018年后哲学专业硕士生专业课课程体系设置

类别		课程编号	课程名称	学时	学分	开课时间	备注
学位课程	公共学位课	MX61001	中国特色社会主义理论与实践研究	32	2	秋	必修
		MX61002	自然辩证法概论	16	1	秋	
		FL62000	第一外国语（硕士）	32	2	秋	

续表

类别		课程编号	课程名称	学时	学分	开课时间	备注
学位课程	学科核心课	MX64019	西方哲学史专题	32	2	秋	≥12学分
		MX64020	中国文化概论	48	3	秋	
		MX64021	中国哲学史专题	32	2	秋	
		MX64022	哲学通论	32	2	秋	
		MX64023	科学技术史	32	2	秋	
		MX64024	科学哲学	32	2	春	
		MX64025	技术哲学	32	2	春	
		MX64026	马克思主义科学技术哲学原著研读	32	2	秋	
		MX64027	辩证唯物主义专题	32	2	秋	
		MX64028	历史唯物主义专题	32	2	秋	
		MX64029	伦理学专题	32	2	春	
		MX64030	科学技术社会学	32	2	春	
		MX64031	生态哲学	32	2	秋	
选修课推荐列表	马克思主义哲学方向	MX65032F	马克思主义哲学中国化专题	32	2	春	
		MX65033F	经济哲学研究	32	2	春	
		MX65038	马克思主义哲学与文化遗产研究	32	2	春	
		MX65039	传统文化发展研究	32	2	秋	
	科学技术哲学方向	MX65034F	当代科技前沿中的伦理问题	32	2	秋	
		MX65035F	高技术与社会发展研究	32	2	秋	
		MX65036F	科技政策专题	32	2	春	
		MX65037F	工程哲学专题	32	2	秋	
		MX65040	学术研究方法与规范	16	1	春	
		MX65041	科学技术哲学前沿问题系列专题	32	2	春	
	本院开设	MX64019	西方哲学史专题	32	2	秋	至少选择1门课程
		MX64005	马克思主义基本原理专题	32	2	秋	
		MX64002	马克思主义中国化历史进程与理论体系研究专题	32	2	秋	
		MX65031	东北地方史	32	2	春	
		MX64029	伦理学专题	32	2	春	
		MX64026	马克思主义科学技术哲学原著研读	32	2	秋	
		MX64030	科学技术社会学	32	2	春	
		MX65035F	高技术与社会发展研究	32	2	秋	

续表

类别		课程编号	课程名称	学时	学分	开课时间	备注	
选修课推荐列表	中国大学MOOC	MX65021M	理解马克思(国家精品课)	16	1	春	南京大学张亮	至少选择1门课程
		MX65022M	管理沟通:思维与技能(国家精品课)	16	1	春	哈工大张莉	
		MX65023M	社会调查与统计分析	32	2	秋	大连理工卢小君	
		MX65024M	质性研究方法	16	1	春	北京大学林小英	
必修环节		MX68001	经典文献阅读及学术交流		2		必修	
		MX69001	学位论文开题		1	秋		
		GS68001	社会实践		1			
补修课		本科专业非哲学学科或非相近专业的学生,需和导师协商是否需要补修相关课程,补修课不计入学分,但可以计入成绩单。						
合计			≥33学分					

说明:

①课程编码以字母 F 结尾的课程为指定选修课。

②学位课程为考试课程,选修课程一般为考查课程。原则上用 0.75~1 学年时间完成课程学习,用 1~1.25 学年完成硕士学位论文。

③哲学学科学术学位硕士研究生的总学分要求为不少于 33 学分,其中学位课不少于 17 学分,选修课不少于 12 学分,必修环节 4 学分。

④对经典文献阅读的要求:

要求各研究方向入学时列出经典文献阅读书目,供学生学习期间阅读,学生学位论文开题前,需提交 5 篇经典文献读书报告,每篇为 2 000 字左右,审核合格后,记 1 学分,没有或不合格则不允许开题。

⑤对学术交流的要求:

至少听 5 次学科相关或相近的学术讲座,每次学术讲座记 0.2 学分,多选不限,最多记 1 学分。研究生听每次学术讲座后,需撰写一篇 2 000 字左右的学术心得,由导师签字后,作为取得参加学术交流学分的依据,共需提交至少 5 篇学术心得。或参加一次有文章被采用的国内学术会议,需提交会议邀请函及文章被采用的佐证材料等,记 1 学分。

3. 马克思主义社会学专业博士生专业课设置

2017年,马克思主义学院获批"马克思主义社会学(马克思主义理论与社会实践)"二级学科博士点;次年更名为"马克思主义社会学(马克思主义理论与社会实践)"培养方向,开始招收和培养博士研究生,其学习年限一般为四年,最长不超过六年。博士生因故需要延长学习年限,由博士生本人提出申请,导师签署具体意见,经院长同意后,报研究生院批准。博士生课程设置实行学分制,博士生必须至少修满14学分。该方向的博士生课程设置为公共学位课、学科核心课和选修课等,详见表11:

表11 马克思主义社会学专业博士生专业课课程体系设置

类别	课程名称	学时 课内/实验	学分	开课时间
公共学位课（G）	中国马克思主义与当代	32	2	秋春
	博士生第一外国语	32	2	秋春
学科核心课（XW）	高级社会理论	32	2	春
	社会管理学	32	2	春
	马克思主义理论与社会实践	32	2	秋
选修课（X）	马克思主义社会现代化理论与中国实践研究	16	1	秋
	中国近现代社会变迁理论与实践研究	16	1	秋
	马克思主义生态社会观及其实践研究	16	1	春
	中国社会哲学理论及其实践研究	16	1	春
	马克思主义科技社会理论与中国发展研究	16	1	秋
必修环节	综合考评		1	
	开题报告		1	
	中期检查		1	
	学术活动或社会实践		1	

有关说明:

(1)公共课程:中国马克思主义与当代为博士生必选学位课;对于外语水平较高的博士研究生,第一外国语课程可根据《研究生英语一外免修办法》申请免修。

(2)综合考评:学院根据本学科博士生培养要求制定博士研究生必须掌握的基础理论和专门知识的具体要求。学院在第一学年末要对博士生的思想政治素质、学习工作态度、学科基础理论和专门知识的掌握情况、研究能力和研究潜力进行综合考评。具体要求见《博士研究生综合考评的相关要求》。

(3)论文开题:博士研究生入学后一般应在第二学年第一学期末完成论文开题,最迟要在第二学年末完成,论文开题一般采取答辩方式进行,并提交书面开题报告。具体要求见《博士学位论文开题的有关要求》。

(4)中期检查:学位论文实行中期检查制度。在研究生博士学位论文工作的中期,学院应组织考查小组(由3~5人组成)对研究生的综合能力、论文工作进展以及工作态度、精力投入等进行全面考查。具体要求见《博士学位论文中期检查的有关要求》。

(5)学术活动:博士研究生在攻读博士学位期间参加重要国际学术会议、大型国内学术会议、校内举办的各种学术报告和学术讲座等学术活动可以获得1学分。具体要求:

在学习期间,博士研究生应提交有关经典和最新文献的读书报告6篇,每篇不少于4 000字;应主持一次博士生学术讨论会,并做一次学术报告,介绍相关研究领域学术前沿状况。

(6)社会实践:具体实践方式参见哈尔滨工业大学《研究生社会实践学分实施意见》。

(7)公共课程和学科学位课程为考试课程,选修课程为考查课程。博士生课程学习一般应在入学后一学年内完成,特殊情况下不超过两学年。

(8)在为博士生制订具体培养计划时,导师还可根据研究工作需要和博士生的学科基础指定自选课程和补修课程,自选课程和补修课程计成绩,不计学分。

(五)其他类别课程设置

除了上述少数民族预科生思想政治理论课、本科生思想政治理论课、硕士研究生思想政治理论课、博士研究生思想政治理论课、硕士研究生专业课、博士研究生专业课之外,马克思主义学院教师还开设"世界文明史专题""世界文明史概论""科学技术发展史""中国传统文化""西方哲学""哲学概论""西方哲学导论(已更名为'哲学导论')""西方著名哲学家""货币银行学"等多门人文社科任选课和人文素质通识课,下面以2016—2017年为例,详见表12。其中,2016年入选学校文化素质教育课程立项的有"世界文明史概论""西方著名哲学家""工程哲学",详见表13;2017年入选学校文化素质教育精品课程立项的有"哲学导论""工程科学方法论与规范",详见表14:

表12　2016—2017年马克思主义学院
人文社科任选课和人文素质通识课开课表

2016 秋	徐奉臻	世界文明史专题	计划内课程	48	英才学院
2017 春	王德伟	科学技术发展史	计划内课程	72	英才学院
2017 夏	彭华	中国传统文化	计划内课程	32	电气学院
2017 秋	田径	西方哲学	计划内课程	24	电气学院
2017 秋	徐奉臻	世界文明史专题	计划内课程	24	英才学院
2017 秋	田径	哲学概论	计划内课程	24	英才学院
2017 秋	黄磊	哲学概论	计划内课程	64	英才学院
2017 春	田径	西方哲学导论	素质选修课程	16	二校区各系
2017 春	王凤珍	科学哲学导论	素质选修课程	32	二校区各系
2017 夏	朱加凤	货币银行学	全校选修课程	32	二校区各系
2017 夏	王凤珍	科学哲学导论	素质选修课程	32	二校区各系
2017 夏	王凤珍	当代西方哲学思潮	素质选修课程	32	二校区各系
2017 秋	朱加凤	货币银行学	全校选修课程	32	一校区各系
2017 春	徐奉臻	世界文明史概论	素质核心课程	36	二校区各系
2017 春	田径	西方著名哲学家	素质核心课程	32	一校区各系
2017 秋	田径	西方哲学导论	素质核心课程	48	各系
2017 秋	田径	西方著名哲学家	素质核心课程	32	一校区各系

表13　2016年入选学校文化素质教育课程立项

教师姓名	课程名称	等级
世界文明史概论	徐奉臻	一等
西方著名哲学家	田 径	一等
工程哲学	王德伟	二等

表14　2017年入选学校文化素质教育精品课程立项

课程名称	负责人	等级
哲学导论	田径	A
工程科学方法论与规范	谢咏梅	B

四、教学改革举措

马克思主义学院的首要任务就是开展思想政治理论课教学。因此，2011年建院以来，马克思主义学院积极推动思想政治理论课教学改革，总体思路是：以习近平新时代中国特色社会主义思想为指导，以马克思主义理论和建设有中国特色社会主义理论体系为主线，以思想政治理论课教学研究成果为理论支撑，紧密结合本地实际和哈工大"立足航天""服务国防""长于工程"与国家发展战略同向同行的办学特点，牢牢把握思想政治理论课之间"源"和"干"的定位，深入挖掘思想政治理论课教学内容的广度与深度，积极探索思想政治理论课"补充而不重复""拓展而不脱离"的有效路径，努力构建科学、有效、完善的思想政治理论课教育长效机制，不断提升思想政治教育的亲和力和针对性，促进思想政治理论课与专业课协同发展，使思想政治理论课程改革、马克思主义理论学科建设服务于学校人才培养目标，主要改革举措如下：

（一）开展思想政治理论课专题化教学探索

从2006年起，"中国近现代史纲要"课程组率先开始探索专题化教学：在教学中，并不拘泥于一章一节的课程设计，而是在问题意识的引领下进行专题讲座，通过"高度浓缩"的方式来处理"中国近现代史纲要"与大学本科历史专业的中国近现代史的关系，通过正确定位的方式来处理"中国近现代史纲要"与"毛泽东思想和中国特色社会主义理论体系概论"的关系，通过横向共时维比较的方式来处理"中国近现代史纲要"与世界近现代史的关系。通过激活学生中学时期学过的已有知识，在有选择地扩展"史"的基础上，导出"论"；在提高整个课程品位和高度的同时，充分发挥史学的三大基本功能：传承文明、鉴古资今、启迪民智。

由于这一改革成效明显，很快就得到推广。目前，"思想道德修养与法律基础""中国近现代史纲要""毛泽东思想和中国特色社会主义理论体系概论""马克思主义基本原理概论""形势与政策"均广泛实行专题化、模块化教学。值得一提的是，专题化教学改革已经引起黑龙江省教育厅领导高度重视，"中国近现代史纲要"课相关专题化教学改革经验已经在"黑龙江省专题化教学研讨会"（在东北林业大学召开）和"黑龙江省'中国近现代史纲要'年会"(在山东荣成召开)上做经验介绍,受到普遍的好评。

(二)深化现有的思想政治理论课教学模式

在马克思主义学院教师开设的本科生思想政治理论课中,"新四门"本科生思想政治理论课均为哈尔滨工业大学校管核心课程,并形成自己的特色和风格。其中,"中国近现代史纲要"被评为黑龙江省思想政治理论课第一门省级精品课程(2008年)、黑龙江省优秀教学创新团队(2009年),都是黑龙江省思想政治理论课"零"的突破;2015年,又获批教育部高校思想政治理论课教学方法改革项目择优推广计划项目——"回溯提升教学模式在中国近现代史纲要中的构建与运用",再次实现黑龙江省思想政治理论课"零"的突破;2019年获评"哈尔滨工业大学一流本科课程",并被学校推荐参评"国家级一流本科课程"。

需要指出的是,这些本科生思想政治理论课的任课教师根据本课程的特点,结合自身多年授课经验,分别构建体现本课程特色的教学模式,并不断深化。

自从2006年开课以来,"中国近现代史纲要"课已经获评黑龙江省思想政治理论课第一门省级精品课。该课程组积极创建、实施和完善一系列富有特色的教学模式,诸如"RMSD教学模式""开放式—研究型—动态性社会实践模式""参与式—体验式教学模式""回溯提升教学模式"和"内容路径化—形式专题化—手段多样化"教学模式。

自从2005年开课以来,"思想道德修养与法律基础"课已经获评学校优秀课,继续实施和完善"生活化、体验式、主体性教学模式",着力强调课堂必须是学生"在场"的课堂,每学期举办"大学生论坛"和主题辩论会,注重学生参与教学的情感和体验,实现师生之间平等交流、相互促进、共同提高。

自从2006年开课以来,"毛泽东思想和中国特色社会主义理论体系概论"课已经获评学校精品课,继续实施和完善"一体三为教学模式",其中"一体"是指"以学生为主体、教师为主导",注重学生参与教学的情感和体验,重视创设开放、民主、和谐的教育环境和文化氛围,让学生从"被动接受"转向"主动学习、思考、研究";"三为"包括:"为进一步深化研究性、自主性学习而组织学生读原著","为深化教学内容而采用多样化教学方法,发挥各种教学方法的群集优势"——这是解决课堂教学层面无效和低效问题的关键,"为培养创新和实践能力而参与社会实践"。

自从2007年开课以来,"马克思主义基本原理概论"课也已经获评学校优秀课,继续实施和完善"三对话"教学模式,即应该突出大学生与马恩经典对话、课堂教学与日常生活对话、理论教学与实践教学对话的"三对话"原则,注重讲授与讨论相结合、系统教学与专题教学相结合,广泛组织实践教学。

自从2014年正式开课以来,"形势与政策"课已经获评"哈尔滨工业大学一流本科课程",并被学校推荐参评"国家级一流本科课程"。该课程组根据本课程特点,构建动静态结合、突出"面向国防、服务航天"的模块化专题教学。同时,根据不断发展变化的国内外形势需要,积极构建由课堂内向课堂外延伸的教学模式——广泛采用新媒体,如微信、QQ等多种形式,把思想政治理论课教学从课堂上延伸到课堂外,更快、更好地传播正能量。同时,结合哈工大传统和专业特点,从2017年秋季学期开始,本课程组以能源学院课堂作为教学改革试点,邀请能源学院院长赵广播教授走进课堂,以"不忘初心,牢记使命,将自身发展融入国家能源战略"为题,讲授"形势与政策"课程。通过这种教学方式的改革,让思想政治理论课教师成为配角,专业课教师成为主角,通过角色的翻转与互换,探索本科思想政治理论课堂和专业领域的有机融合的教学模式。

(三)采用多元化思想政治理论课教学方法与手段

在教学方法和手段上,马克思主义学院思想政治理论课教师积极探索,加大"基于学"而设计"教"法的教师教学方法改革和学生"学法"改革,以"教法"变革推动"学法"改革,千方百计激发学生的学习兴趣,提高学生对教学的参与度和"抬头率",创建适合大学生学习习惯和思维习惯的教法与学法,实现互动式教学。

针对哈尔滨工业大学理工科学生的主要特点,在思想政治理论课教学中采用问题引领教学法、原典阅读教学法、加法与减法教学法、启发式教学法、案例式教学法、课堂讨论教学法、互动式教学法、探究式教学法、辩论式教学法、交流式教学法、对话式教学法等多种教学方法与形式,充分调动学生学习的主动性。

其中,"问题引领教学法"即围绕大学生关心的时事政治和社会热点问题切入专题化教学,以一系列问题的提出和解决为组织教学的聚集点和动力源,保证教学活力,激发学生兴趣,开阔学生思维和视野,破除学生头脑中存在的错误思潮。"原典阅读法"是指提倡学生阅读马克思主义经典名篇名著,走进、回到、发展马克思主义,克服头脑中既存的对马克思主义教条化、工具化、偶像化、标签化的局限。"加法与减法教学法"是指在教学过程中,处理好"马克思主义基本原理概论""毛泽东思想和中国特色社会主义理论体系概论""思想道德修养与法律基础""中国近现代史纲要""形势与政策"等5门思想政治理论课关系,对学生知道的教学内容在教学过程中做"减法"——少讲或不做过多讲述,而对于不熟悉不了解的教学内容,在教学过程中做"加法"——多讲或浓墨重彩地讲述。

同时,将思想政治理论课教学与重大节日、纪念日、重大事件发生时机结合起来,开展座谈会、研讨会等教育活动,切实增进教育教学效果;与学校榜样库建设结合起来,通过对先进典型和英雄人物事迹的宣传,充分发挥先进典型和英雄人物在思想政治教育中的引导、示范和辐射作用;与学生社会实践和志愿服务结合起来,使学生在社会实践中接受教育;与哈工大校友会合作,通过优秀校友的榜样示范作用,引领青年学生踏踏实实做人、认认真真做事。

在思想政治理论课教学中,教师集群使用多元化的教学方法,可以改变"教师一言堂"的面貌,通过强化课堂教学的探索性和思考性来激发学生学习兴趣,提升学生的听课抬头率,以突破"中国近现代史纲要"课作为思想政治理论课所面临的国家、学校和任课教师高度重视而学生轻视的瓶颈。

(1)通过多样化的教学方法的集群使用和相互的渗透和助推,形成教学方法的集群链条,充分展示"中国近现代史纲要"的课堂教学魅力,将研究性教学贯穿于课堂教学全过程。以"问题引领法"为课堂教学做好铺垫;以"案例教学法"回答和解析预设的问题;以"名著名篇导读法"拓宽学生知识面和对预设问题进行深层研究,并为"学生的专题讨论和辩论"等方法的应用做好准备;以"参观遗址等实践活动"强化对课堂教学内容的体验,强化课堂教学的探索性和思考性,激发学生进行研究性学习的积极性。

2. 注重教学方法的实效性研究。通过课堂学生分组辩论、学生专题讨论,并撰写专题研究报告或论文、学生填写调查问卷等各种方法检验学生课堂学习效果。

3. 传统文字表达与现代多媒体实景展示相结合。加大音像资料片在多媒体课件中所占比重,给学生以形象直观的感受,突破时空界限,诱导学生进行分析,由感性认识上升到理性认识。

(四)推广"大班授课—小班讨论—大班总结"的教学模式

2017年秋季学期,为贯彻、落实中央巡视组针对哈工大思想政治理论课提出的整改意见,在2016年本科思想政治理论课教学改革试点的基础上,2017年秋季学期,对本科四门思想政治理论课的"大班授课—小班讨论—大班总结"的改革做到全覆盖,对少数民族预科生思想政治理论课、研究生思想政治理论课正在试点、推广,并于2018年春季学期召开"大班授课—小班讨论—大班总结"总结经验交流会。

作为一种配合大班教学的辅助性教学实践活动,"小班讨论"的教学过程体现"双主性"教学模式——即"教师的主导作用"与"学生主体作用"的协同发挥。在实施过程中,教师引领设定讨论题目;每班在课代表的组织下,在班级内部先进行分组讨论,每个组的讨论题目自行决定。在此基础上,每个讨论小组推选一名代表,参加大班课堂展示;大班展示阶段,每组选出一位代表进行课堂展示,其他同学可以对其提问,任课教师针对同学们的发言内容进行点评。

"大班授课—小班讨论—大班总结"的教学模式打破传统的以思想政治理论课教师为中心的局面,让学生走上讲台,实现师生角色互换,教师充当着组织者与引导者的角色,学生根据设置的主题自主备课、自主讲授、自由表达和自主探究,老师与学生共同寻求真相与真理。

(五)实现"线上教学"与"线下教学"无缝衔接

2018年起,学院在本硕博思想政治理论课开始尝试探索线上线下混合式教学改革,先后邀请超星学习通、智慧树工程师对思想政治理论课教师进行新技术培训与辅导,促进"互联网+"与思想政治理论课的结合。2019年春"形势与政策"课堂率先运用"智慧树",辅助实体课堂,实现了通过手机签到、随机点名、抢答、参与课堂互动等。

2020年春,面对来势凶猛的新冠疫情,学院多维度、全方位、立体化开展好疫情防控期间思想政治理论课教学,谱写了春风化雨、薪尽火传的思政教育新篇章。一是学院积极组织思想政治理论课教师参加雨课堂、智慧树、超星学习通多场网络在线培训,给予政策支持,尤其激发年轻教师的积极性、主动性。2020年春季学期开设的"中国近现代史纲要""形势与政策""马克思主义基本原理概论""少数民族预科班思想政治理论课"和研究生"自然辩证法概论"结合课程实际,紧锣密鼓地制订了MOOC+SPOC+QQ群课程直播、"PPT+语音讲解"、录屏+华为云平台直播推送、QQ群课堂、企业微信平台直播等多种在线网络教学方案,做到停课不停学。针对来自偏远地区、没有条件接受网络教学的学生,教研室把课件、讲义等全套资料邮寄给学生,制订了"一人一策"的个性化教学方案。

二是学院设立疫情研究专项课题,探究抗击疫情的案例如何更好地融入思想政治理论课教学,如何更好地体现中国共产党的领导优势,彰显思想政治教育的思想含量、学术含量。三是组织全体思想政治理论课教师云端观看"打赢疫情防控阻击战"——北京市学校思想政治理论课教师"同备一节课"活动。2020年3月9日,按照教育部社科司要求,组织全体思想政治理论课教师和全校学生通过人民网人民智云客户端、咪咕视频客户端观看"全国大学生同上一堂疫情防控思政大课",聆听了清华大学马克思主义学院教授艾四林、中国人民大学马克思主义学院教授秦宣、北京师范大学马克思主义学院教授王炳林、中央财经大学马克思主义学院教授冯秀军的网络直播、现场答疑等。通过专家权威解读,把握疫情防控的实际态势,引导大学生传承和弘扬爱国主义精神,深刻认识中国共产党和中国特色社会主义制度的显著优势。四是"形势与政策""中国近现代史纲要""自然辩证法概论"教研室结合课程实际、学校实际,通过视频会议召开集体备课例会。"形势与政策"课开学第一课是"战'疫'中的家国情怀和中国制度优势",通过这场战"疫",主要挖掘战"疫"折射的家国情怀,阐述战"疫"彰显的制度优势,分析战"疫"给予的思考与启示。五是主要成绩。"自然辩证法概论"平均每节课出勤人数3 913人,平均出勤率99.64%,累计回收作业15 688份。校院督导、专家和领导评价好,学生满意度较高。"中国近现代史纲要"课学生到课率95%~100%,学生对教师的教学普遍感到满意。"形势与政策"课的第一专题"战'疫'中的家国情怀和中国制度优势"被工信部的工信微报以《铸魂育人!工信部部属高校扎实推进思想政治理论课建设》为题报道。周玉校长听了"形势与政策"课巩茹敏、闫金红两位教师的"中共反腐战略"教学专题,对"形势与政策"课程教学提出口头表扬;何家旭老师在学校教学简讯中被学校督导点名表扬。据学校公布的第十七期教学简讯,在各学院开课巡课的优秀率上,思想政治理论课的网络教学优秀率达到94.4%。刘冬被评为校研究生课程第一批在线教学"网络授课金牌教师",黄丽华被评为校研究生课程第一批在线教学"优秀网络授课教师"。在学校发布的教学简报中,何家旭被点名表扬。巩茹敏、闫金红、李键等教师的网课教学,受到校领导和学校有关部门领导的充分肯定与表扬。

未来,将在思想政治理论课课堂进一步加大新媒体新技术的使用力度,提高学生出勤率,让思想政治理论课做到入耳、入脑、入心。

(六)完善思想政治理论课"累加式—发散性考试体系"

从2006年起,"中国近现代史纲要"课率先开始探索"累加式—发散性考试体系":通过完善"累加式—发散性考试体系",致力于从传统的"灌输式教学"向"研究型教学"转变,从"应试教育"向"素质教育"转变。其中,"累加式"指"平时成绩"(包括课堂表现、学生演讲、课堂辩论、案例报告、社会实践调查报告、读书报告等)+"期末成绩";"发散性"主要体现在期末考试试题的特点上,即在卷面考核中减少一般性记忆性试题,采用综合能力测试,实现从"卷面考试"到"综合考核"的转变。总体来看,这种"累加式—发散性考试体系"体现了如下理念:

(1)致力于从"应试教育"向"素质教育"转变。

(2)考核常态化,变一次考试为多次性考核,变单一性评价为综合考量;削减期末考

试的比重,同时加大平时考核的力度。

3. 体现参与性与研究性,将培养学生的学习兴趣与培养学生的研究能力相结合。

4. 对学生平时出勤情况考核方式灵活多样。每位教师承担的都是大班课的教学,学生人数在 150~230 人之间。考虑到考试人数的制约,也为不占用上课时间,教师通过问卷调查、随堂小测验等方式进行学生出勤和学习状况的考评,并将结果计入平时成绩。

2008 年,《中国教育报》为此专门报道过哈尔滨工业大学"中国近现代史纲要"课富有特色的考试题及其考试方式;随后,这种"累加式—发散性考试体系"向其他思想政治理论课推广,取得明显成效,深受广大师生的欢迎。

(七)推动"第二课堂+社会实践"的课外教学

在开展正常的思想政治理论课教学活动的同时,马克思主义学院教师积极推动"第二课堂+社会实践"的课外教学,深受同学们的欢迎。

1. 第二课堂

学院思想政治理论课建设的一个重要特征是将第二课堂建设纳入思想政治理论课程体系建设,力求实现"课堂教学与第二课堂相结合"。以"形势与政策"课为例:

在正常的"形势与政策"课之外,依据学生成长需求和形势发展需要,以思想政治理论课教师为主体,陆续开设"中美关系问题""中韩关系概论""中国与欧盟关系概论""当代世界格局与国际关系""社会热点问题评价"等 25 门形势与政策教育选修课程,为学生答疑解惑创造多角度、全方位的学习平台。同时,学校长期建设校、院两级讲坛,剖析国内外形势,突出互动性、及时性、有效性,每年推出以航天国防、爱国奉献为主要内容的多场形势与政策报告会,形成多角度、多途径、高密度的形势与政策教育覆盖局面,锤炼将近 20 个学生自我组织、自我教育的形势与政策教育品牌社团,并邀请多位知名人士到学校做报告、讲形势,开阔学生视野,拓展学生思维,端正学生政治方向,充分发挥"第二课堂"在思想政治教育中的独特作用。

2. 实践教学

学校党委高度重视学生社会实践,认为这是思想政治教育工作的重要环节,因而立足长效机制建设,坚持在校内建立思想政治教育阵地、在校外拓展思想政治教育基地的有效做法。学校重点建设以博物馆、航天馆和航天园为主体的"两馆一园"教育阵地;广泛设立"品味成长"等勤工助学岗位;此外,学校在哈尔滨市 24 所农民工子弟小学设立志愿服务基地,在航天科技集团、航天科工集团、苏州工业园区等大型企业设立大学生见习就业基地百余个,为思想政治理论课实践教学提供坚实支撑。

同时,学院各门思想政治理论课积极探索实践教学,特色鲜明,如"思想道德修养与法律基础"课程组多年带领全体学生,前往"七三一部队罪证遗址"参观、考察;"毛泽东思想和中国特色社会主义理论体系概论"课程组,多次组织学生前往东北烈士纪念馆参观。

值得一提的是,以徐奉臻教授为代表的"中国近现代史纲要"课程组以冲击国家级精品课程为契机,以《哈尔滨工业大学"中国近现代史纲要"社会实践手册》为指导,以假期为主,以学生的家乡为主要基地,或独立进行社会调研,或以由家乡同学组成的研究小组为单位,积极构建"开放式—研究型—动态性社会实践模式"。

(1)设计思想。

①构建"开放式—研究型—动态性社会实践模式";

②拉近历史与现实的联系;

③培养学生独立考察问题、分析问题和解决问题的能力。

(2)基本特点。

①开放式:时间开放,在课程开设前和课程结束后,利用寒假和暑假进行;对象开放,参与者为全校学生;地点开放,学生所在家乡,遍布全国;内容开放,涉及社会生活的各个方面。

②研究型:该实践具有复合性,是对学生综合能力的培养和考察,如观察社会能力、实地调研能力、逻辑构思能力、文字表达能力等。

③灵活性:第一次调研,即学生入学后,"中国近现代史纲要"开课前的第一个寒假的调研,每位修"中国近现代史纲要"课程的学生必须参加,报告计入期末总成绩,权重为期末总成绩的15%。关于"中国近现代史纲要"课程结束后的后续调研,则采取自愿原则。

④动态性:遵循"从实践中来,再到实践中去"的原则,从调研—写成报告—再调研—完善报告。对于感兴趣学生的后续调研可在之后的任何一个学期或者假期进行,只要是在大学四年级之前提交的报告,均为有效报告。

(3)课程目标。

在"中国近现代史纲要"课的这一"开放式—研究型—动态性社会实践模式"的实践过程中,使社会调研实践成为联系历史与现实的桥梁,大学生们通过自身的从感性认识上升到理性认识的过程中,坚定中国共产党的领导,坚定马克思主义、毛泽东思想和有中国特色社会主义理论的指导,坚定中国特色社会主义建设道路,将自身的人生规划与祖国的建设统一起来,肩负起中华民族伟大复兴的历史重任。

(4)实践内容。

①中国革命历史遗址考察。

②劳动模范及其成长环境考察。

③厂矿村镇发展历史考察。

④社会生活状况历史变迁考察。

⑤青年成才观念及其影响的历史考察。

⑥农村基本观念的代际变迁考察。

⑦家乡现代化变迁状况调研。

⑧家乡英雄模范对地区社会辐射影响的考察。

⑨家乡的和谐村社、市镇建设现状和建设情况。

⑩家乡的生态文明建设。

⑪家乡的民主政治建设。

⑫与中国近现代史教学内容相关的自选题目。

(5)学时说明。

本门课的教学实践分为两部分:一是在"开放式—研究型—动态性社会实践模式"引导下,由学生利用假期完成社会实践调研,开学后在任课教师及担任助教的中国近现代史专业的研究生的指导下完成调研报告;一是占有少量课时的实践教学,进行实地考察。

(6)社会实践成果的规范要求。

社会实践,以调研成果作为活动评价的主要方式;调研成果,主要体现为调研报告;调研报告,主要是针对某项具体的调查研究提炼而成,其规范要求,需符合《哈尔滨工业大学人文与社会科学学院"中国近现代史纲要"社会实践成果文本规范》:

①要有模版统一的封皮(报告的第一页)。

②要填写模版统一的"'中国近现代史纲要'社会实践调研报告简况表"(报告的第二页)。

③报告的正文(从报告的第三页起),字数在2 000~5 000字之间。

④成果以A4的白纸体现,以便统一装订。打印或手写,均符合要求。

(7)主要参考资料。

①艾尔·巴比.社会研究方法[M].李银河,译.成都:四川人民出版社,1987.

说明:该书可为大家提供社会调研的一般方法,如调研的路径、问卷的设计、访谈的方法等。

②其他相关参考书目,各位同学可以自行查阅。

此外,马克思主义学院教师积极探索,将社会实践、校园文化建设等纳入思想政治理论课教学的总体规划之中,组织大学生参加社会调查、志愿服务、勤工助学、课外文化活动等实践活动,使大学生在实践中了解校情、国情、社情和民情,形成长效实践育人机制,增强教育的实效性,大大增强思想政治理论课教学的感染力、吸引力、生动性、趣味性。

第三节 2011年以来马克思主义学院教改成果

自从2011年建院以来,马克思主义学院积极开展教学改革,共主持各类教学改革项目45项,发表教学改革论文32篇,出版教学改革著作19部,荣获教学改革奖励24项。

一、教学改革项目

在积极进行思想政治理论课教学的同时,马克思主义学院教师大力开展思想政治理论课教学改革和马克思主义理论、哲学研究,做到教学与科研双轮驱动,并及时将最新研究成果及学科前沿知识融入教学内容。

仅以马克思主义学院教师主持的国家级教学改革项目和省部级教学改革项目为例:2011年,主持的教学改革项目有国家社科基金一般项目"社会治理视域下大学生社会责

任教育的运行机制研究";教育部示范马克思主义学院建设与优秀教学科研团队建设项目"形势与政策课教学内容与本科生四门思政课关系研究";中央网信办课题"网络时代大学生的政治认同研究";教育部人文社会科学研究青年项目"现代化视域下大学生公民责任教育研究";徐奉臻教授获批黑龙江省思想政治理论课名师工作室;赵爱伦、巩茹敏、吴威威,分别荣获黑龙江省高校思想政治理论课优秀中青年教师择优资助计划;黄英获批黑龙江省高等教育教学改革一般项目。值得一提的是,徐奉臻主持的教育部高校思政课教改择优推广计划项目"回溯提升教学模式在中国近现代史纲要中的构建与运用",是黑龙江省思想政治理论课"零"的突破,并在全国思想政治理论界形成具有示范性的教改经验;目前,该教学研究成果已经被黑龙江省教育厅确定为"全国高校思政年优秀教学改革案例",上报教育部,并提交优秀案例报告。

自从2011年建院以来,马克思主义学院教师共新增教学改革立项45项,其中国家级2项,省部级及其他各类教学改革项目43项,详见表15:

表15 近年来思想政治理论课教师主持的教学改革代表性项目

序号	项目来源	项目级别	项目名称	主持人	立项时间	经费/万元
1	国家社科基金一般项目	国家级	社会治理视域下大学生社会责任教育的运行机制研究	吴威威	2017	20
2	中共中央网络安全和信息化领导小组办公室决策咨询类项目委托项目	国家级	网络时代大学生的政治认同研究	吴威威	2015	20
3	黑龙江高校思想政治理论课优秀中青年教师择优资助计划项目	省部级	中国近现代史纲要课立体教学模式研究	赵爱伦	2017	3
4	教育部人文社科基金一般项目	省部级	文化自信视阈下大学生红色文化认同培育研究	闫金红	2019	10
5	黑龙江省新世纪高等教育教改工程重点项目	省部级	文化素质教育课群建设	徐奉臻	2011—2014	0(非省属院校无经费)
6	黑龙江省高等教育十二五教育科学研究规划课题	省部级	5M教学模式:博士生思政课内容体系和教学方法的探索	徐奉臻	2011—2014	0(非省属院校无经费)
7	黑龙江省高等教育十二五教育科学研究项目	省部级	"思想道德修养与法律基础"课体验式教学研究	吴威威	2011	0(非省属院校无经费)

续表

序号	项目来源	项目级别	项目名称	主持人	立项时间	经费/万元
8	黑龙江新世纪高等教育教学改革项目	省部级	"毛泽东思想和中国特色社会主义理论体系概论"重点难点热点问题研究	黄英 孙焱杰	2011	0（非省属院校无经费）
9	黑龙江省高等教育教学改革工程项目	省部级	英才培养的人文教育理念及相应创新教学模式研究：以答"钱学森之问"为中心	孙焱杰	2011	0（非省属院校无经费）
10	黑龙江省教育厅	省部级	基于新课改的研究生思政课教学模式研究	谢咏梅	2012	0（非省属院校无经费）
11	黑龙江新世纪高等教育教学改革项目	省部级	"毛泽东思想和中国特色社会主义理论体系概论"课教学贯彻十八大精神的路径研究	黄英	2013	0（非省属院校无经费）
12	教育部示范马克思主义学院建设、优秀教学科研团队建设项目	省部级	"形势与政策"课教学内容与本科生四门思想政治理论课关系研究	巩茹敏	2017	10
13	黑龙江省优秀中青年思想政治理论课教师择优资助计划	省部级	龙江党史资源与《中国近现代史纲要》优质教学体系的构建研究	巩茹敏	2017	3
14	黑龙江省哲学社会科学规划项目	省部级	习近平重要讲话中的现代化思想研究	徐奉臻	2013	1.5
15	黑龙江省哲学社会科学规划项目马克思主义理论研究工程专题	省部级	新媒体时代高校宣传思想工作改革创新研究	吴松全	2014	8
16	黑龙江省委宣传部	省部级	基于时空情境的马克思主义中国化的逻辑路径及其方法研究	徐奉臻	2014	0.5
17	教育部全国高校思想政治理论课教学方法择优推广项目	省部级	"回溯提升教学模式"在中国近现代史纲要中的构建与运用	徐奉臻	2014—2019	5
18	教育部人文社会科学专项任务项目	省部级	高校思想政治理论课教学重点难点问题解答	魏红梅	2015	1
19	黑龙江省高等教育十二五教育科学研究项目	省部级	高等思想政治教育视阈下的网络新媒体和大学生发展	魏红梅	2015	0（非省属院校无经费）

续表

序号	项目来源	项目级别	项目名称	主持人	立项时间	经费/万元
20	环境保护部人文与社会科学重点项目	省部级	推进大学环境教育与生态文明伦理自觉	叶 平	2015	8
21	教育部人文社会科学专项任务项目	省部级	高校思想政治理论课教学重点难点问题解答	魏红梅	2015	1
22	黑龙江省哲学社会科学规划项目	省部级	习近平重要讲话中的依法治国思想研究	徐奉臻	2015	3
23	网络建设专项	团中央	团学工作网络新媒体战略转型	魏红梅	2013	0
24	黑龙江省新世纪高等教育教改工程项目	省部级	文化素质教育课群建设	徐奉臻	2011—2014	0
25	黑龙江省新世纪高等教育教改工程一般项目	省部级	"RMSD教学模式"的构建：中国近现代史纲要教学内容体系与方法的探索	徐奉臻	2009—2011	0
26	黑龙江省高等教育教学改革项目	省部级	"毛泽东思想和中国特色社会主义理论体系概论"重点难点热点问题研究	黄 英	2015	0
27	黑龙江高校思想政治理论课优秀中青年教师择优资助计划项目	省部级	基于大学生社会责任感培养的思想道德修养与法律基础课教学体系研究	吴威威	2017	0
28	黑龙江高校思想政治理论课首批名师工作室项目	省部级	中国近现代史纲要	徐奉臻	2017	8.6
29	黑龙江省新世纪高等教育教学改革项目	省部级	思想道德修养与法律基础课生活化教学研究	吴威威	2017	0
30	教育部人文社科基金青年项目	省部级	新时代高校学生信仰生成的影响因素及实证研究	由 田	2018	8
31	黑龙江省哲学社会科学规划项目	省部级	新时代高校学生信仰生成机制及实证研究	由 田	2018	3
32	黑龙江省哲学社会科学规划项目	省部级	习近平金句的马克思主义大众化功能研究	闫金红	2018	3

续表

序号	项目来源	项目级别	项目名称	主持人	立项时间	经费/万元
33	黑龙江省教育科学"十三五"规划2018年度备案课题	省级	基于学生获得感提升的高校思想政治理论课教学话语转换研究	张世昌	2018	0
34	黑龙江省高等教育教学改革项目	省级	新时期大学思想政治教育路径创新研究	王丽颖	2014	0.5
35	人文学院"十八大"三进项目	校级	中国特色社会主义理论与实践导读材料	黄丽华	2013	0(非省属院校无经费)
36	哈尔滨工业大学一般项目	校级	哈尔滨工业大学"十八大"精神进教材、进课堂、进头脑专项,思想政治理论课"三进"研究	孙焱杰	2013	0(非省属院校无经费)
37	哈尔滨工业大学青年专项教改课题	校级	本科思想政治课教学改革与实践研究	霍跃	2014—2015	0.3
38	哈尔滨工业大学A类教学课题	校级	思想道德修养与法律基础课教学改革	刘桂芳	2016	0
39	哈尔滨工业大学创新人才项目下的研究教改项目	校级	立德树人使命下工科研究生"专业成才"与"精神成人"的耦合性研究	张世昌	2019	0.5
40	哈尔滨工业大学创新人才项目下的研究教改项目	校级	新时代工科研究生工程伦理教育体系研究	刘冬	2019	0.5
41	哈尔滨工业大学人文社科研究资助项目	校级	历史唯物主义视域下高校学生信仰教育路径研究	由田	2017	3
42	哈尔滨工业大学A类教学课题	校级	基于大学生社会责任感培养的思想道德修养与法律基础课教学体系研究	吴威威	2017	1
43	哈尔滨工业大学先进焊接与连接国家重点实验室开放课题	校级	"大思政"视域下焊接专业人才培养中实施"课程思政"的探索研究	巩茹敏	2019	5
44	哈工大教学研究项目	校级	"中国近现代史纲要"课堂教学方法探析	赵爱伦	2010	0
45	研究生院第一批教学发展基金项目(课程思政类)	校级	挖掘经济史深厚底蕴与丰富思想资源 为青年"拔节孕穗"滋润成长养分	姚永利	2019	1

全国哲学社会科学规划办公室

2017年度国家社会科学基金项目立项通知书

吴威威　同志：

经国家社会科学基金学科评审组评审，全国哲学社会科学规划领导小组批准，您申请的国家社会科学基金项目<u>社会治理视域下大学生社会责任教育的运行机制研究</u>

获准立项，批准号<u>17BKS116</u>，项目类别<u>一般项目</u>，资助总额<u>20</u>万元，第一次拨款<u>19</u>万元，预留经费<u>1</u>万元。请按批准的资助金额编制项目经费预算，认真填写《回执》（在我办网站下载），于7月28日前由各地社科规划办统一汇总后寄回我办。

本年度国家社会科学基金项目立项时间为2017年6月30日，立项后《国家社会科学基金项目申请书》即成为有约束力的协议，您及责任单位要按照《国家社会科学基金管理办法》承担相应责任并执行以下规定：

1. 国家社会科学基金项目研究工作要坚持正确的政治方向和学术导向，牢固树立问题意识、创新意识和精品意识，立足学术

— 1 —

2017年，吴威威国家社科基金立项书

二、教学改革论文

自从 2011 年建院以来,马克思主义学院教师积极开展教学改革研究,共发表教学改革论文 33 篇(见表 16)。其中,CSSCI 期刊论文 3 篇,CSSCI 扩展版论文 3 篇,中文核心期刊 3 篇,在《光明日报》、光明网理论版、《黑龙江日报》、《哈尔滨日报》等新闻媒体发表论文 7 篇。代表性教改论文有:《"四进四信"是教学"提升"的必要环节》(《光明日报》2015 年 7 月 25 日)、《阅读原典是马克思主义教育的起点》(《光明日报》2016 年 3 月 23 日)、《在思政课教学中何以实现中国梦之"三进"》(《思想政治教育研究》2015 年第 3 期)、《增强"四进四信"专题教学吸引力》[《黑龙江日报》(理论版)2016 年 1 月 21 日]、《课程思政:隐性思想政治教育的新形态》(《教学与研究》2019 年第 6 期)等。

表 16　教学改革论文一览表

序号	作者	论文名称	刊物	发表时间
1	徐奉臻	《"四进四信"是教学"提升"的必要环节》	《光明日报》	2015 年 7 月 25 日
2	徐奉臻	《阅读原典是马克思主义教育的起点》	《光明日报》	2016 年 3 月 23 日
3	徐奉臻	《思想和理论的力量是思想政治理论课的根本》	光明网-理论频道	2017 年 7 月 25 日
4	徐奉臻	《在思政课教学中何以实现中国梦之"三进"》	《思想政治教育研究》	2015 年第 3 期
5	徐奉臻	《现代化:思想政治理论课"三进"之新学术生长点》	《教育探索》	2013 年第 12 期
6	徐奉臻	《视野要广:思想政治理论课教师的基本功》	《思想政治教育研究》	2019 年第 3 期
7	徐奉臻	《让"四进四信"唱响青春校园》	《哈尔滨日报》	2015 年 7 月 16 日
8	徐奉臻	《用人民满意的教育托起中国梦》	《羊城晚报》	2015 年 12 月 17 日
9	黄英	《提高"概论"课教学有效性的思考与实践》	《科教论坛》	2011 年第 3 期
10	黄英	《"毛泽东思想和中国特色社会主义理论体系概论"课教学方法与实践》	《高教综合改革研究与实践——高教科研 2011》	2012 年 4 月
11	黄英	《创新教学方法　增强教学吸引力——"毛泽东思想和中国特色社会主义理论体系概论"课教学有效性研究》	《教育教学论坛》	2012 年

续表

序号	作者	论文名称	刊物	发表时间
12	吴威威	《回归生命个体的人文关怀：高校道德教育的人本取向》	《江苏高教》	2012年第5期
13	赵爱伦	《"中国近现代史纲要"课的多媒体教学探析》	《高教综合改革研究与实践——高教科研2011》	2012年4月
14	黄英	《中国特色社会主义理论何以进头脑》	《大学教育》	2013年第16期
15	黄英	《大力推进中国特色社会主义理论进课堂》	《教育教学论坛》	2013年第37期
16	孙焱杰	《以社会主义核心价值体系引领大学生思想政治教育》	《继续教育研究》	2014年第5期
17	吴威威	《"动机"理论在大学生思想政治教育中的应用》	《西安文理学院学报》（社会科学版）	2014年第2期
18	赵爱伦	《从哈工大实际出发 提高思想政治理论课教学水平》	《高校思想政治工作科学化的思考与实践》	2015年5月
19	赵爱伦	《"中国近现代史纲要"课的立体教学模式探究》	《深化教学改革，提升高等教育质量》	2015年12月
20	孙焱杰	《论高校马克思主义理论课的文化素质教育功能——以毛泽东思想和中国特色社会主义理论体系概论课为例》	《教育观察》	2015年10月
21	孙焱杰	《高校培育和践行社会主义核心价值体系探讨——以大学生思想政治教育为例》	《深化教学改革 提升高等教育质量》	2015年12月
22	孙焱杰	《论素质教育视阈下高校马克思主义理论课教学》	《世纪桥》	2016年第7期
23	霍跃等	《"中国近现代史纲要"实践教学与大学生社会责任意识培养研究》	《湖北函授大学学报》	2016年第29期
24	巩茹敏	《增强"四进四信"专题教学吸引力》	《黑龙江日报》	2016年1月21日
25	霍跃 马良玉	《新形势下大学生国家安全教育的困境》	《黑龙江教育（理论与实践）》	2017年第5期
26	巩茹敏	《从文本透视习近平思想政治教育工作的原则方法》	《哈尔滨工业大学学报》（社会科学版）	2017年第5期
27	巩茹敏	《同心抗"疫"是最鲜活的思政教育》	《哈尔滨日报》（理论版）	2020年4月8日
28	巩茹敏等	《退伍复学大学生校园适应状况及对策研究》	《学校党建与思想教育》	2018年第24期

续表

序号	作者	论文名称	刊物	发表时间
29	张世昌	《思想政治教育话语空间之现状述评》	《湖北社会科学》	2019年第2期
30	张世昌	《新时代思想政治教育话语转换创新研究》	《湖北行政学院学报》	2019年第4期
31	巩茹敏	《理直气壮开好思政课 用新时代中国特色社会主义思想铸魂育人》	《哈尔滨日报》	2019年5月14日
32	巩茹敏等	《课程思政:隐性思想政治教育的新形态》	《教学与研究》	2019年第6期
33	姚永利	《"毛泽东思想和中国特色社会主义理论体系概论"与大学生和谐理念的培育"高教强省"探索与实践》	《高教综合改革研究与实践——高教科研2011》	2012年4月

三、教改著作、教材

自从2011年建院以来,马克思主义学院教师积极开展教学改革研究,共出版教学改革著作、教材19部,详见表17:

表17　2011年建院后的教学改革著作、教材一览表

序号	作者	教材/著作	出版社	出版时间
1	徐奉臻	《"中国近现代史纲要"教学中的"回溯提升教学模式"研究》	中国社会科学出版社	2017
2	吴威威	《现代化视域下的大学生公民责任教育研究》	中国社会科学出版社	2015
3	徐奉臻等	《"中国近现代史纲要"课教学基本要求》(马克思主义理论研究和建设工程重点教材配套用书)	高等教育出版社	2016
4	徐奉臻等	《"中国近现代史纲要"课学生辅学读本》(马克思主义理论研究和建设工程重点教材配套用书)	高等教育出版社	2016
5	徐奉臻等	《"中国近现代史纲要"课重点难点解析》(马克思主义理论研究和建设工程重点教材配套用书)	高等教育出版社	2017
6	巩茹敏等	《形势与政策——2014—2015学年第一学期·黑龙江省版》	高等教育出版社	2015

续表

序号	作者	教材/著作	出版社	出版时间
7	黄英 孙焱杰	《"十八大精神"重点难点疑点问题解析》	中国商务出版社	2013
8	黄进华等	《高校思想政治工作科学化的思考与实践》	中国文史出版社	2015
9	徐奉臻 巩茹敏 赵爱伦等	《习近平总书记系列重要讲话专题辅导教学大纲》	东北林业大学出版社	2015
10	徐奉臻 巩茹敏等	《习近平总书记系列重要讲话专题辅导教学大纲》修订版	东北林业大学出版社	2016
11	徐奉臻 巩茹敏等	《习近平新时代中国特色社会主义思想专题辅导教学大纲》	东北林业大学出版社	2018
12	黄英等	《"毛泽东思想和中国特色社会主义理论体系概论"必读文选导读》	黑龙江人民出版社	2011
13	黄英等	《"毛泽东思想和中国特色社会主义理论体系概论"课程教学模式研究》	黑龙江人民出版社	2012
14	黄英等	《"毛泽东思想和中国特色社会主义理论体系概论"难点疑点热点问题解析》	黑龙江人民出版社	2011 2013年再版 2015年再版
15	徐奉臻等	《提高高等教育质量创新与实践》	黑龙江人民出版社	2012
16	徐奉臻等	《高教综合改革研究与实践》	黑龙江人民出版社	2012
17	赵爱伦等	《高教综合改革研究与实践》	黑龙江教育出版社	2012
18	赵爱伦等	《深化教学规格,提高高等教育质量》	黑龙江教育出版社	2015
19	黄英等	《"毛泽东思想和中国特色社会主义理论体系概论"重点难点热点问题解析》	黑龙江大学出版社	2011

四、教学奖励和荣誉

(一)教学奖励

在积极推动思想政治理论课教学和学科建设的同时,马克思主义学院培育了一批骨干教师队伍,在教学成果方面取得优异成绩,徐奉臻、巩茹敏、赵爱伦、黄进华、黄英、孙焱杰、姚永志等获黑龙江省高等教育教学成果奖一等奖、二等奖多次。建院以来,学院教师共获得各类教学成果奖23项,其中国家级教学成果奖1项,省部级教学成果奖15项,校级教学成果奖7项,详见表18:

表18 近年来思想政治理论课教师获得的教学成果代表性奖项

序号	获奖教师	成果名称	奖项名称	奖项级别	奖项等级	获奖年限
1	黄进华	孙中山：近代中国的革命巨匠等	全国思想政治理论课优秀教学案例	国家级	优秀案例	2008
2	徐奉臻 赵爱伦 孙艺年 黄进华	《"中国近现代史纲要"重点难点理论与实践问题析微》	黑龙江省优秀高等教育科学研究成果奖	省部级	二等奖	2011
3	徐奉臻	《"中国近现代史纲要"系列教学参考书建设探索》	黑龙江省优秀高等教育科学研究成果奖	省部级	二等奖	2011
4	黄进华	《积极构建"一体两翼"的历史素质教育网络》	黑龙江省优秀高等教育科学研究论文奖	省部级	三等奖	2012
5	姚永志	《"毛泽东思想和中国特色社会主义理论体系概论"课教学与素质教育的有机结合》	黑龙江省优秀高等教育科研论文奖	省部级	二等奖	2012
6	赵爱伦	《"中国近现代史纲要"课中的多媒体教学探析》	黑龙江省高等教育学会教育科研论文	省部级	三等奖	2012
7	徐奉臻	《现代化：思政课"三进"之新学术生长点》	黑龙江省优秀高等教育科学研究成果奖	省部级	二等奖	2015
8	孙焱杰	以社会主义核心价值体系引领大学生思想政治教育	第二十一次优秀高等教育成果奖	省部级	二等奖	2015
9	姚永利	《"毛泽东思想和中国特色社会主义理论体系概论"与大学生和谐理念的培育》	黑龙江省高等教育学会优秀教育科研论文奖	省级	三等奖	2012
10	徐奉臻 赵爱伦 黄进华 孙艺年	"中国近现代史纲要"课系列教学参考书建设探索	黑龙江省高等教育教学成果奖	省级	一等奖	2011
11	黄英 孙焱杰 姚永志	"毛泽东思想、邓小平理论和'三个代表'重要思想概论""三维一体"教学模式的构建与实施	黑龙江省高等教育教学成果奖	省级	二等奖	2011

续表

序号	获奖教师	成果名称	奖项名称	奖项级别	奖项等级	获奖年限
12	徐奉臻	《博士生思想政治理论课"中国马克思主义与当代"需要践行"9个不同于"》	黑龙江省高等教学学会学术会议优秀教学科研论文	省级	二等奖	2012
13	徐奉臻	《人格培养：一个被工具主义遮蔽的研究生培养维度》	黑龙江省高等教育学会优秀教育科研论文	省级	二等	2010
14	徐奉臻	《教学改革：理念创新与模式构建》	黑龙江省优秀高等教育科学研究成果奖	省级	一等	2010
15	闫金红	居安思危 知危图安，坚持总体国家安全观	全省高校思想政治理论课"精彩系列"教学成果奖	省级	"精彩微课"奖	2019
16	闫金红	居安思危 知危图安，坚持总体国家安全观	全省高校思想政治理论课"精彩系列"教学成果奖	省级	"精彩课件"奖	2019
17	徐奉臻 赵爱伦 黄进华 孙艺年	以案例和名篇名著破解"中国近现代史纲要"重点难点问题的教学改革探索	哈尔滨工业大学优秀教学成果奖	校级	一等奖	2010
18	徐奉臻 赵爱伦 黄进华 孙艺年	基于理念创新的"中国近现代史纲要"系列教学参考书建设探索	哈尔滨工业大学优秀教学成果奖	校级	一等奖	2011
19	黄英 孙焱杰 姚永志	哈尔滨工业大学教学方法与考试方法改革专项优秀课程	哈尔滨工业大学教学成果奖	校级	二等奖	2011
20	黄英	"毛泽东思想和中国特色社会主义理论体系概论""三维一体"教学方法的研究与实践	哈尔滨工业大学教学成果奖	校级	二等奖	2012
21	姚永志	"毛泽东思想和中国特色社会主义理论体系概论""三维一体"教学方法的研究与实践	哈尔滨工业大学教学成果奖	校级	二等奖	2013
22	孙焱杰	"毛泽东思想和中国特色社会主义理论体系概论"重点难点热点问题研究	哈尔滨工业大学教学成果奖	校级	二等奖	2015

续表

序号	获奖教师	成果名称	奖项名称	奖项级别	奖项等级	获奖年限
23	徐奉臻 叶平 杨韬 杨涯人	5M教学模式：博士生思想政治理论课内容和教学方法的探索	哈尔滨工业大学2015年研究生教学成果奖	校级	二等奖	2015

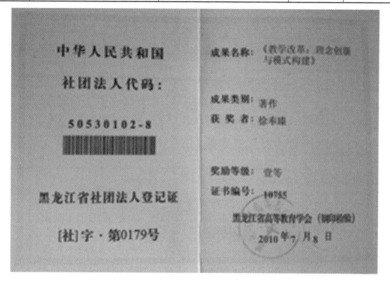

2010年，徐奉臻获黑龙江省教育研究一等奖证书

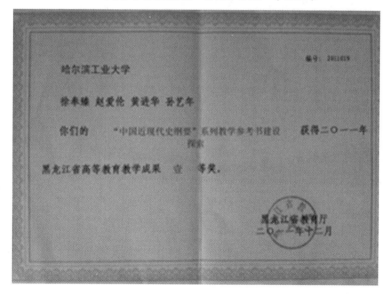

2011年，徐奉臻、赵爱伦、黄进华、孙艺年荣获黑龙江省高等教育教学成果一等奖

(二)教学荣誉

马克思主义学院教师荣获国家、省、校各级荣誉称号54项(见表19),2011年建院以来共计50项。涌现了包括"第二批'万人计划'哲学社会科学领军人才"(徐奉臻)、中宣部文化名家暨"四个一批"人才(徐奉臻)、青年龙江学者(巩茹敏)和"黑龙江省首届普通高等学校青年教学能手"(姚永利)在内的十几位中青年优秀教师。

表19 2011建院以来马克思主义学院教师获奖情况

序号	荣誉名称	获奖教师	级别	时间	备注
1	首届全国高校思想政治理论课教师2013年度影响力标兵人物	徐奉臻	国家级	2014	东三省思政界"零"的突破
2	2014年中宣部文化名家暨"四个一批"人才	徐奉臻	国家级	2015	黑龙江省思政界"零"的突破
3	第二批"万人计划"哲学社会科学领军人才	徐奉臻	国家级	2016	黑龙江省思政界"零"的突破
4	全国大学素质教育精品通选课	徐奉臻	国家级	2014	精品通选课
5	全国基层理论宣讲先进个人	徐奉臻	国家级	2018	
6	全国高校思想政治理论课教师2017年度影响力提名人物	巩茹敏	国家级	2018	
7	宝钢优秀教师奖	巩茹敏	国家级	2017	
8	全国思想政治理论课教学骨干	赵爱伦	省部级	2017	
9	黑龙江省高校思想政治理论课教师教学大奖赛一等奖	黄进华	省级	2014	
10	黑龙江省精品视频公开课	徐奉臻	省级	2013	精品课
11	黑龙江省优秀政治理论课教师	黄英	省级	2007	
12	黑龙江省宣传文化系统"六个一批"理论类人才	徐奉臻	省级	2012	
13	黑龙江省高校优秀党务工作者	吴松全	省级	2016	
14	黑龙江省优秀教师	巩茹敏	省级	2019	
15	龙江学者(青年学者)	巩茹敏	省级	2019	
16	黑龙江省高校"习近平总书记系列重要讲话专题辅导课精彩系列精彩讲义"一等奖	巩茹敏	省级	2015	
17	黑龙江省高校"习近平总书记系列重要讲话专题辅导课精彩系列精彩课件"一等奖	巩茹敏	省级	2015	

续表

序号	荣誉名称	获奖教师	级别	时间	备注
18	黑龙江省高校"习近平总书记系列重要讲话专题辅导课精彩系列现场教学决赛"一等奖	巩茹敏	省级	2015	
19	黑龙江省高校"习近平总书记系列重要讲话专题辅导课精彩系列精彩案例"三等奖	巩茹敏	省级	2015	
20	黑龙江省高校思想政治理论课教学决赛一等奖(形势与政策课第一名)	巩茹敏	省级	2016	
21	黑龙江省高校思想政治理论课教师教学大奖赛一等奖(近现代史纲要课)	赵爱伦	省级	2012	
22	黑龙江省高校思想政治理论课教师教学大奖赛二等奖	巩茹敏	省级	2014	
23	黑龙江省高校思想政治理论课精彩一课奖	赵爱伦	省级	2012	
24	黑龙江省高校思想政治理论课精彩一课奖	赵爱伦	省级	2015	
25	黑龙江省高校思想政治理论课精彩微课奖	赵爱伦	省级	2020	
26	黑龙江省教学能手	姚永利	省级	2012	
27	黑龙江省高校思想政治理论课精彩系列——精彩教案	姚永利	省级	2015	
28	黑龙江省高校思想政治理论课精彩系列——精彩案例	姚永利	省级	2017	
29	黑龙江省高校思想政治理论课精彩系列——精彩案例	姚永利	省级	2019	
30	黑龙江省高校思想政治理论课教师教学竞赛二等奖	赵爱伦	省级	2018	
31	黑龙江省高校思想政治理论课精彩微课奖	赵爱伦	省级	2017	

续表

序号	荣誉名称	获奖教师	级别	时间	备注
32	黑龙江省青年教师教学比赛一等奖	朱加凤	省级	2005	
33	黑龙江省青年教师教学比赛一等奖	黄英	省级	2005	
34	黑龙江省青年教师教学比赛一等奖	闫金红	省级	2005	
35	2012年荣获黑龙江省高校思想政治理论课教师教学大奖赛二等奖	闫金红	省级	2012	
36	2012年荣获黑龙江省高校思想政治理论课教师教学大奖赛精彩一课奖	闫金红	省级	2012	
37	首届卓越大学联盟高校青年教师教学能力大赛优秀奖	霍跃	省级	2016	
38	黑龙江省高校思想政治理论课教师教学大奖赛一等奖	霍跃	省级	2016	
39	中国教育工会哈尔滨工业大学工会活动积极分子	姚永志	校级	2011	
40	哈尔滨工业大学优秀共产党员	赵爱伦	校级	2012	
41	哈尔滨工业大学工会积极分子	赵爱伦	校级	2014	
42	哈尔滨工业大学"三育人"先进工作者	赵爱伦	校级	2015	
43	哈尔滨工业大学先进个人	黄进华	校级	2016	
44	哈尔滨工业大学三八红旗手	巩茹敏	校级	2016	
45	哈尔滨工业大学2016年在线开放课程优秀教师	吴松全	校级	2016	
46	哈尔滨工业大学"形势与政策"教研室立德树人先进团队	巩茹敏 闫金红 由田	校级	2017	
47	哈尔滨工业大学十佳优秀共产党员	巩茹敏	校级	2018	
48	哈尔滨工业大学优秀共产党员	巩茹敏	校级	2018	

续表

序号	荣誉名称	获奖教师	级别	时间	备注
49	哈尔滨工业大学立德树人先进个人标兵	巩茹敏	校级	2019	
50	哈尔滨工业大学"中国近现代史纲要"教研室立德树人先进团队	徐奉臻 赵爱伦 黄进华 霍跃 李键 马良玉	校级	2019	
51	哈工大中国近现代史纲要教研室哈工大思想政治教育先进集体	赵爱伦 徐奉臻 黄进华 霍跃	校级	2018	
52	哈工大教学突出贡献奖	赵爱伦	校级	2019	
53	哈工大教学优秀奖一等奖	赵爱伦	校级	2012	
54	哈尔滨工业大学优秀思想政治工作者	姚永利	校级	2018	

2012年,姚永利荣获"黑龙江省首届普通高等学校青年教学能手奖"

2019年，巩茹敏荣获黑龙江省青年学者称号

2012年,赵爱伦荣获黑龙江省高等学校思想政治理论课教师教学大奖赛一等奖

2014年,黄进华荣获黑龙江省高校思想政治理论课教师教学大奖赛一等奖

2016年,霍跃荣获首届卓越大学联盟高校青年教师教学能力大赛优秀奖

黑龙江省高等学校思想政治教育研究会文件

黑高思研【2017】1号

关于表彰 2016 年全省高校思想政治理论课教师教学大奖赛获奖教师的决定

各高等学校：

为深化全省高校思想政治理论课改革，创新教学手段，改进教学方法，培育教学骨干，切实提高全省思想政治理论课教师教学能力，在省委高校工委、省教育厅指导下，省高校思想政治理论课教学指导委员会、省高校思想政治教育研究会举办了 2016 年全省高校思想政治理论课教师教学大奖赛。全省各高校认真筹备，积极响应，经过分赛区现场教学复赛，共有 36 名教师选拔进入决赛。根据决赛现场专家评委、学生评委打分结果，共评出一等奖 6 名，二等奖 10 名，三等奖 20 名（名单附后）现公布评奖结果，并对获奖教师予以表彰。

希望受表彰教师再接再厉，继续加强政治理论学习，加强业务能力培养，不断提高教学水平，在教育教学工作中积

2016 年黑龙江省高校思想政治理论课教师教学大奖赛评奖结果 1

附件：

2016年全省高校思想政治理论课教师教学大奖赛获奖教师名单

一等奖：6人

韩大猛	东北农业大学
侯一夫	黑龙江大学
谢瑶妍	哈尔滨工程大学
霍　跃	哈尔滨工业大学
朱晓庆	牡丹江师范学院
许　婕	东北林业大学

二等奖：10人

陈江波	哈尔滨商业大学
吴立红	黑河学院
许　佳	黑龙江中医药大学
冷翠玲	东北石油大学
于坤冬	哈尔滨医科大学
王世恒	东北石油大学
杨丽艳	东北林业大学
赵金子	东北石油大学
胡　莹	哈尔滨师范大学
武　赢	黑龙江工业学院

2016年黑龙江省高校思想政治理论课教师教学大奖赛评奖结果2

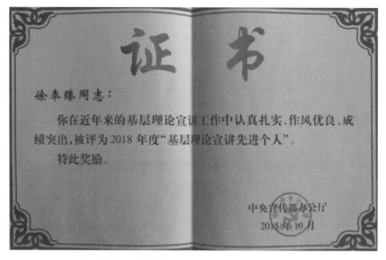

2018年，徐奉臻荣获中宣部基层理论宣讲先进个人称号

第三章

2011年之前马克思主义学院学科建设

第一节 2011年之前马克思主义学院学科发展

学科建设是学校核心竞争力的集中体现。在2011年马克思主义学院建院之前,几代思想政治理论课教师在承担大量思想政治理论课、非思想政治理论课教学任务的同时,沿着"硕士二级学位点—硕士一级学位点"的发展路径,大力开展马克思主义理论和哲学一级学科建设,筚路蓝缕,不懈奋斗,取得了令人瞩目的成绩。

一、学科简介

(一)马克思主义理论一级学科简介

哈工大"马克思主义理论"一级学科硕士学位授权点的建设始于1952年成立的政治课教研室,开创了中国工科院校马克思主义理论教育的先河。从此,有一大批思想政治理论课教师对中共党史(中国革命史)、国际共产主义运动、政治经济学和科学社会主义等领域分别展开研究。至20世纪80年代,在普遍开设马克思主义理论教育课程的同时,从1985年开始招收和培养思想政治教育专业的本科生;1986年,"中共党史"学科获批二级学科硕士学位授权点;1993年,"马克思主义理论与思想政治教育"学科获批二级学科硕士学位授权点;2006年,"马克思主义理论"学科获批一级学科硕士学位授权点(学术带头人为时任学校党委书记郭大成),"中国近现代史"学科获批二级学科硕士学位授权点。至2011年,为了集中力量冲击"马克思主义理论"一级学科博士点,将前述一级学科硕士学位授权点和二级学科硕士学位授权点进行凝练和调整,统一调整至"马克思主义理论"一级学科硕士学位授权点之下,其主要研究方向如下:

1. 现代化理论与马克思主义中国化的历史进程研究,其标志性成果是在国家顶级期刊发表多篇高水平论文。截至2011年4月底,在马克思主义理论学科顶级期刊——《马克思主义研究》《马克思主义与现实》上发表3篇高水平论文:《生活的生产:〈德意志意识形态〉中被遮蔽的现代性维度》(2011年,徐奉臻),《从批判视阈审视马克思主义中国化的理论实质》(2007年,徐奉臻),《三十年来中国化马克思主义诸理论之内在逻辑关系》(2009年,徐奉臻,该文被《新华文摘》全文转载)。在政治学学科顶级期刊——《政治学研究》上发表1篇高水平论文:《新时期中国社会的群体性政治参与》(2005年,马振清

等)。在中共党史学科顶级期刊——《中共党史研究》上发表2篇高水平论文:《如何评价资产阶级革命民主派在五四运动中的作用——与刘永明、黄金华等商榷》(1990年,张德旺),《如何把现代化理论引入中国现代史研究补议》(1997年,张德旺)。在中国经济史学科顶级期刊——《中国经济史研究》上发表1篇高水平论文:《"环境史视野与经济史研究"学术研讨会综述》(2006年,黄进华等)。

2. 马克思主义生态观与可持续发展研究,其标志性成果是在国家顶级期刊发表多篇高水平论文。截至2011年4月底,在马克思主义理论学科顶级期刊——《马克思主义研究》上发表4篇高水平论文:《弗洛姆对资本主义社会病理的批判——〈健全的社会〉析评》(2001年,解保军),《马克思"自然生产力"思想探析》(2002年,解保军),《马克思恩格斯对资本主义的生态批判及其意义》(2006年,解保军),《论"生产"与"生活"和谐互动的社会理论基础——对马克思历史唯物主义社会运行说的辩证诠释》(2008年,解保军)。在马克思主义理论学科顶级期刊——《马克思主义与现实》上发表4篇高水平论文:《马克思科学技术观的生态维度》(2007年,解保军),《马克思〈1844年经济学哲学手稿〉中的生态辩证法思想及其启示》(2008年,解保军),《生态社会主义的未来社会主义理论及其启示》(2009年,刘晓芳),《西方现代民主政治视域中的公民责任》(2007年,吴威威)。在马克思主义理论学科顶级期刊——《科学社会主义》上发表1篇高水平论文:《税费体制改革又是一次制度创新》(2001年,徐惠茹等)。

3. 马克思主义党建学说与高校思想政治工作研究,其标志性成果是在国家顶级期刊发表多篇高水平论文。截至2011年4月底,在高等教育学学科顶级期刊——《中国高等教育》上发表2篇高水平论文:《加强党的建设 提高治校理政能力》(2007年,郭大成),《响应时代要求,培养绿色人才》(2011年,叶平)。高等教育学学科顶级期刊——《中国高教研究》上发表3篇高水平论文:《以党的先进性推进国防科技发展》(2006年,郭大成),《全面落实科学发展观 促进高等教育健康发展》(2006年,郭大成),《高校德育的重要维度:生命教育》(2007年,吴威威)。

(二) 哲学一级学科简介

哈工大哲学学科建设始于20世纪50年代,其前身是1954年成立的哲学教研组。此后,哈尔滨工业大学哲学一级学科沿着马克思主义哲学和科技哲学两个方向展开,并分别发展为两个二级学科;到2005年,哲学学科获批一级学科硕士学位授权点,下设马克思主义哲学、科技哲学两个二级学科硕士点。

1. 马克思主义哲学二级学科简介

马克思主义哲学二级学科建设始于1954年,是中国理工科院校中较早建立的社会科学类专业之一。1954年,由于高等教育部决定在本科教学中增设马列主义课程——马克思主义哲学,所以专门成立哲学教研组。1956年,在此基础上,专门成立哲学教研室,由学校党委直接领导,并由学校党组成员王波鸣兼任哲学教研室第一任主任。此后,马克思主义哲学学科不断发展,至1986年,获得二级学科硕士学位授权点,其研究方向如下:

(1)辩证法:主要是研究认识论及其应用,马克思、恩格斯人与自然辩证关系理论,辩证法的一般形成与历史形态,辩证思维、逻辑思维及直觉思维,质疑思维机制的形成与批判。

（2）唯物史观与社会发展研究:主要研究唯物史观与当代科技革命发展,唯物史观与当代社会改革发展。

（3）文化哲学及传统文化的现代化:主要是研究中国传统文化与现代化尤其与中国特色社会主义关系,中西文化比较。

（4）经济哲学:主要是研究哲学对经济进程的内在本质及其发展规律,市场经济、网络经济与伦理道德关系。

该学科的科研成果相当丰富,其标志性成果是在国家顶级期刊发表多篇高水平论文。截至 2011 年 4 月底,共在哲学学科顶级期刊——《哲学研究》上发表 3 篇高水平论文:《"普世价值"考辨》(2011 年,杨洯人、邹效维),《结构范畴初探》(1981 年,郭宇光),《以哲学基本问题原理指导研究精神产物》(1982 年,郭宇光)。在哲学学科顶级期刊——《中国哲学史》上发表 1 篇高水平论文:《先秦中庸源流考》(1998,杨洯人)。在哲学学科顶级期刊——《哲学动态》上发表 6 篇高水平论文:《技术何以可能?——海德格尔论现代技术本质的形而上学基础》(2002 年,李荫榕、田径),《浅谈对新哲学教学大纲中实践观点的把握》(1998 年,李学丽),《"现实的人"与人的问题之阐释方向》(2006 年,徐惠茹等),《身份制与中国人的观念结构》(2002 年,郭玉锦),《〈周易〉研究路径述评》(2006 年,史少博),《佛教与儒家在女性观上的相互影响与融合》(2008 年,彭华)。

2. 科技哲学二级学科简介

科技哲学二级学科建设始于 1960 年春成立的自然辩证法教研室,这是在哈工大老校长李昌领导下,与工科大学的各门自然科学专业前沿问题紧密结合发展起来的一个学科。至 1979 年,根据国家教委的安排,该学科在全国高校中首批招收自然辩证法专业的全日制本科生和硕士生,开中国自然辩证法教育之先河;1981 年,取得全国首批科技哲学二级学科硕士学位授权点;1986 年,马克思主义哲学获批二级学科硕士学位授权点;1999 年,获评黑龙江省重点学科。

该学科既是中国最早开展自然辩证法研究与教学活动的机构之一,又是中国工科院校同类专业中最早建立,并第一批获得硕士学位授予权的专业,开展了富有特色的关于工程技术辩证法的研究,在学术界享有很高的声誉,尤以技术哲学、技术社会学和科学技术史研究见长。60 年代初,该学科关于技术哲学的研究成果,被国内学术界公认为是技术哲学研究的"良好开端"。70 年代末,该学科关于技术与社会的研究被认为是"填补了我国在技术社会学方面的空白","为建立我国技术社会学理论体系奠定了良好基础","具有学术价值、社会价值的创造性工作"。1989 年,国家教委指定的统编教材《自然辩证法概论》由本学科关士续教授担任总召集人、总统稿人。

该学科的科研成果相当丰富,其标志性成果是在该学科顶级期刊发表 100 多篇高水平论文。截至 2011 年 4 月底,在哲学学科顶级期刊——《哲学研究》上发表 5 篇高水平论文:《技术哲学、技术实践与技术理性》(2004 年,王大洲、关士续),《生态哲学视野下的荒野》(2004 年,叶平),《生态哲学的内在逻辑:自然(界)权利的本质》(2006 年,叶平),《环境伦理学研究的一个方法论问题——以"河流生命"为例》(2009 年,叶平),《论类本

位的环境人类中心主义——从马克思哲学的维度看》(2010年,王凤珍)。在科技哲学顶级期刊——《自然辩证法研究》和《自然辩证法通讯》上发表88篇高水平论文,由于论文数量太多,实在无法逐一开列,仅列举其主要作者:关士续、叶平、徐奉臻、姜振寰、谢咏梅、孟庆伟、王德伟、李荫榕、吴永忠、黄莺、解保军、王大洲等多位教师。

尤其值得一提的是,1960年,关士续等教师发表于《光明日报》和《红旗》杂志的高水平论文——《从设计"积木式机床"试论机床内部矛盾运动的规律》《再论机床内部矛盾运动的规律和机床的"积木化"问题》,开创该领域研究的先河,得到毛泽东同志的亲笔批示,并在全国产生广泛影响。

二、人才培养

(一)马克思主义理论专业硕士生培养

1. 培养目标与标准

(1)培养目标和定位。

①培养目标:培养面向现代化、面向世界、面向未来,德智体美全面发展,具有坚定的马克思主义信仰和社会主义信念;具有较好的马克思主义理论素养、政治素质和道德素质,能够从事马克思主义理论研究、教学、宣传和党政管理工作,为新时代中国特色社会主义建设事业服务。

②基本定位:依托东北独特资源优势、哈尔滨工业大学综合实力和创建"世界一流大学"的机遇,扎根东北,放眼全国,运用系统思维,将马克思主义理论学科建设与科研建设、教学改革紧密结合,打造能够吸引人才、培养人才的发展平台。

2. 学位标准

(1)应具备的品德及基本素质要求。

具有坚定的马克思主义信仰和社会主义信念,具有较好的马克思主义理论素养、政治素质和道德素质。

(2)应掌握的基本知识及结构。

比较系统地掌握马克思主义基本原理和马克思主义中国化的最新成果;较好地掌握中国近现代史基本问题研究的理论与方法;系统地掌握思想政治教育理论与方法,熟悉思想形成、发展规律和思想政治教育规律,能够服务于建设新时代中国特色社会主义事业的需要。较为熟练地掌握一门外国语并能阅读本专业的外文资料;了解本学科的最新研究动态。

该学位点硕士学位的授予标准为:在规定的2年学制内(最长可延至3年)修满学分不少于32学分,其中学位课不少于17学分,选修课不少于12学分,必修环节3学分;在导师指导下开展学术研究,研究结果具有一定的独立见解和学术价值,撰写硕士学位论文。

(3) 应具备的基本能力。

能够承担思想政治理论课的教学、科研工作,从事马克思主义理论宣传、党政管理、群团及学生教育管理工作等。

3. 培养学科

(1) 中国近现代史基本问题二级学科,主要围绕历史和人民怎样选择马克思主义、中国共产党、社会主义道路和改革开放,即中国发展举什么旗、走什么路、由谁来领导等中国近现代史的基本问题,专门系统研究中国近现代历史进程及其基本规律和主要经验,研究方向有四:一是现代化与马克思主义中国化的历史进程与理论创新;二是近现代中国科技思想史研究;三是东北近现代史研究;四是中外关系史研究。

(2) 思想政治教育二级学科,旨在运用马克思主义的立场观点方法,研究思想政治教育的本质和规律,注重学科交叉与融合,其特色在于将马克思主义与思想政治教育基本理论研究同专业人才培养结合起来,研究方向有六:一是马克思主义基本原理研究;二是国外马克思主义研究;三是思想政治教育理论与实践研究;四是生态马克思主义与生态社会主义研究;五是政治伦理与社会伦理研究;六是当代政治思潮与社会思潮研究。

(3) 马克思主义中国化研究二级学科,以马克思主义中国化为主线,以建设中国特色社会主义理论和实践为重点,研究马克思主义中国化历史进程,总结马克思主义中国化基本经验和基本规律,研究马克思主义中国化成果,研究方向有四:一是中外马克思主义传播史;二是中国社会主义理论与实践;三是中国共产党外交理论与实践;四是治国理政思想研究。

4. 奖助体系

该学位点研究生奖助学金体系由研究生基本奖助学金、研究生国家奖学金和"三助"津贴三部分组成:

(1) 硕士生基本奖助学金,分为三个等级。一等为每年16 000元/生,二等为每年13 000元/生,三等为每年8 000元/生,其覆盖比例分别为40%、40%、20%,实现100%全覆盖。

(2) 研究生助教、助管津贴,分为两种。一是助教津贴。研究生助教工作岗位类别设置为A、B、C三类:A类实际工作时间不少于每周12学时;B类实际工作时间不少于每周10学时;C类实际工作时间不少于每周8学时。助教A类岗位津贴标准为每人每月500元,B类为每人每月400元,C类为每人每月300元。二是助管津贴。研究生助管岗位按工作量分为A、B两类:A类岗位每周工作时间不少于9小时,津贴为300元/月;B类岗位每周工作时间不少于7小时,津贴为200元/月。

(3) 研究生国家奖学金。奖励学业成绩特别优秀、科学研究成果显著、社会公益活动表现突出的研究生,按国家每年下拨名额进行奖励,奖励标准为硕士生每生每年20 000元。

5. 人才培养

该学位点人才培养的指导思想是坚持立德树人的根本任务,推进全员、全过程、全方位育人。

(1)招生选拔。

该学位点的硕士招生实行推免和统考统招两类方式,其中推免按照国家统一规定进行,复试采取面试形式;统考硕士招生分为初试和复试,复试采取笔试与结构化面试结合的方式。

(2)课程教学。

在课程建设上,该学位点针对所属各个研究方向的不同特点,因科制宜地开设各类课程。目前,该学位点开设的研究生课程大体可以分为三类:第一类是学位课程,包括公共学位课、学科核心课;第二类是选修课程;第三类是补修课。

(3)导师指导。

各位导师均具有较强的育人责任心,严格执行学校关于硕士生导师指导研究生的制度要求,导学关系和谐。在导师队伍选聘、培训、考核上,该学位点严格执行学校和研究生院的有关规定。

(4)学术训练。

该学位点由指导教师负责讲授或指导学术型硕士生学习与学位论文密切相关的课程,对研究生进行学术技能训练、科学研究及创新能力培养,特别是鼓励研究生参与导师主持的科研项目。同时,研究生院每年提供该学位点社会实践经费5 530元,支持硕士研究生前往学校在江苏、山西、河北、黑龙江等校外多地设立的研究生支教基地、挂职锻炼基地、见习就业基地,参加实习实践活动,提升学生就业能力。

(5)学术交流。

该学位点学术交流,统一安排在新生入学后第二年的夏季学期,主要是通过参加学术会议、学术讲座、学术座谈,以及提交学术报告等多种形式,与国内外学者、博硕士研究生进行深入交流。同时,本学位点提倡硕士研究生尽可能多地参加跨学科学术交流活动,并积极鼓励硕士研究生出国,参加各种国际学术活动。

(6)过程监控。

该学位点在硕士生各个培养环节设置多重过程监控,包括课程学习阶段、硕士生论文过程的开题、进展、正式答辩等。在开题环节和中期检查上,设置完成期限节点和黄牌;在正式答辩环节,设置查重及2位专家评审,另外答辩后上会前进行分委会专家抽审。

(二)哲学专业硕士生培养

早在1979年,哈工大科技哲学学科就在全国高校中首批招收自然辩证法专业的全日制本科生;同年,开始招收硕士研究生,为中国自然辩证法队伍建设做出重大贡献;1981年,取得科技哲学二级学科硕士学位授权点,开始正式培养科技哲学专业的硕士生;1985年,开始招收马克思主义哲学专业的硕士生;1986年,"马克思主义哲学"获批二级学科硕士学位授权点;2003年,科技哲学专业硕士点被授予国防科工委研究生科技创新基地;2005年,成功申报"哲学"一级学科硕士学位授权点,培养马克思主义哲学、科技哲学两个专业的硕士研究生。

1. 人才培养目标

突出该学科作为哲学学科的特点,使学生具备哲学思考能力,能够为国家和企业培养高水平的哲学人才、科学技术管理人才和作为国家科学技术政策"智库"的人才,以及马克思主义哲学、科学技术哲学专业和"自然辩证法概论"公共课师资力量。

2. 培养年限

2～3年,原则上用0.75～1学年完成课程学习,用1～1.25学年完成硕士学位论文。

3. 培养方式

实行导师负责制。导师根据培养方案的要求和"因材施教"的原则,对每个硕士研究生制订培养计划。导师要全面关心硕士研究生成长,既教书又育人。

4. 课程设置及学分要求

总体来看,在课程设置上,"哲学"一级学科硕士点有学位课程(分为公共学位课、学科基础课和学科专业课,总学分不少于19学分),选修课程(6～8学分),专题课程(3～6学分),学术交流(1学分),开题报告(1学分)和中期检查(1学分)。

5. 成绩考核

学位课程必须进行考试,成绩按百分制评定;考试方法可采用笔试或口试,笔试必须有正规试卷,口试要有详细记录。选修课、实践课与专题课一般进行考查,考核方式可采用笔试、口试,或撰写读书报告、研究报告等形式,其成绩可按百分制评定,也可按二级分制评定。

6. 学位论文及有关要求

(1)完成学位论文工作的主要目的和基本要求。

学位论文工作的主要目的是培养硕士研究生独立思考、勇于创新的精神和从事科学研究或承担专门技术工作的能力,使研究生综合业务素质在系统的科学研究或工程实际训练中得到全面提高。学位论文工作阶段的开题、中期检查和论文答辩是硕士生培养过程中的必要环节,硕士生导师和各学科必须给予保证。硕士研究生应在导师指导下,独立完成硕士学位论文工作。

(2)题目确定。

学位论文选题一般应结合学位点的研究方向和科研项目,鼓励面向国民经济和社会发展的需要选择具有理论意义或应用价值的课题。学位论文题目一般应于第一学期结束前确定。

(3)开题报告。

开题工作一般应于第二学年秋季学期开学后三周内完成。开题报告主要内容为:课题来源及研究目的和意义;国内外在该方向的研究和发展情况及分析;论文主要研究内容及研究方案;预期达到目标;已完成研究工作与进度安排;为完成课题已具备和所需条件与经费;预计研究过程中可能遇到的困难和问题以及解决措施;主要参考文献。

(4)中期检查。

一般应于第二学年春季学期开学后三周内完成。中期检查主要内容为:论文工作是否按开题报告预定内容及进度进行;已完成研究内容及结果;目前存在的或预期可能会出现的问题;论文按时完成的可能性。

(5)学位论文撰写。

原则上要求用中文撰写。

(6)论文答辩。

一般在硕士研究生入学后的第二学年末进行。硕士研究生在申请答辩前,必须达到《哈尔滨工业大学关于硕士研究生在攻读学位期间发表学术论文的规定》的要求。硕士研究生学位论文答辩应按照《哈尔滨工业大学硕士研究生论文答辩及学位申请工作细则》进行。与国家制定的基本标准相比,该标准的特色是结合哈工大马克思主义理论学科研究生来源的特殊情况——许多研究生跨学科攻读,缺少本科层次专业基础——突出学位课程,将其分为公共学位课、学科基础课和学科专业课,前提是总学分不少于19学分,体现该学位点授予硕士学位高标准、严要求。

三、依托与平台

(一)相关教研室

早在1952年6月,哈工大就在全国理工科院校率先成立政治课教研室,在承担全校思想政治理论课教学任务的同时,积极开展学科建设。几经演变,截至2011年4月底,与马克思主义理论、哲学两个学科密切相关的教研室共有5个——"思想道德修养与法律基础教研室""中国近现代史纲要教研室""毛泽东思想和中国特色社会主义理论体系概论教研室""马克思主义基本原理概论教研室"和"研究生思想政治理论课教研室",这成为马克思主义学院建院之前思想政治理论课教师开展马克思主义理论、哲学两个学科建设的主要平台和依托。

(二)图书资料室

早在20世纪50年代,哈尔滨工业大学成立政治课教研室后,就开始图书资料室的建设,于1960年成立专门的图书资料室,并对其收藏的图书资料不断进行丰富和充实。至1995年成立人文与社会科学学院后,图书资料室每年定期或不定期地采购大量图书资料。截至2011年4月底,图书资料室收藏中外文马克思主义理论、社会学、哲学、政治学、经济学和历史学等多个学科的图书,共6.9万多册(其中中文藏书5.8万多册,外文藏书1.1万多册)、期刊100多种,为马克思主义理论、哲学两个学科的长期发展奠定强有力的资料支撑,其中长期订购的主要专业期刊和重要图书(含电子期刊)举例如下:

1. 与马克思主义理论、哲学两个学科密切相关的专业期刊

(1)《中国社会科学》(1992—);
(2)《新华文摘》(1990—);
(3)《马克思主义研究》(1996—);
(4)《马克思主义与现实》(1996—);
(5)《毛泽东邓小平理论研究》(1994—);
(6)《毛泽东思想研究》(1989—);
(7)《中共党史研究》(1986—);
(8)《近代史研究》(1979—);
(9)《当代中国史研究》(1995—);
(10)《抗日战争史研究》(1991—);
(11)《史学教学与研究》(2001—);
(12)《世界历史》(1998—);
(13)《党的文献》(1995—);
(14)《哲学研究》(1978—);
(15)《哲学动态》(1980—);
(16)《伦理学研究》(1998—);
(17)《自然辩证法研究》(1985—);
(18)《自然辩证法通讯》(1980—);
(19)《社会学研究》(1990—);
(20)《政治学研究》(1990—);
(21)《中国高教研究》(1997—);
(22)《思想政治教育研究》(2003—);
(23)《科学技术与辩证法》(1988—);
(24)《文史资料选辑》(1985—);
(25)《道德与文明》(1997—);
(26)《江海学刊》(1985—);
(27)《学术交流》(1985—);
(28)《学习与探索》(1982—);
(29)《理论探讨》(1985—);
(30)《社会科学战线》(1986—);
(31)《现代哲学》(1998—);
(32)《求是学刊》(1984—);
(33)《北京大学学报》(1990—);
(34)《中国人民大学学报》(1990—);
(35)《人大报刊复印资料·马克思列宁主义》;
(36)《人大报刊复印资料·思想政治教育》;
(37)《人大报刊复印资料·毛泽东思想》;

(38)《人大报刊复印资料·邓小平理论研究》；
(39)《人大报刊复印资料·哲学原理》；
(40)《人大报刊复印资料·中国近代史》；
(41)《人大报刊复印资料·中国现代史》；
(42)《人大报刊复印资料·中国哲学史》等。

2. 与马克思主义理论、哲学两个学科密切相关的专业图书

由于图书资料室收藏的图书量过大，书名无法详细列出，仅列举收藏的主要专业图书：

(1)《马克思恩格斯全集》；
(2)《列宁全集》；
(3)《毛泽东选集》；
(4)《邓小平文选》；
(5)《江泽民文选》；
(6)科学发展观系列图书；
(7)马克思恩格斯原著导读及传记类 250 余册；
(8)思想政治教育类 170 余册；
(9)国外马克思主义原著及辅导书 130 余册；
(10)国际共产主义运动史和科学社会主义类 260 余册；
(11)中共党史类 180 余册；
(12)中华人民共和国历史类 40 余册；
(13)马克思主义哲学、政治经济学 250 余册；
(14)中国近现代史 280 余册；
(15)中外关系史 110 余册；
(16)中共党史人物传记年谱 160 余册；
(17)科学技术类 180 余册；
(19)环境哲学、生态伦理学和可持续发展类 190 余册；
(20)西方哲学史及中国哲学史类 210 余册；
(21)现代化理论类 190 余册；
(22)文化哲学及文化学类 120 余册；
(23)社会学和法学类 270 余册；
(24)经济学类 300 余册；
(25)社会科学类的外文图书 120 余册；
(26)港澳台关于中国近现代史、民国人物研究类 160 余册；
(27)自然科学基础知识和知识经济类 240 余册；
(28)工具书(年鉴、各类百科全书、专业性词典、辞典、白皮书、蓝皮书)650 余册；
(29)思想政治理论课参考用书 300 余册。

同时，学校图书馆除拥有一批中外文专业期刊和中外文专业图书外，还订购了国内外著名的电子期刊和数据库，如中国期刊全文数据库、中国重要报纸全文数据库、中国优

秀博硕士学位论文全文数据库等,可以基本满足马克思主义理论、哲学两个学科的建设需要。

第二节 2011年之前马克思主义学院科研状况

自从1950年哈尔滨工业大学回归祖国以来,以关士续为代表的几代思想政治理论课教师筚路蓝缕,对中共党史(中国革命史)、国际共产主义运动、政治经济学、科学社会主义、马克思主义哲学和科技哲学等多个领域分别展开深入研究。由于时间久远,资料散失,搜集不易,我们在此仅列举手头能够找到的科研成果,难免挂一漏万。

一、科学研究项目

据不完全统计,截至2011年马克思主义学院成立,哈尔滨工业大学思想政治理论课教师共承担/主持各类科研项目30项,总经费89.8万元:其中国家级教学科研项目3项,总经费12万元,详见表20;省部级教学科研项目24项,总经费49.8万元,详见表21;校级教学科研项目3项,总经费28万元,详见表22:

表20 2011年之前思想政治理论课教师主持的国家级教学科研项目一览表

序号	项目来源	项目名称	负责人	金额/万元	立项时间
1	绿色和平组织国际(地区)合作项目	"天保工程"的政策和体制研究	叶平	6	2007
2	中国博士后科学基金面上资助项目	马克思主义在东北的传播	黄进华	3	2010
3	中国博士后科学基金面上资助项目	环境伦理与公共政策	杜帮云	3	2010

表21 2011年之前思想政治理论课教师主持的省部级教学科研项目一览表

序号	项目来源	项目名称	负责人	金额/万元	立项时间
1	教育部新世纪优秀人才支持计划	类本位的环境人类中心主义研究	王凤珍	5	2006
2	教育部新世纪优秀人才支持计划	可持续发展与环境人类中心主义	王凤珍	5	2006
3	教育部人文社会科学研究青年基金项目	现代化视域下大学生公民责任教育研究	吴威威	5	2009
4	黑龙江省哲学社会科学规划项目(专项项目)	马克思的现代化思想及其中国化研究	徐奉臻	0.3	2010

续表

序号	项目来源	项目名称	负责人	金额/万元	立项时间
5	黑龙江省哲学社会科学规划项目(专项项目)	人工物的演化研究	王德伟	0.3	2010
6	黑龙江省哲学社会科学规划项目(专项项目)	自主创新的知识动力学研究	吴永忠	1.5	2010
7	黑龙江省哲学社会科学规划项目(一般项目)	基于科学发展观的文化产业理论构建及其在黑龙江省的应用研究	黄英	1.5	2010
8	黑龙江省哲学社会科学规划项目(专项项目)	意识形态视野下美国对社会主义国家难民政策研究	闫金红	1	2010
9	黑龙江省委党史研究室专题委托项目	黑龙江省的"大跃进运动"研究	黄英	0.5	2009
10	黑龙江省科技厅横向项目	基于国内外知识产权政策比较的黑龙江知识产权战略研究	徐奉臻	5	2009
11	黑龙江省软科学计划项目	新型现代化的理论构建与黑龙江新型现代化发展战略研究	徐奉臻	5	2008
12	黑龙江省高等教育学会	"思想道德修养与法律基础"课程人文关怀教育模式研究	刘桂芳	0	2010
13	黑龙江省哲学社会科学规划专项项目	近代中国权利观念的肇始与嬗变研究	姜昱子	1.7	2011
14	黑龙江省新世纪高等教育教学改革工程项目	思想道德修养与法律基础课生活化教学研究	吴威威	0	2007
15	教育部人文社会科学研究青年基金项目	现代化视域下大学生公民责任教育研究	吴威威	5	2009
16	黑龙江省哲学社会科学规划一般项目	基于发展观嬗变的中国新型现代化理论构建及其在黑龙江的应用研究	徐奉臻	1.5	2008
17	黑龙江省新世纪高等教育教改工程一般项目	以案例和名篇名著破解中国近现代史纲要重点难点问题的教学改革探索	徐奉臻	0	2008
18	黑龙江省新世纪高等教育教改工程一般项目	"RMSD教学模式"的构建:中国近现代史纲要教学内容体系与方法的探索	徐奉臻	0	2009
19	黑龙江省"十一五"规划课题	校园文化的开发与打造文化名校的策略研究	闫金红	1	2006
20	黑龙江省教育厅人文社科项目	美国对社会主义国家难民政策研究	闫金红	1	2011

续表

序号	项目来源	项目名称	负责人	金额/万元	立项时间
21	黑龙江省软科学计划项目	黑龙江省以企业为主体，产学研结合的技术创新体系政策机制研究	赵爱伦	3	2006
22	黑龙江省软科学计划项目	新型现代化的理论构建与黑龙江新型现代化发展战略研究	徐奉臻	5	2008
23	黑龙江省高等教育教学改革项目	形势与政策课如何适应"高教强省建设规划"需要研究	巩茹敏	0.5	2010
24	黑龙江省教育厅重点科研项目	世界近代史上的改革与革命研究	徐奉臻	1	1998

表22　2011年之前思想政治理论课教师主持的校级教学科研项目一览表

序号	项目来源	项目名称	负责人	金额/万元	立项时间
1	"985工程"高水平学科建设项目	现代化理论与实践研究	徐奉臻	10	2010
2	哈尔滨工业大学优秀教学创新团队建设项目	中国近现代史纲要教学创新团队	徐奉臻	15	2009
3	教育部中央高校基金项目	意识形态与美国对外政策研究	闫金红	3	2010

二、科学研究论文

据不完全统计，截至2011年马克思主义学院成立，哈尔滨工业大学思想政治理论课教师共发表教学科研论文608篇：其中A类期刊论文173篇，详见表23；CSSCI期刊(不含A类期刊)论文336篇，详见表24；其他期刊(不含A类、CSSCI、北大核心期刊)论文89篇，详见表25：

表23　2011年5月之前思想政治理论课教师发表的A类期刊论文一览表

序号	论文名称	作者	发表年月	发表刊物名称
1	再论机床内部矛盾运动的规律和机床积木化问题（应毛主席亲笔信的要求撰写）	自然辩证法教研室	1960年12月	红旗
2	生活的生产：《德意志意识形态》中被遮蔽的现代性维度	徐奉臻	2011年1月	马克思主义研究
3	论"生产"与"生活"和谐互动的社会理论基础——对马克思历史唯物主义社会运行说的辩证诠释	解保军等	2008年12月	马克思主义研究
4	马克思恩格斯对资本主义的生态批判及其意义	解保军	2006年8月	马克思主义研究
5	马克思"自然生产力"思想探析	解保军	2002年9月	马克思主义研究
6	弗洛姆对资本主义社会病理的批判——《健全的社会》析评	解保军	2001年1月	马克思主义研究
7	技术哲学、技术实践与技术理性	王大洲 关士续	2004年11月	哲学研究
8	"普世价值"考辨	杨洢人 邹效维	2011年2月	哲学研究
9	环境伦理学研究的一个方法论问题——以"河流生命"为例	叶平	2009年12月	哲学研究
10	生态哲学的内在逻辑：自然（界）权利的本质	叶平	2006年1月	哲学研究
11	生态哲学视野下的荒野	叶平	2004年10月	哲学研究
12	论类本位的环境人类中心主义——从马克思哲学的维度看	王凤珍	2010年5月	哲学研究
13	以哲学基本问题原理指导研究精神产物	郭宇光	1982年11月	哲学研究
14	结构范畴初探	郭宇光	1981年3月	哲学研究
15	新时期中国社会的群体性政治参与	马振清等	2005年5月	政治学研究
16	如何把现代化理论引入中国现代史研究补议	张德旺	1997年1月	中共党史研究
17	如何评价资产阶级革命民主派在五四运动中的作用——与刘永明、黄金华等商榷	张德旺	1990年5月	中共党史研究
18	三十年来中国化马克思主义诸理论之内在逻辑关系（《新华文摘》全文转载）	徐奉臻	2009年10月	马克思主义与现实
19	从批判视閾审视马克思主义中国化的理论实质	徐奉臻	2007年2月	马克思主义与现实
20	西方现代民主政治视域中的公民责任	吴威威	2007年8月	马克思主义与现实
21	马克思科学技术观的生态维度	解保军	2007年4月	马克思主义与现实
22	马克思《1844年经济学哲学手稿》中的生态辩证法思想及其启示	解保军等	2008年6月	马克思主义与现实
23	生态社会主义的未来社会主义理论及其启示	刘晓芳	2009年6月	马克思主义与现实
24	税费体制改革又是一次制度创新	徐惠茹等	2001年6月	科学社会主义

续表

序号	论文名称	作者	发表年月	发表刊物名称
25	20 世纪西方环境哲学关于荒野概念研究的进展	刘丹阳 叶平	2010 年 11 月	哲学动态
26	生态哲学研究的一个向度——河流自然生命的定位	叶平	2008 年 5 月	哲学动态
27	关于环境伦理学的一些问题——访霍尔姆斯·罗尔斯顿教授	叶平	1999 年 9 月	哲学动态
28	"现实的人"与人的问题之阐释方向	徐惠茹等	2006 年 8 月	哲学动态
29	《周易》研究路径述评	史少博	2006 年 3 月	哲学动态
30	重建科技哲学——关于科学技术的发生学与哲学研究	季国清等	2003 年 3 月	哲学动态
31	身份制与中国人的观念结构	郭玉锦	2002 年 8 月	哲学动态
32	技术何以可能？——海德格尔论现代技术本质的形而上学基础	李荫榕 田径	2002 年 3 月	哲学动态
33	浅谈对新哲学教学大纲中实践观点的把握	李学丽	1998 年 12 月	哲学动态
34	佛教与儒家在女性观上的相互影响与融合	彭华	2008 年 9 月	哲学动态
35	先秦中庸源流考	杨涯人	1998 年 11 月	中国哲学史
36	论作为新型现代化诉求的"低熵化发展模式"	徐奉臻	2006 年 12 月	自然辩证法研究
37	基于工业技术观批判的生态技术观	徐奉臻	2005 年 7 月	自然辩证法研究
38	转型及其怪圈:1961—1965 年经济调整时期中国的技术观——新中国现代化思想个案研究	徐奉臻	2003 年 8 月	自然辩证法研究
39	"现代化"：重构自然辩证法的新学术生长点	徐奉臻	2002 年 12 月	自然辩证法研究
40	"一元三线梯级型教学模式"的构建与思考——有关博士生"现代科技革命与马克思主义"课程内容及体系的一项探索	徐奉臻	2001 年 7 月	自然辩证法研究
41	中国技术哲学的实践传统及经验转向的中国语境——纪念《从"积木式机床"看机床内部的矛盾运动规律》发表 50 周年	谢咏梅	2010 年 11 月	自然辩证法研究
42	技术创新过程中的路径依赖——基于丰田精益模式的案例研究	谢咏梅	2010 年 1 月	自然辩证法研究
43	政治场域中的科学——胰岛素的人工合成	谢咏梅等	2008 年 12 月	自然辩证法研究
44	关于技术进化的个案研究	谢咏梅等	2006 年 9 月	自然辩证法研究
45	自然辩证法学科发展要坚定学术传统	谢咏梅	2002 年 12 月	自然辩证法研究
46	自然辩证法教学中应处理好的几个关系	谢咏梅	1995 年 5 月	自然辩证法研究
47	校企合作创新动态过程案例研究	孟庆伟等	2010 年 4 月	自然辩证法研究
48	企业技术创新的目标错位及其根源	孟庆伟等	2009 年 6 月	自然辩证法研究
49	哈工大"试验卫星一号"工程项目中的"无缝之网"	孟庆伟等	2007 年 11 月	自然辩证法研究
50	技术创新中基于知识流动的人才柔性流动	孟庆伟等	2006 年 12 月	自然辩证法研究
51	企业自主性技术创新中的知识流动	孟庆伟等	2005 年 1 月	自然辩证法研究

续表

序号	论文名称	作者	发表年月	发表刊物名称
52	自然辩证法:在学科与事业之间	孟庆伟	2002年12月	自然辩证法研究
53	关于自然辩证法概论课教学体系的构想	孟庆伟	2002年1月	自然辩证法研究
54	科技成果转化为现实生产力应重视的几个新问题	孟庆伟	1994年5月	自然辩证法研究
55	历时态的西方国家战略工程的文化模式	王德伟	2011年4月	自然辩证法研究
56	对工程进步中合规律性的探讨	王德伟	2010年4月	自然辩证法研究
57	维数的性质及其哲学意义	王德伟	1994年11月	自然辩证法研究
58	论虚拟实践方式	李荫榕等	2006年3月	自然辩证法研究
59	虚拟实践中的信任理性	李荫榕等	2004年12月	自然辩证法研究
60	社会信息化进程中的实践方式变革	李荫榕等	2001年8月	自然辩证法研究
61	社会信息化对人的主体性影响的二重效应	李荫榕等	2000年2月	自然辩证法研究
62	论科学研究中的哲学思维	李荫榕	1989年6月	自然辩证法研究
63	河流自然生命论	叶平	2009年12月	自然辩证法研究
64	生物多样性保护的伦理问题	叶平	2005年8月	自然辩证法研究
65	科学技术与可持续发展:21世纪科技发展的重大战略问题	叶平等	2004年12月	自然辩证法研究
66	工业生态学的研究视角	叶平等	2000年6月	自然辩证法研究
67	当代西方环境伦理学研究的特点	叶平	1999年8月	自然辩证法研究
68	走向技术认识论研究	王大洲 关士续	2003年2月	自然辩证法研究
69	硅谷创新网络形成过程的历史考查	关士续等	2002年12月	自然辩证法研究
70	如何建设新世纪自然辩证法课程	关士续等	2002年3月	自然辩证法研究
71	马克思关于技术创新的一些论述	关士续	2002年1月	自然辩证法研究
72	科学、技术与经济间关系的制度分析	关士续等	2001年1月	自然辩证法研究
73	亨利·福特和他的T型车——对20世纪技术创新史上一个重大案例的分析	关士续	2000年10月	自然辩证法研究
74	从信息过程的观点研究技术创新	关士续 吴永忠	1999年3月	自然辩证法研究
75	关于产业R&D合作的几个认识问题	王大洲 关士续	1997年3月	自然辩证法研究
76	技术创新的中间试验研究	关士续等	1995年7月	自然辩证法研究
77	也谈方法并答《质疑》	关士续	1993年6月	自然辩证法研究
78	市场经济与科技——经济良性循环	关士续	1992年12月	自然辩证法研究
79	科技意识与商品经济的发展	关士续	1992年9月	自然辩证法研究
80	国际STS研究范式的演化	吴永忠	2009年12月	自然辩证法研究
81	自主创新与科技资源的配置问题	吴永忠	2007年1月	自然辩证法研究
82	第十一次"科技进步与当代世界发展"全国中青年学术研讨会纪要	吴永忠等	2007年1月	自然辩证法研究
83	企业创新网络的形成及其演化	吴永忠	2005年9月	自然辩证法研究

续表

序号	论文名称	作者	发表年月	发表刊物名称
84	第十届哈尔滨"科技进步与当代世界的发展"全国中青年学术讨论会纪要	吴永忠等	2005年5月	自然辩证法研究
85	科技创新趋势与国家科技基础条件平台的建设	吴永忠	2004年9月	自然辩证法研究
86	论技术创新的不确定性	吴永忠	2002年6月	自然辩证法研究
87	网络交往与人的全面发展	吴永忠等	2000年12月	自然辩证法研究
88	后现代主义科技观探析	吴永忠等	1997年3月	自然辩证法研究
89	后现代主义科技观的实质	吴永忠	1995年12月	自然辩证法研究
90	是宇宙飞船,还是盖娅女神	吴永忠	1995年10月	自然辩证法研究
91	生态问题与后常规科学思想	吴永忠	1992年4月	自然辩证法研究
92	"数字化生存"挑战与生活方式的建构性调适	黄莺等	2003年6月	自然辩证法研究
93	安德瑞·高兹的"技术法西斯主义"理论析评	解保军	2004年7月	自然辩证法研究
94	浅析技术实践社会评价观的演进	姜振寰	2004年11月	自然辩证法研究
95	工业主义技术观批判	姜振寰	2004年5月	自然辩证法研究
96	技术实践的生态学基础	姜振寰	2001年1月	自然辩证法研究
97	技术实践的基本问题	姜振寰等	1999年3月	自然辩证法研究
98	国外技术史研究概况	姜振寰	1985年3月	自然辩证法研究
99	在工程与哲学之间	王大洲	2005年7月	自然辩证法研究
100	企业技术创新的知识维度	王大洲	1998年6月	自然辩证法研究
101	论哈贝马斯对马尔库塞"新技术与新自然"观的批判	李学丽等	2007年9月	自然辩证法研究
102	信息技术视阈下的"世界文化"	李学丽等	2007年1月	自然辩证法研究
103	东西方国家在科学普及上的差异	季国清等	2006年12月	自然辩证法研究
104	让科技与人文在工程中融合	徐惠茹等	2005年12月	自然辩证法研究
105	马克思与马尔库塞关于自然辩证观之比较研究	李学丽等	2005年7月	自然辩证法研究
106	互联网与可能世界	季国清	2004年12月	自然辩证法研究
107	应用伦理学的哲学背景	季国清等	2004年8月	自然辩证法研究
108	在反思的时代反思自然辩证法	季国清	2002年12月	自然辩证法研究
109	发展伦理学:当代社会发展理论的伦理基础	徐惠茹	2002年5月	自然辩证法研究
110	网络时代与网络世界的哲学人类学解读	季国清	2001年8月	自然辩证法研究
111	关于技术发展模式的研究	赵杏娥	1992年6月	自然辩证法研究
112	论大学科技园建设的认知理路	关士续等	2004年6月	自然辩证法通讯
113	技术创新系统建构观:背景及其涵义	吴永忠 关士续	2002年10月	自然辩证法通讯
114	区域创新网络在高技术产业发展中的作用——关于硅谷创新的一种诠释	关士续	2002年4月	自然辩证法通讯
115	企业技术创新与制度创新的互动机制研究	王大洲 关士续	2001年2月	自然辩证法通讯

续表

序号	论文名称	作者	发表年月	发表刊物名称
116	技术创新中的信息问题研究	吴永忠 关士续	1999年2月	自然辩证法通讯
117	技术知识与创新组织	王大洲 关士续	1998年2月	自然辩证法通讯
118	企业技术创新运行机制	关士续	1992年10月	自然辩证法通讯
119	技术创新在技术发展中的三种形式	关士续等	1990年12月	自然辩证法通讯
120	技术发明的年龄谱研究	姜振寰	1992年4月	自然辩证法通讯
121	技术史学方法论刍议	姜振寰	1990年10月	自然辩证法通讯
122	关于近代技术史分期的理论探讨	姜振寰	1982年6月	自然辩证法通讯
123	关于电力技术革命起因的研究	赵杏娥	1992年10月	自然辩证法通讯
124	响应时代要求,培养绿色人才	叶平	2011年2月	中国高等教育
125	"科学发展观"何以进思想政治理论课之课堂——以"中国近现代史纲要"为例	徐奉臻	2010年8月	教学与研究
126	如何理解邓小平关于科学技术是第一生产力的论断	李学丽 邢祝国	2000年3月	教学与研究
127	高校德育的重要维度:生命教育	吴威威	2007年6月	中国高教研究
128	对高校发展高新技术产业的几点思考	李荫榕等	1998年12月	中国高教研究
129	论江泽民创新思想指导下的创新教育	孙艺年等	2001年7月	当代中国史研究
130	"环境史视野与经济史研究"学术研讨会综述	黄进华等	2006年1月	中国经济史研究
131	20世纪末西方生态现代化思想述评	叶平等	2001年7月	国外社会科学
132	全球环境运动及其理性考察	叶平	1999年11月	国外社会科学
133	知识创造型企业的内涵和特征	吴永忠 关士续	2002年8月	中国软科学
134	我国国有大中型企业技术创新与制度创新现状分析	王大洲 关士续	2000年4月	中国软科学
135	企业技术创新的障碍分析与对策研究	关士续 孟庆伟等	1993年2月	中国软科学
136	企业技术创新研究的可喜收获——企业技术创新研讨会综述	孟庆伟	1991年5月	中国软科学
137	依靠技术创新,创造出一个适宜的企业生存的环境——哈尔滨轴承总厂技术创新工作的启示	孟庆伟	1991年3月	中国软科学
138	基于消费动因的技术创新研究	关士续	2001年5月	中国软科学
139	美日信息产业技术创新的模式比较及启示	王大洲等	2000年6月	情报学报
140	试论社会效果评估	谢咏梅等	1989年7月	科学学研究
141	制造业工艺创新的扩散机制	孟庆伟等	2007年12月	科学学研究
142	知识经济下的管理有效性	姜振寰等	2005年8月	科学学研究
143	持续创新与企业惯性形成的认知根源	孟庆伟等	2005年6月	科学学研究
144	关于大学科技园的一个网络分析	王大洲等	2004年4月	科学学研究
145	从共享到原创:自主性技术创新中的知识演化	孟庆伟等	2004年2月	科学学研究

续表

序号	论文名称	作者	发表年月	发表刊物名称
146	传统企业电子商务与信息化管理	姜振寰等	2002年6月	科学学研究
147	企业文化中的技术创新导向	孟庆伟等	2002年2月	科学学研究
148	关于企业技术创新管理特征的研究	孟庆伟等	2000年6月	科学学研究
149	从自养到技术辐射——关于中试基地的建设与发展	孟庆伟	1995年12月	科学学研究
150	技术创新中的政策问题	孟庆伟	1992年9月	科学学研究
151	科学分类的历史沿革及当代交叉科学体系	姜振寰	1988年9月	科学学研究
152	试论工业化的发展阶段和模式	姜振寰	1988年4月	科学学研究
153	关于社会发展的三阶段论思想探讨	姜振寰	1984年12月	科学学研究
154	基于FIP的欧美在线隐私保护立法模式的比较研究	关士续等	2005年7月	科研管理
155	我国大学科技园建设问题的探讨	李荫榕 关士续	2004年7月	科研管理
156	基于制度的B2B电子商务信任模式的理论研究	关士续等	2004年3月	科研管理
157	企业创新网络的进化与治理：一个文献综述	王大洲	2001年9月	科研管理
158	制度创新在民营科技型企业技术创新中的作用及其对国有企业的借鉴意义	孟庆伟	2001年1月	科研管理
159	企业家技术创新可能性建构及阶梯模型	关士续等	2000年11月	科研管理
160	制度安排与持续创新	王大洲	2000年5月	科研管理
161	持续创新与企业成长——海尔集团公司的成长历程及其启示	王大洲	1999年1月	科研管理
162	企业技术创新的产权激励模式	孟庆伟等	1998年5月	科研管理
163	机器人技术产业化的成功选择——"机器人码垛生产线"走向产业化的调查与思考	李荫榕 孟庆伟	1997年1月	科研管理
164	关于企业技术创新中的风险问题	孟庆伟	1995年11月	科研管理
165	城市贫困人口贫困状况的代际比较研究	关士续等	2004年8月	统计研究
166	税费体制改革又是一次制度创新	季丽新 徐惠如	2001年6月	科学社会主义
167	关于高校评估若干问题的探讨——从世界高等教育的发展看我国高等院校评估中需要处理好的一些关系	关士续	1985年10月	高等教育研究
168	对高校发展高新技术产业的几点思考	李荫榕	1998年12月	中国高教研究
169	美欧的STS和S&TS教育	王大洲 关士续	2001年8月	学位与研究生教育
170	生态哲学视野中的"循环型经济"	叶平	2006年5月	中国人民大学学报
171	经济转型与城市贫困人口生活状况的变化	关士续等	2004年4月	中国人口科学
172	关于电力技术革命起因的研究	赵杏娥	1992年5月	自然辩证法通讯
173	关于技术发展模式的研究	赵杏娥	1992年6月	自然辩证法研究

表24 2011年5月之前思想政治理论课教师发表的CSSCI期刊(不包括A类期刊)论文一览表

序号	论文名称	作者	发表年月	发表刊物名称
1	试论1875—1878年近东危机中的英国外交与三皇同盟的瓦解	徐奉臻	1992年12月	世界历史
2	迪士累利的怀柔外交与英法对埃及的争夺	徐奉臻	1998年12月	世界历史
3	关于英国"自耕农"再研究	徐奉臻	2000年6月	世界历史
4	迪士累利与1875—1878年近东危机中的英俄之争	徐奉臻	1993年6月	史学月刊
5	从奴隶制的反对者到废奴主义者——再评林肯对黑奴制的态度	徐奉臻	1993年6月	学术交流
6	群体心理历史学探微	徐奉臻	1993年8月	求是学刊
7	试论1875—1878年近东危机期间英国对土政策的调整——关于英国对弱国外交的一项研究	徐奉臻	1994年12月	史学月刊
8	用全球史观审视1500年以后的世界——读斯塔夫里阿诺斯《全球通史——1500年以后的世界》	徐奉臻	1997年12月	史学月刊
9	现代性与现代化辨析	徐奉臻	1999年2月	学习与探索
10	产业精神与英国资本主义工业化	徐奉臻	1999年3月	社会科学战线
11	社会变迁与德国技术哲学的缘起及演变	徐奉臻	2000年9月	哈尔滨工业大学学报（社会科学版）
12	梳理与反思：技术乐观主义思潮	徐奉臻	2000年12月	学术交流
13	薛福成的技术观摭论——近代中国现代化思潮个案研究	徐奉臻	2001年12月	哈尔滨工业大学学报（社会科学版）
14	西学东渐冲击下中国的现代化思潮——兼论近代中国的技术文化观	徐奉臻	2002年9月	哈尔滨工业大学学报（社会科学版）
15	毛泽东技术观中的政治因素	徐奉臻等	2003年6月	学术交流
16	"有为"才能"有位"	徐奉臻	2004年8月	中国电视
17	英国政治现代化的历程及特点——读阎照祥关于英国政治制度史的几本论著	徐奉臻	2004年10月	史学月刊
18	英国科技思想史研究的阐释与思考	徐奉臻	2004年11月	河南大学学报（社会科学版）
19	论以现代化为科技哲学新学术生长点的合理性	徐奉臻	2006年2月	科学技术与辩证法
20	"中国近现代史纲要"的非线性关系分析及对策预设	徐奉臻	2007年1月	历史教学
21	基于新型现代化的工具主义价值之省思	徐奉臻等	2008年9月	思想战线
22	基于科学发展观的中国新型现代化的理论构建	徐奉臻	2009年1月	求实
23	"中国新型现代化"的内涵、维度与特点	徐奉臻	2009年11月	学术交流

续表

序号	论文名称	作者	发表年月	发表刊物名称
24	科学猜想——一种有效的思维方法	解保军	1993年4月	中国青年政治学院学报
25	"信息高速公路"计划对社会发展的影响——社会发展哲学面临的新课题	解保军	1996年7月	学术交流
26	孝观念的历史演进及其现代意义	邹效维 解保军	1997年7月	学术交流
27	两种生产理论——史前社会理论的升华	解保军	1997年9月	学术交流
28	中庸辩证法思想新探	杨涯人 解保军	1998年7月	求是学刊
29	中庸思想与否定之否定观念	杨涯人 解保军	1998年8月	学习与探索
30	马克思是如何看待人与自然关系的——读《1844年经济学哲学手稿》的体会	解保军	1999年1月	学术交流
31	对"控制自然"观念的重新理解——威廉·莱斯《自然的控制》一书析评	解保军	1999年2月	哈尔滨工业大学学报（社会科学版）
32	马克思主义的具体真理观	解保军	1999年5月	理论探讨
33	论怀疑主义对认识论的积极影响及现实作用	解保军等	2000年11月	学术交流
34	阿多诺对胡塞尔的批判——关于马克思主义与现象学在现代语境下的一种对话	解保军	2001年3月	哈尔滨工业大学学报（社会科学版）
35	知识经济与"绿色生态自然观"的确立	解保军	2001年6月	学习与探索
36	人与自然的对象性关系和人的生存方式	解保军	2002年3月	理论探讨
37	马克思"实践的人化自然观"的多维度界说	解保军等	2002年9月	哈尔滨工业大学学报（社会科学版）
38	西方怀疑主义认识论的历史演进与思维方式	解保军等	2003年9月	哈尔滨工业大学学报（社会科学版）
39	马克思"生产的自然条件"思想探析	解保军	2010年9月	学习与探索
40	弗洛姆对人类生存问题的解答——弗洛姆《爱的艺术》述评	解保军	2005年3月	理论探讨
41	论企业创新网络的建构原则	王大洲	2006年5月	科技管理研究
42	跨国创新网络中的企业技术学习	王大洲	2006年3月	哈尔滨工业大学学报（社会科学版）
43	我国企业创新网络发展现状分析	王大洲	2005年6月	哈尔滨工业大学学报（社会科学版）
44	西方技术社会学中的作用子网络理论	王大洲	1993年8月	科学技术与辩证法
45	论技术知识的难言性	王大洲	2001年2月	科学技术与辩证法
46	有关技术创新的几个认知问题	关士续 王大洲	2001年5月	东北大学学报（社会科学版）
47	风险投资与高技术新创企业的治理	王大洲	2001年5月	科学学与科学技术管理

续表

序号	论文名称	作者	发表年月	发表刊物名称
48	高技术产业创新的治理——美国硅谷的创新网络及其启示	王大洲等	2001年8月	决策借鉴
49	企业技术创新过程中对知识的运用：中西比较与启示	王大洲	2001年8月	科学管理研究
50	组织试验、经济场域与企业技术创新	王大洲	2001年9月	中国地质大学学报（社会科学版）
51	国有企业步入技术创新与制度创新互动过程的障碍与对策	王大洲	2001年9月	哈尔滨工业大学学报（社会科学版）
52	联网与创新：双黄连粉针剂开发案例分析	王大洲等	2004年10月	科学管理研究
53	关于大学技术转移的一个解读	龚玉环 王大洲	2005年4月	科学技术哲学研究
54	科学在直接生产力中的体现	关士续等	1980年3月	哈尔滨工业大学学报
55	关于"技术革命"和"产业革命"的概念	关士续	1985年5月	科学与探索
56	"技术革命"和"产业革命"的进程与标志	关士续	1985年6月	科学与探索
57	科学社会学与科学管理的几个问题	关士续	1990年3月	学术交流
58	强化科技意识的三个突出问题	关士续	1991年6月	科学技术与辩证法
59	强化企业技术创新的重要意义和紧迫问题	关士续	1991年8月	决策借鉴
60	企业技术创新——搞活经济的突破口	关士续	1991年8月	学习与探索
61	一个伟大的历史性文献——学习邓小平同志讲话的体会	关士续	1992年8月	理论探讨
62	有关技术创新的几个认知问题	关士续等	2001年5月	东北大学学报（社会科学版）
63	李昌与哈工大自然辩证法研究	关士续	2000年6月	哈尔滨工业大学学报（社会科学版）
64	知识经济时代的技术创新导向	关士续	2000年12月	哈尔滨工业大学学报（社会科学版）
65	大学科技园与大学的角色定位	关士续	2004年10月	哈尔滨工业大学学报（社会科学版）
66	梁启超权利思想理路新探	姜昱子	2008年	学术交流
67	辛亥革命前夕的女权思潮	姜昱子	2009年	学术交流
68	中庸思想的历史定位及现代意义	杨涯人	1998年3月	理论探讨
69	中庸范畴及其在儒学中的地位	杨涯人 邹效维	1998年7月	学术交流
70	老庄思想辩证性辨析	杨涯人等	2000年7月	理论探讨
71	论"中和"思想与"和谐社会"理念的内在同一性	杨涯人等	2006年7月	学习与探索
72	"中和"与科学发展观共同的方法论根据	杨涯人等	2006年9月	理论探讨
73	论人文关怀的文化内涵	杨涯人等	2008年3月	学习与探索

续表

序号	论文名称	作者	发表年月	发表刊物名称
74	区域创新体系建设视阈中的高校发展策略研究	赵爱伦	2008年11月	黑龙江高教研究
75	近十年中庸研究观点介述	杨子吟 邹效维	1998年7月	理论探讨
76	中庸范畴及其在儒学中的地位	杨涯人 邹效维	1998年7月	学术交流
77	荣辱观的伦理底蕴	李英粉 邹效维	2006年11月	学术交流
78	论人文关怀的文化内涵	杨涯人 邹效维	2008年3月	学习与探索
79	对环境哲学实质的考察	叶平	1999年2月	哈尔滨工业大学学报（社会科学版）
80	非人类的生态权利	叶平	2000年2月	道德与文明
81	生态伦理的意识形态和伦理传统	叶平	2002年12月	哈尔滨工业大学学报（社会科学版）
82	新世纪协同进化的社会生态学	叶平	2003年5月	济南大学学报（社会科学版）
83	从中国古代文化探索生态美学的两种审美取向	叶平等	2007年3月	山东师范大学学报（人文社会科学版）
84	论"极端的环保不可取"	叶平	2009年12月	科学与社会
85	结合历史唯物主义教学进行人生观教育的几点尝试	郭宇光等	1985年12月	哈尔滨工业大学学报（社会科学版）
86	当前影响我国公民政治社会化的宏观因素分析	马振清	2001年3月	哈尔滨工业大学学报（社会科学版）
87	社会发展中的政治稳定问题分析	马振清等	2002年6月	哈尔滨工业大学学报（社会科学版）
88	全球合理交往的根基：文化理解与价值共识	马振清	2002年8月	学习与探索
89	社会变革中我国公民政治社会化的目标分析	马振清	2002年9月	学术交流
90	学习型政府：政府生态理论的价值回归	马振清等	2003年12月	哈尔滨工业大学学报（社会科学版）
91	论行政体制改革过程中的学习型政府组织	马振清	2004年12月	中国行政管理
92	社会变革影响我国公民政治社会化的微观因素分析	马振清	2005年1月	重庆大学学报（社会科学版）
93	实事求是是毛泽东邓小平政治学说的哲学基础	马振清等	2005年4月	思想政治教育研究

续表

序号	论文名称	作者	发表年月	发表刊物名称
94	中国行政机制的环境影响因素及对策分析	马振清等	2005年4月	哈尔滨工业大学学报（社会科学版）
95	新民主主义文化观形成过程探析	张德旺	1994年12月	学习与探索
96	论五四时期美国资产阶级文化在中国广泛传播	张德旺	1996年4月	社会科学战线
97	朝鲜三一运动对中国五四运动的影响	张德旺等	2000年12月	哈尔滨工业大学学报（社会科学版）
98	第三代中央领导集体知识分子思想管窥	张德旺	2001年12月	哈尔滨工业大学学报（社会科学版）
99	毛泽东战略思想研究的可贵尝试	张德旺	2005年3月	当代世界
100	国外企业文化理论主要流派述评	吴威威等	2000年12月	哈尔滨工业大学学报（社会科学版）
101	论公民道德责任在公民道德建设中的重要作用	吴威威	2005年2月	探索
102	网络时代高校德育工作的创新	刘晓芳	2002年5月	黑龙江高教研究
103	全球化与我国文化发展战略的选择	刘晓芳	2003年11月	学术交流
104	从西方女权社会主义思潮看现代女性的发展	刘晓芳	2004年11月	学术交流
105	大学生隐性思想政治教育研究	刘晓芳	2006年4月	当代青年研究
106	西方生态社会主义的理论成就及其时代意义	刘晓芳	2006年10月	学术交流
107	西方生态社会主义与我国和谐社会的构建	刘晓芳	2006年11月	理论探讨
108	西方生态社会主义的生态和谐发展观探析	刘晓芳	2008年10月	学术交流
109	生态社会主义对生态危机的现代阐释及其现实意义	刘晓芳	2010年2月	学术交流
110	论邓小平理论的实践性	徐惠茹等	2000年3月	学术交流
111	实效性教学模式初探	徐惠茹	1997年8月	思想政治教育研究
112	哲学的启发式教学探析	徐惠茹	1998年11月	思想政治教育研究
113	解放思想 实事求是 是建设有中国特色社会主义的法宝——纪念党的十一届三中全会二十周年	徐惠茹	1998年11月	学术交流
114	"以德治国"与传统的礼治	徐惠茹	2002年2月	行政论坛
115	从"南方谈话"到"三个代表"：党的现代化建设指导思想的连续性及其发展	徐惠茹	2002年11月	理论探讨
116	"和为贵"新解	徐惠茹等	2003年6月	哈尔滨工业大学学报（社会科学版）
117	从楚简《老子》看老、孔的伦理道德之争	徐惠茹	2004年5月	学术交流

续表

序号	论文名称	作者	发表年月	发表刊物名称
118	中国非政府组织在政府职能转变过程中的角色定位	徐惠茹等	2005年3月	学习与探索
119	"马克思主义哲学原理"课教学的实效性探析	徐惠茹	2004年12月	黑龙江高教研究
120	孔老同构说	徐惠茹	2005年5月	学术交流
121	由《易》而出的"中"道价值观	徐惠茹	2006年1月	哈尔滨工业大学学报（社会科学版）
122	从儒家思想看现代民族精神	徐惠茹	2006年4月	黑龙江社会科学
123	和谐社会构建中的儒学底蕴	徐惠茹等	2006年7月	学术交流
124	话语实践——哲学研究的新领域、新视角、新方法	季国清	2000年8月	学海
125	中国传统宗教的系统阐释——给中国文化的心脏作一个哲学诊视	季国清	2000年9月	哈尔滨工业大学学报（社会科学版）
126	20世纪哲学的阿基米德点——围剿客观性的世纪之战	季国清	2001年4月	学海
127	历史的因果性与历史学的因果性	季国清	2001年5月	理论探讨
128	汉语就是意识形态——汉文化语言的学与汉语言文化的学	季国清	2002年7月	理论探讨
129	中国传统文化的向度及其运作方式	季国清	2002年9月	求是学刊
130	当代哲学的社会学转向	季国清等	2002年9月	社会科学辑刊
131	从怀特海的过程哲学看中国宗教的超越性问题	季国清	2003年5月	求是学刊
132	组织承诺及其中的文化思考	郭玉锦	2001年6月	哈尔滨工业大学学报（社会科学版）
133	邓小平科技经济一体化思想和实践初探	李荫榕	1996年1月	学术交流
134	哈工大高能电池技术产业化的启示	李荫榕等	1996年10月	科学管理研究
135	高校高新技术企业发展的思考	李荫榕等	1997年4月	科技管理研究
136	高校发展高新技术产业的方法论原则	李荫榕等	1998年4月	科学管理研究
137	关于网络时代民族文化保护的思考	李荫榕	1999年7月	学术交流
138	试论网络社会的实践与人的主体性	李荫榕	1999年8月	学习与探索
139	稳定和发展的哲学思考	李荫榕	1999年9月	理论探讨
140	主体能力及其在信息时代的发展	李荫榕等	2001年5月	学术交流
141	人类实践及其在信息时代的发展	李荫榕	2002年3月	北京理工大学学报（社会科学版）
142	主体价值观念与社会信息化	李荫榕等	2002年9月	学术交流
143	论生产方式及其在信息时代的变革	李荫榕等	2004年2月	理论月刊
144	当代中国社会发展对社会心理的影响	李荫榕等	2004年6月	学术交流
145	国有大型企业为何难以走上自主创新之路	李荫榕等	2004年2月	科技管理研究

续表

序号	论文名称	作者	发表年月	发表刊物名称
146	信息化条件下的社会时空变革	李荫榕等	2005年11月	学术交流
147	国有大中型企业自主性技术创新内部环境优化研究	李荫榕等	2006年4月	科技管理研究
148	论马克思的实践观念对传统哲学的超越	李荫榕等	2006年11月	哈尔滨工业大学学报（社会科学版）
149	科学发展观视野下的"人与自然和谐发展"实践观	李荫榕等	2006年7月	理论探讨
150	我国企业开展自主性技术创新的途径选择	李荫榕等	2006年8月	科学管理研究
151	虚拟实践的价值分析	李荫榕等	2007年5月	中国地质大学学报（社会科学版）
152	论和谐实践观	李荫榕等	2007年12月	学术交流
153	信息化条件下人际交往时空的变革	李荫榕等	2010年1月	学术交流
154	论马克思的实践观念对传统哲学的超越	田径等	2006年11月	哈尔滨工业大学学报（社会科学版）
155	一场旷日持久的"争论"——对人类中心主义和非人类中心主义之争的反思	田径等	2004年2月	学术交流
156	罗蒂的后哲学文化观述评	李学丽	2008年12月	教学与研究
157	我国社会主义经济发展中的适度思想	李学丽	1999年3月	学术交流
158	市场经济与人的价值实现	李学丽	1998年5月	学术交流
159	日常生活批判与中国女性文化的建构	李学丽	1999年2月	求是学刊
160	对邓小平社会主义经济发展观的哲学思考	李学丽	1999年6月	学习与探索
161	试析宗教和科学的关系在当代的新变化	李学丽等	2000年2月	理论探讨
162	如何理解邓小平关于科学技术是第一生产力的论断	李学丽等	2000年3月	教学与研究
163	中国共产党三代领导人对马克思主义哲学的贡献——纪念中国共产党建党八十周年	李学丽等	2001年4月	理论探讨
164	建立适应市场经济的公平与效率相统一的公平观	李学丽等	2001年3月	哈尔滨工业大学学报（社会科学版）
165	经济全球化背景下的价值冲突及价值观教育	李学丽等	2002年4月	哈尔滨工业大学学报（社会科学版）
166	后现代哲学与当代理性观构建	李学丽等	2003年4月	学习与探索
167	社会转型时期的价值冲突与价值导向	李学丽等	2003年12月	学术交流
168	论经济哲学发展中的范式转换	李学丽等	2003年4月	哈尔滨工业大学学报（社会科学版）
169	生产伦理的理性分析	李学丽等	2004年4月	学习与探索
170	对人生价值观几个关系的辩证分析	李学丽等	2004年12月	学术交流

续表

序号	论文名称	作者	发表年月	发表刊物名称
171	略论儒家伦理思想中的生态消极因素	李学丽等	2004年6月	哈尔滨工业大学学报（社会科学版）
172	在历史与逻辑相统一中探索经济哲学的发展	李学丽等	2005年2月	哈尔滨工业大学学报（社会科学版）
173	浅谈在思维运动中实现抽象向具体的转化	李学丽等	2006年3月	哈尔滨工业大学学报（社会科学版）
174	实践概念内涵的人学意义探析	李学丽等	2006年6月	学习与探索
175	全球化视野下网络技术的人性化凸现	李学丽	2001年6月	学术交流
176	日本近代技术引进过程中的制度安排	谢咏梅	2000年4月	哈尔滨工业大学学报（社会科学版）
177	哈尔滨工业大学学报（社会科学版）	谢咏梅	2001年3月	哈尔滨工业大学学报（社会科学版）
178	中日近代技术引进中政府行为之比较	谢咏梅	2002年2月	哈尔滨工业大学学报（社会科学版）
179	中国1978—1988年国家技术观的演进路径	谢咏梅	2002年4月	哈尔滨工业大学学报（社会科学版）
180	技术观研究的精英途径——新中国技术观研究的方法论问题	谢咏梅	2004年6月	哈尔滨工业大学学报（社会科学版）
181	制度的"路径依赖"对中国近代技术发展的影响	谢咏梅	2006年5月	学术交流
182	对丰田精益模式何以可能的探究	谢咏梅	2009年12月	学术交流
183	"技术革命"和"产业革命"的进程与标志	关士续 孟庆伟	1985年3月	学习与探索
184	企业技术创新与市场需求	孟庆伟	1991年4月	决策借鉴
185	国家大型骨干企业技术创新中不容忽视的一个问题	孟庆伟	1992年1月	科学学与科学技术管理
186	企业在面向市场的技术创新中应重视的几个问题	孟庆伟	1992年3月	科学管理研究
187	我国科技成果向生产力转化的问题	孟庆伟	1993年1月	科技管理研究
188	关于建立新的企业经营机制的一些思考	孟庆伟	1993年4月	科学学与科学技术管理
189	谈合作生产	孟庆伟	1993年6月	中国科技论坛
190	市场经济：企业吸纳科技成果的催化剂	孟庆伟	1993年6月	科学技术与辩证法
191	企业技术创新成败的关键：企业家？机制？	孟庆伟	1995年6月	科学管理研究
192	关于中间试验与中试基地建设的社会支撑	孟庆伟等	1996年3月	决策借鉴
193	要研究科技成果转化中风险承担的价值	孟庆伟	1996年6月	科学学与科学技术管理
194	高校高新技术企业发展的思考	孟庆伟等	1997年2月	科技管理研究

续表

序号	论文名称	作者	发表年月	发表刊物名称
195	面对知识经济企业二次创业必须突出技术创新	孟庆伟	1999年2月	科技与管理
196	企业技术创新能力的系统结构	孟庆伟等	2000年2月	科技管理研究
197	美国企业技术创新与制度创新交互作用中的人本主义	孟庆伟等	2001年1月	哈尔滨工业大学学报（社会科学版）
198	企业文化促进企业技术创新的几条途径	孟庆伟等	2001年6月	科学管理研究
199	学习江泽民4.28讲话 促进哲学社会科学发展	孟庆伟等	2002年12月	哈尔滨工业大学学报（社会科学版）
200	关于自主性技术创新中的技术融合	孟庆伟	2003年2月	科学管理研究
201	自主创新与知识整合案例分析	孟庆伟等	2004年2月	科学学与科学技术管理
202	谈科学精神	孟庆伟等	2004年1月	哈尔滨工业大学学报（社会科学版）
203	科学技术学：能够做什么；应该做什么——国外TPM研究给我们的启示	孟庆伟	2005年5月	科学学与科学技术管理
204	国有大中型企业自主性技术创新内部环境优化研究	孟庆伟等	2006年4月	科技管理研究
205	企业技术创新中的人力资源配置	孟庆伟等	2006年4月	科技管理研究
206	我国企业开展自主性技术创新的途径选择	孟庆伟等	2006年4月	科学管理研究
207	案例研究：走向微观——拉图尔实验室研究及其启示	孟庆伟等	2009年3月	科学学与科学技术管理
208	复杂网络结构视角下中关村产业集群创新能力分析	孟庆伟等	2009年5月	科学学与科学技术管理
209	企业技术创新目标的分裂与异化研究	孟庆伟等	2010年6月	学习与探索
210	企业技术创新的目标系统研究	孟庆伟等	2010年6月	求是学刊
211	海德格尔"座架"一词首次出现的时间和地点	孟庆伟等	2011年2月	中国社会科学院研究生院学报
212	"西化主义"：现代化的误区（《新华文摘》转载）	徐奉臻	1998年6月	北方论丛
213	近代视野中的"改革"与"革命"辨	徐奉臻	1997年6月	北方论丛
214	文明与危机：20世纪的双重遗赠	徐奉臻	2001年6月	北方论丛
215	多学科的工程观	吴永忠等	2011年2月	哈尔滨工业大学学报（社会科学版）
216	经济萧条时期国外科技政策的调整	吴永忠等	1990年6月	理论探讨
217	寻求科技进步与市场经济的新关系——兼谈前苏联的正反经验	吴永忠等	1994年1月	理论探讨
218	美国大学STS研究与教育的发展及其启示	吴永忠	1997年6月	科学技术与辩证法
219	试析两种科学共同体理论的不可通约性	吴永忠	2002年3月	科学技术与辩证法

续表

序号	论文名称	作者	发表年月	发表刊物名称
220	技术与交往之辩证关系探析	吴永忠等	2002年4月	哈尔滨工业大学学报（社会科学版）
221	美国对台政策演变及其对中美关系的影响	黄莺等	2000年4月	哈尔滨工业大学学报（社会科学版）
222	美国对华政策中的苏联因素	黄莺等	2001年2月	哈尔滨工业大学学报（社会科学版）
223	"大跃进"时期国家技术观特点分析	黄莺	2003年4月	哈尔滨工业大学学报（社会科学版）
224	多维视野中的中美俄战略关系	黄莺	2005年1月	现代国际关系
225	薮内清对中国科学技术史的研究	姜振寰	1983年3月	中国科技史料
226	翻译出版牛津版《技术史》的前前后后	姜振寰	2005年2月	哈尔滨工业大学学报（社会科学版）
227	基于供应链联盟的知识整合研究	姜振寰等	2005年3月	管理工程学报
228	社会经济系统复杂性理论研究	姜振寰等	2006年1月	学术交流
229	关于物理学史的分期	姜振寰	2006年1月	哈尔滨工业大学学报（社会科学版）
230	技术哲学与技术史：区别与联系	姜振寰	2007年4月	哈尔滨工业大学学报（社会科学版）
231	以核心能力为导向的知识管理战略导入及效果评价研究	姜振寰	2007年5月	哈尔滨工业大学学报（社会科学版）
232	股权结构与公司绩效关系实证研究现状与展望	姜振寰等	2007年6月	哈尔滨工业大学学报（社会科学版）
233	苏联时期的技术史研究	姜振寰	2007年4月	中国科技史杂志
234	技术的历史分期：原则与方案	姜振寰	2008年1月	自然科学史研究
235	信息不对称条件下风险投资退出方式选择研究	姜振寰等	2008年3月	哈尔滨工业大学学报（社会科学版）
236	工业共生网络运作模式及稳定性分析	姜振寰等	2008年6月	中国工业经济
237	上市公司内部治理机制间交互关系实证研究	姜振寰等	2008年7月	哈尔滨工程大学学报
238	环境政策绩效与激励机制分析	姜振寰等	2008年4月	哈尔滨工业大学学报（社会科学版）
239	国防企业军民结合策略的模糊综合评判研究	姜振寰等	2008年5月	哈尔滨工业大学学报（社会科学版）
240	产业链的内涵及特性分析	姜振寰等	2008年11月	商业研究
241	信息化环境下独立审计重大错误风险的评估	姜振寰等	2008年11月	哈尔滨工程大学学报
242	东北老工业基地改造中的工业遗产保护与利用问题	姜振寰	2009年3月	哈尔滨工业大学学报（社会科学版）

续表

序号	论文名称	作者	发表年月	发表刊物名称
243	国外债券信用评级的要点及发展趋势研究	姜振寰	2009年3月	哈尔滨工业大学学报（社会科学版）
244	试论工业化的发展阶段与模式	姜振寰	1988年2月	学术交流
245	中、日、俄近代技术引进的比较研究	姜振寰等	1992年2月	自然科学史研究
246	李昌与中国技术发展战略思想研究	姜振寰	1999年1月	哈尔滨工业大学学报（社会科学版）
247	薮内清与中国科学技术史研究	姜振寰	2000年2月	哈尔滨工业大学学报（社会科学版）
248	宣传军控，提高军控研究与教育人员素质的有益尝试——记"东北亚地区安全与军控"高级研讨班	姜振寰	2000年3月	哈尔滨工业大学学报（社会科学版）
249	新中国技术观的演进及研究中的几个问题	姜振寰	2000年2月	自然科学史研究
250	技术、技术思想与技术观概念浅析	姜振寰	2002年4月	哈尔滨工业大学学报（社会科学版）
251	业务流程重组中流程建模与重组效果评价研究	姜振寰等	2003年1月	哈尔滨工业大学学报（社会科学版）
252	熵、耗散结构理论与企业管理	姜振寰	2003年1月	西安交通大学学报（社会科学版）
253	基于代理问题的分阶段风险投资决策模型	姜振寰	2003年9月	哈尔滨工业大学学报（社会科学版）
254	中日制造企业制造战略分类研究	姜振寰等	2003年4月	管理工程学报
255	新中国技术观的重大变革——记20世纪80年代关于"新技术革命"的大讨论	姜振寰	2004年3月	哈尔滨工业大学学报（社会科学版）
256	军工企业军民价值链网络中的协同关系与合作效用研究	姜振寰	2009年9月	技术经济
257	中东铁路的缘起与沿革	姜振寰	2011年1月	哈尔滨工业大学学报（社会科学版）
258	加工贸易升级的内部影响因素——以山东省为例	姜振寰等	2010年8月	山东社会科学
259	和谐社会与马克思主义发展观	邢祝国等	2006年4月	哈尔滨工业大学学报（社会科学版）
260	现代企业制度浅析	邢祝国等	1994年2月	工业技术经济
261	我国区域经济发展现状及未来协调发展	邢祝国等	1995年6月	工业技术经济
262	如何理解邓小平关于科学技术是第一生产力的论断	邢祝国	2000年3月	教学与研究
263	祖国统一的最佳方式——试论"一国两制"的理论框架	邢祝国等	2000年1月	哈尔滨工业大学学报（社会科学版）

续表

序号	论文名称	作者	发表年月	发表刊物名称
264	西部地区落后成因及教育发展对策分析	邢祝国	2001年1月	哈尔滨工业大学学报（社会科学版）
265	加入WTO对我国农业的影响及对策分析	邢祝国等	2002年2月	哈尔滨工业大学学报（社会科学版）
266	可持续发展战略对国家技术思想的影响	邢祝国	2002年4月	哈尔滨工业大学学报（社会科学版）
267	后现代哲学与当代理性观构建	邢祝国等	2003年4月	学习与探索
268	邓小平江泽民科技思想比较研究	邢祝国	2005年1月	哈尔滨工业大学学报（社会科学版）
269	以人为本与现代企业管理的若干思考	邢祝国	2005年1月	管理现代化
270	论日本第一届近卫内阁的侵华战争责任	孙艺年等	1990年1月	理论探讨
271	碰撞与变革——近代工业技术的引进与传统技术观的嬗变	孙艺年	2002年4月	哈尔滨工业大学学报（社会科学版）
272	裕仁天皇的战争责任何以未被追究	孙艺年	2005年5月	哈尔滨工业大学学报（社会科学版）
273	第三代中央领导集体对邓小平理论的杰出贡献	孙艺年	2006年3月	理论探讨
274	张学良与东北地区的现代化进程	孙艺年等	2009年3月	哈尔滨工业大学学报（社会科学版）
275	坚持和完善马克思主义政党制度的基本经验	孙艺年	2009年4月	理论探讨
276	改革开放以来中国共产党应对困难与挑战的基本经验	孙艺年等	2010年6月	社会科学战线
277	中东铁路、十月革命与哈尔滨工业大学的诞生	黄进华	2010年1月	哈尔滨工业大学学报（社会科学版）
278	中东铁路与马克思主义在黑龙江的传播	黄进华	2010年9月	学术交流
279	袁世凯与"二十一条"	马良玉	2005年2月	历史教学
280	国际非传统安全威胁的区域合作治理	马良玉等	2011年4月	学术交流
281	市场经济体制与产业结构优化的契机与选择	朱加凤等	1994年2月	求是学刊
282	论转型时期的政策利润	朱加凤	2001年1月	求是学刊
283	论优惠政策对企业行为的扭曲	朱加凤	2001年4月	商业研究
284	开发绿色食品的个案经济效益分析	朱加凤等	2002年2月	哈尔滨工业大学学报（社会科学版）
285	日本内生经济增长理论的一般性研究	朱加凤等	2002年4月	求是学刊
286	美国中小企业信用担保体系对我国的启示	朱加凤等	2003年2月	学术交流
287	利率市场化与投资风险及其对策研究	朱加凤等	2004年2月	哈尔滨工业大学学报（社会科学版）

续表

序号	论文名称	作者	发表年月	发表刊物名称
288	积极财政政策的退出与稳健财政政策的实施	朱加凤等	2005年6月	学术交流
289	发展中国家国际储备合理规模分析	朱加凤等	2006年2月	求索
290	浅析在强制性制度变迁中艰难前行的农村信用社改革	朱加凤等	2006年4月	学术交流
291	跨国公司外包决策模型研究	朱加凤等	2007年7月	学术交流
292	金融服务贸易自由化与我国银行业发展的对策	朱加凤	2008年6月	学术交流
293	我国财政货币政策就业效应的实证分析	朱加凤	2009年6月	学术交流
294	加入WTO对我国农业的影响及对策分析	邢祝国等	2002年2月	哈尔滨工业大学学报（社会科学版）
295	领导者行为素质综合指标动态测评方法	姚永志等	2004年2月	中国地质大学学报（社会科学版）
296	网络经济的哲学思考	黄磊等	2004年2月	学术交流
297	地缘政治视角下中国的援越抗法抉择	吕彩云等	2010年5月	东南亚研究
298	英国对日媾和政策形成史论	赵爱伦	2003年2月	哈尔滨工业大学学报（社会科学版）
299	英国及英联邦与《旧金山对日和约》研究述评	赵爱伦	2008年3月	历史教学（高教版）
300	近代中国社会变迁视阈下的高等教育制度——以南京国民政府高等教育制度现代化问题为中心	赵爱伦	2010年6月	学习与探索
301	对黑龙江省朝鲜族非物质文化遗产保护问题的调查与思考	巩茹敏	2007年12月	学术交流
302	解放战争时期中共开展宣传工作的艺术特色	巩茹敏	2011年2月	历史教学（下半月刊）
303	从人与自然的和谐关系透视消费模式的转变	姚永利	2007年5月	哈尔滨工业大学学报（社会科学版）
304	对当前我国个人收入分配差距拉大现象的思考	姚永利	2002年5月	学术交流
305	毛泽东与邓小平现代化思想之比较	姚永利	1999年1月	北方论丛
306	经济基础的涵义与社会主义市场经济理论	刘桂芳等	1997年6月	学术交流
307	论知识经济与素质教育	刘桂芳	1999年3月	学术交流
308	中国21世纪的文化建构及其思想基础	刘桂芳	2000年3月	学习与探索
309	论洋务派科技观对中国近代科技发展的影响	黄丽华等	2008年4月	哈尔滨工业大学学报（社会科学版）
310	美国扶持企业的技术转移政策及其启示	黄丽华等	2008年3月	哈尔滨商业大学学报（社会科学版）

续表

序号	论文名称	作者	发表年月	发表刊物名称
311	互联网影响公共政策制定的初步分析	黄丽华等	2008年1月	哈尔滨工业大学学报（社会科学版）
312	不信任与信任以及控制的关系研究及其启示	黄丽华等	2007年5月	科技管理研究
313	德国鲁尔区老工业基地改造过程中政府作用分析	黄丽华等	2005年6月	哈尔滨工业大学学报（社会科学版）
314	公共政策视角下的中国技术创新政策	黄丽华	2003年3月	管理科学
315	作为公共政策的技术转移政策：美国的案例	黄丽华等	2001年5月	中国科技论坛
316	跨国公司与技术的资本化	黄丽华等	2000年1月	哈尔滨工业大学学报（社会科学版）
317	论社会转型的个体内化过程	黄丽华等	1997年3月	学术交流
318	英国推动科技进步促进企业发展的措施和方式	黄丽华等	1996年10月	科学学与科学技术管理
319	英国剑桥科学公园案例分析	黄丽华等	1996年5月	科学管理研究
320	英国高新技术政策的实施和经验	黄丽华等	1996年5月	决策借鉴
321	欧洲航空航天领域跨国合作的理论与实践	黄丽华等	1995年5月	决策借鉴
322	关于发展公路运输的若干理论与战略问题	黄丽华等	1985年5月	哈尔滨工业大学学报（社会科学版）
323	从典型案例看苏维埃时期中共反腐败思想与实践	巩茹敏	2010年3月	毛泽东邓小平思想研究
324	和谐社会视角下教育公正发挥的作用及实现途径探析	巩茹敏	2009年4月	现代远距离教育
325	对黑龙江省朝鲜族非物质文化遗产保护问题的调查与思考	巩茹敏	2007年12月	学术交流
326	中国高校工会建设的特殊规律、工作特点和基本经验	黄进华	2010年3月	中国劳动关系学院学报
327	宇文融括户的组织体制新探	黄进华	2007年2月	晋阳学刊
328	宇文融括户与唐朝中央财政体制的演进	黄进华	2007年2月	首都师范大学学报
329	中国民间投资国际拓展的新思路	霍跃	2009年12月	经济问题
330	中西方民间投资国际拓展比较研究	霍跃	2010年3月	经济问题
331	我国与发达国家投资国际拓展比较	霍跃	2010年11月	经济纵横
332	论邓小平发展理论体系	孙焱杰	2000年6月	学术交流
333	从共同富裕思想出发科学认识当前收入差距	孙焱杰	2005年6月	黑龙江社会科学
334	毛泽东与邓小平共同富裕思想比较研究	孙焱杰	2006年2月	黑龙江社会科学
335	邓小平对社会主义和谐社会的探索	孙焱杰	2008年3月	黑龙江社会科学
336	邓小平发展理论及其历史地位	孙焱杰	2009年5月	黑龙江社会科学

表 25　2011 年 5 月之前思想政治理论课教师发表的其他期刊(不含 A 类、CSSCI 期刊)论文一览表

序号	论文名称	作者	发表年月	发表刊物名称
1	参与-体验式教学法	徐奉臻	2009 年 12 月	黑龙江高教研究
2	改革与革命的关系——兼论英法俄德美日六国现代化模式	徐奉臻	1998 年 2 月	高等学校文科学报文摘
3	以教学改革为突破口,发挥史学的德育功能	徐奉臻	1996 年 4 月	函授教育
4	"MSD 教学模式"与"中国近现代史纲要"课程体系的构建	徐奉臻	2007 年 2 月	黑龙江高教研究
5	"学生课前五分钟演讲"的可操作性分析	徐奉臻	2008 年 8 月	科学教育家
6	中国近现代史纲要的回溯提升教学法探微	徐奉臻等	2007 年 1 月	吉林教育
7	"研究型-开放式-动态性"社会实践模式的构建	徐奉臻	2008 年 4 月	高校教育研究
8	从新型现代化视域审视中国综合国力的要素结构	徐奉臻	2006 年 5 月	辽东学院学报·社会科学版
9	"多元化教学模式"的实践与思考	徐奉臻	1996 年 3 月	高师教学改革论丛
10	关于改革世界近代史教学的几点体会	徐奉臻	1994 年 10 月	教学改革文选
11	"道""技"之间:反思现代技术	徐奉臻	2009 年 10 月	中华读书报
12	感兴趣,但整体科学素质有待提高	徐奉臻等	2008 年 6 月	中国教育报
13	关于教书育人的思考	徐奉臻	1999 年 4 月	教书育人
14	毛泽东独服一人:曾国藩	黄进华	2005 年 12 月	拓展与未来
15	在纸页中走近真实的毛泽东——读罗斯·特里尔的《毛泽东传》有感	黄进华	2006 年 3 月	中国青年报
16	人物春秋:晏子"二桃杀三士"	黄进华	2005 年 5 月	香港文汇报
17	古典瞬间:"儒狗"叔孙通	黄进华	2005 年 9 月	香港文汇报
18	古典瞬间:"东门犬"李斯	黄进华	2005 年 9 月	香港文汇报
19	豆棚闲话:"风流宰相"严嵩	黄进华	2006 年 3 月	香港文汇报
20	虎狼谷:从野和尚到"真龙天子"	黄进华	2006 年 4 月	香港文汇报
21	虎狼谷:朱高炽——坚毅和宽仁的化身	黄进华	2006 年 4 月	香港文汇报
22	虎狼谷:"促织天子"朱瞻基	黄进华	2006 年 5 月	香港文汇报
23	虎狼谷:朱祁镇——曲折人生谁人知?	黄进华	2006 年 5 月	香港文汇报
24	虎狼谷:"尴尬皇帝"朱祁钰	黄进华	2006 年 5 月	香港文汇报
25	虎狼谷:"痴情天子"朱见深	黄进华	2006 年 5 月	香港文汇报
26	虎狼谷:"中兴之主"朱佑樘	黄进华	2006 年 5 月	香港文汇报
27	虎狼谷:游戏人生·正德皇帝	黄进华	2006 年 5 月	香港文汇报
28	虎狼谷:"政治怪胎"朱厚熜	黄进华	2006 年 6 月	香港文汇报
29	虎狼谷:朱翊钧——神龙见首不见尾	黄进华	2006 年 6 月	香港文汇报
30	虎狼谷:"一月天子"朱常洛	黄进华	2006 年 6 月	香港文汇报
31	虎狼谷:朱由校——"木匠天子"	黄进华	2006 年 6 月	香港文汇报
32	虎狼谷:朱由检——亡国之君?	黄进华	2006 年 7 月	香港文汇报

续表

序号	论文名称	作者	发表年月	发表刊物名称
33	虎狼谷:朱由崧——"虾蟆天子"	黄进华	2006年7月	香港文汇报
34	虎狼谷:"书呆子皇帝"朱聿键	黄进华	2006年7月	香港文汇报
35	虎狼谷:"海上天子"朱以海	黄进华	2006年7月	香港文汇报
36	虎狼谷:"四旬天子"朱聿粤	黄进华	2006年8月	香港文汇报
37	虎狼谷:"逃跑天子"朱由榔	黄进华	2006年8月	香港文汇报
38	说明朝:郑和——新世界的发现者?	黄进华	2006年9月	香港文汇报
39	说明朝:"翁父"王振	黄进华	2006年9月	香港文汇报
40	说明朝:曹吉祥——敢把皇帝拉下马?	黄进华	2006年9月	香港文汇报
41	说明朝:"特务首脑"汪直	黄进华	2006年9月	香港文汇报
42	说明朝:刘瑾——鲜为人知的"变法太监"	黄进华	2006年9月	香港文汇报
43	说明朝:"太监政治家"冯保	黄进华	2006年10月	香港文汇报
44	说明朝:专权宦官魏忠贤	黄进华	2006年10月	香港文汇报
45	说明朝:"明朝国母"马皇后	黄进华	2006年10月	香港文汇报
46	亦有可闻:万贵妃——"亦妻亦母"	黄进华	2006年10月	香港文汇报
47	道光重臣曹振镛的"绝学"	黄进华	2007年2月	香港文汇报
48	湖湘儒将曾国藩	黄进华	2007年2月	香港文汇报
49	豆棚闲话:萧观音与《十香词》、《怀古》诗	黄进华	2007年2月	香港文汇报
50	豆棚闲话:奸臣蔡京的"丰亨豫大"理论	黄进华	2007年3月	香港文汇报
51	"卧榻哲学"	黄进华	2007年9月	香港文汇报
52	道光重臣的绝学——"多磕头,少说话"	黄进华	2006年9月	中国民航报
53	古代科场黑幕多	黄进华	2006年8月	文摘报
54	科场夺魁不择手段	黄进华	2006年8月	黑龙江晨报
55	陈寅恪:独立之精神,自由之思想	黄进华	2004年12月	读书时报
56	曾国藩对青年毛泽东的影响随谈	黄进华	2005年4月	读书时报
57	从"二桃杀三士"看中国传统政治的游戏规则	黄进华	2005年6月	读书时报
58	诸葛亮:千古第一权臣	黄进华	2005年1月	读书时报
59	吴梅村的"痛"	黄进华	2005年11月	读书时报
60	湖湘儒将:曾国藩	黄进华	2004年12月	拓展与未来
61	在满汉夹缝中角逐:曾国藩的成功"秘诀"	黄进华	2005年2月	拓展与未来
62	思想政治教育研究中的问题反思	巩茹敏	2010年11月	学校党建与思想教育
63	研究型教学:大学生思想政治理论课的新路径	巩茹敏	2010年1月	学校党建与思想教育
64	对中共六大中央委员会成员几个问题的历史考察	巩茹敏	2011年2月	党史文苑
65	思想政治教育环境研究综述	巩茹敏	2011年5月	边疆经济与文化
66	论新民主主义社会与社会主义初级阶段的内在联系	巩茹敏	2005年11月	东北农业大学学报(社科版)
67	新民主主义社会理论与实践的历史探析	巩茹敏	2005年11月	哈尔滨市委党校学报

续表

序号	论文名称	作者	发表年月	发表刊物名称
68	黑龙江省鄂伦春族非物质文化遗产调查与保护问题的思考	巩茹敏	2007年11月	佳木斯大学学报
69	高校马克思主义理论课研究性教学模式的探讨	孙焱杰	2009年12月	吉林教育
70	论邓小平对科学发展观的历史性贡献	孙焱杰	2010年9月	理论界
71	邓小平发展理论与科学发展观	孙焱杰	2009年5月	世纪桥
72	高校"概论"课考试改革探索	孙焱杰	2009年5月	经济师
73	高校"概论"课教学方法改革探索	孙焱杰	2009年9月	当代教育论坛
74	高校马克思主义理论课研究性教学模式的探讨	孙焱杰	2008年2月	科教论坛
75	毛泽东邓小平共同富裕思想研究	孙焱杰	2007年4月	边疆经济与文化
76	正视收入差距 走向共同富裕	孙焱杰	2006年2月	边疆经济与文化
77	坚持"三个代表"推进我国现代化建设	孙焱杰	2004年3月	哈尔滨市委党校学报
78	邓小平"三个有利于"标准思想探析	孙焱杰	2001年3月	哈尔滨市委党校学报
79	论邓小平现代化理论的特点	孙焱杰	2000年5月	哈尔滨市委党校学报
80	毛泽东思想概论课中的多媒体教学	赵爱伦	2005年5月	黑龙江高教研究
81	培育大学生的民族精神——《中国近现代史纲要》	赵爱伦	2007年12月	黑龙江高教研究
82	俄国与"东方问题"的形成	赵爱伦	2001年5月	西伯利亚研究
83	实现生产力跨越式发展的路径选择	赵爱伦	2003年1月	哈尔滨市委党校学报
84	社会主义政治文明视阈中的人民政协建设	赵爱伦	2007年4月	黑龙江省社会主义学院学报
85	邓小平科技思想简论	赵爱伦	1999年3月	龙江党史
86	英国对香港的占领与华人的反抗	赵爱伦	1997年3月	龙江党史
87	香港工人阶级的产生与工人运动的发展	赵爱伦	1997年3月	龙江党史
88	成教"两课"教学新方法的探索——案例教学	姚永利	2008年11月	黑龙江教育学院学报
89	东北地区振兴中的生态消费问题分析	姚永利	2007年3月	中国林业经济

三、科学研究著作

据不完全统计,截至2011年马克思主义学院成立,哈尔滨工业大学思想政治理论课教师共出版各类教学科研著作27部;其中在国家级出版社出版的教学科研著作18部,详见表26;在省部级出版社出版的教学科研著作9部,详见表27:

表26 2011年5月之前思想政治理论课教师在国家级出版社出版的教学科研著作一览表

序号	著作名称	作者	出版社	出版时间
1	中国省会城市发展研究	吕彩云	中国文史出版社	2010
2	教学改革:理念创新与模式构建	徐奉臻	中国社会科学出版社	2009
3	"中国近现代史纲要"名篇名著导读	黄进华 孙艺年 赵爱伦 徐奉臻	中国社会科学出版社	2009
4	"中国近现代史纲要"重点难点理论与实践问题析微	徐奉臻 赵爱伦 孙艺年 黄进华	中国社会科学出版社	2010
5	儒家女性观研究	彭华	中国社会科学出版社	2010
6	东北区域的科学发展	徐奉臻等	社会科学文献出版社	2010
7	"中国近现代史纲要"课教学案例参考	徐奉臻 赵爱伦 黄进华等	高等教育出版社	2010
8	思想道德修养与法律基础课教学案例	吴威威等	高等教育出版社	2010
9	科学、技术与社会概论	吴永忠等	高等教育出版社	2008
10	走近科学技术	徐奉臻等	科学出版社	2008
11	多视野下的中国科学技术史研究	徐奉臻等	科学出版社	2009
12	中国农业经济史纲要	黄进华等	中国农业大学出版社	2008
13	危机与应对:自然灾害与唐代社会	黄进华等	人民出版社	2008
14	袁世凯权谋36计	黄进华	中国长安出版社	2004
15	皇权悲剧:中国传统社会的历史宿命	黄进华	中国三峡出版社	2006
16	新时期中国史学思潮	徐奉臻等	当代中国出版社	2001
17	科学技术与可持续发展	徐奉臻等	高等教育出版社	2004
18	世界上古史	赵爱伦等	吉林文史出版社	2003

表27 2011年5月之前思想政治理论课教师在省级出版社出版的教学科研著作一览表

序号	著作名称	作者	出版社	出版时间
1	双重转型中的技术创新研究	吴永忠	黑龙江人民出版社	2009
2	历史视野:改革与现代化研究	徐奉臻	黑龙江人民出版社	1999
3	河流生命论	叶平	黄河水利出版社	2007
4	提高高等教育质量创新与实践	徐奉臻等	黑龙江人民出版社	2010
5	"高教强省"探索与实践	徐奉臻 赵爱伦 黄进华等	黑龙江人民出版社	2009
6	高等教育改革创新理论与实践	徐奉臻等	黑龙江人民出版社	2008
7	当代中国技术观研究	谢咏梅 徐奉臻 黄英等	山东教育出版社	2008

续表

序号	著作名称	作者	出版社	出版时间
8	中国民间投资国际拓展现状及问题研究	霍跃等	山西高教出版社	2011
9	科技进步与当代世界发展	徐奉臻等	黑龙江人民出版社	2004

四、科研奖励和荣誉

据不完全统计,截至2011年马克思主义学院成立,哈尔滨工业大学思想政治理论课教师共荣获各类科研奖励和荣誉62项:其中国家级科研奖励和荣誉3项,详见表28;省级科研奖励和荣誉51项,详见表29;校级科研奖励和荣誉8项,详见表30:

表28　2011年之前思想政治理论课教师荣获的国家级科研奖励和荣誉一览表

序号	获奖者	奖励名称	奖励等级	获奖时间	备注
1	王凤珍	教育部新世纪优秀人才支持计划	无等级	2007	
2	徐奉臻	曾宪梓高等师范院校教师奖	二等奖	1997	
3	徐奉臻	宝钢优秀教师奖	无等级	2008	

表29　2011年之前思想政治理论课教师荣获的省级科研奖励和荣誉一览表

序号	成果名称或荣誉名称	获奖者	奖励名称	奖励等级	获奖时间
1	黑龙江省优秀教学成果奖	徐奉臻	更新教学内容,改进教学方法,架构多元化教学模式	一等奖	1995
2	《"一元三线梯级型教学模式"的构建与思考:有关博士生"现代科技革命与马克思主义"课程内容与体系的一项探索》	徐奉臻	黑龙江省优秀高等教育科学研究成果奖	一等奖	2004
3	《转型及其怪圈:1961—1965年经济调整时期中国的技术观》	徐奉臻	黑龙江省高校人文社会科学研究优秀成果奖	一等奖	2006
4	"中国近现代史纲要"课程的内容体系与教学方法的探索	徐奉臻 孙艺年 赵爱伦 黄进华 宋庆贵	黑龙江省高等教育教学成果奖	一等奖	2009
5	黑龙江省第五届普通高等学校教学名师奖	徐奉臻			2009
6	黑龙江省优秀教师	徐奉臻			2009

续表

序号	成果名称或荣誉名称	获奖者	奖励名称	奖励等级	获奖时间
7	黑龙江省"优秀教学工作者"	徐奉臻			1994
8	黑龙江省"三育人先进个人"	徐奉臻		无	1996
9	黑龙江省优秀共产党员	徐奉臻		无	1997
10	黑龙江省优秀共产党员	徐奉臻		无	1999
11	《论作为新型现代化诉求的"低熵化发展模式"》	徐奉臻	黑龙江省高校人文社会科学研究优秀成果奖	一等奖	2008
12	《教学改革:理念创新与模式构建》	徐奉臻	黑龙江省优秀高等教育科学研究成果奖	一等奖	2010
13	《高校德育的重要维度:生命教育》	吴威威	黑龙江省优秀高等教育科学研究成果奖	一等奖	2008
14	《历史视野:改革与现代化研究》	徐奉臻	黑龙江省高校人文社会科学研究优秀科研成果奖	二等奖	2002
15	《建设高校校园文化 营造文明育人氛围》	闫金红	东北三省高等学校思想政治工作会议论文奖	一等奖	2007
16	《历史视野:改革与现代化研究》	徐奉臻	第十届黑龙江省社会科学优秀科研成果奖	二等奖	2002
17	《论作为新型现代化诉求的"低熵化发展模式"》	徐奉臻	第十三届黑龙江省社会科学优秀科研成果奖	二等奖	2009
18	《自主创新与科技资源的配置》	吴永忠	第十二届黑龙江省社会科学优秀科研成果奖	二等奖	2010
19	《从批判视阈审视马克思主义中国化理论实质》	徐奉臻	第十四届黑龙江省社会科学优秀科研成果奖	三等奖	2010
20	《从批判视阈审视马克思主义中国化理论实质》	徐奉臻	黑龙江省高校人文社会科学研究优秀成果奖	二等奖	2010
21	《自主创新与科技资源的配置》	吴永忠	黑龙江省高校人文社会科学研究成果奖	二等奖	2010
22	《论"生产"与"生活"和谐互动的社会理论基础》	解保军	黑龙江省高校人文社会科学优秀科研成果奖	二等奖	2010
23	《西方现代民主政治视域中的公民责任》	吴威威	黑龙江省高校人文社会科学研究成果奖	二等奖	2010
24	《我国多党合作制度的六个发展阶段》	孙艺年	与共和国同行——统一战线庆祝新中国成立60周年征文	二等奖	2009

续表

序号	成果名称或荣誉名称	获奖者	奖励名称	奖励等级	获奖时间
25	《"和谐社会"与"全面小康"的关系》	孙艺年	全国党校系统优秀科研成果奖	二等奖	2008
26	《中国近现代史纲要的非线性关系分析及对策预设》	徐奉臻	黑龙江省优秀高等教育科学研究成果奖	二等奖	2008
27	《中国近现代史纲要的非线性关系分析及对策预设》	徐奉臻	黑龙江省高等教育学会优秀教育科研论文	二等奖	2008
28	《中国近现代史纲要名篇名著导读》	黄进华 孙艺年	黑龙江省优秀高等教育科学研究成果奖	二等奖	2010
29	《"90后"大学生——思想政治理论课教学的新挑战及其对策研究》	黄进华	黑龙江省优秀高等教育科学研究成果奖	二等奖	2009
30	《区域创新体系建设视阈中的高校发展策略》	赵爱伦	黑龙江省优秀高等教育科学研究成果奖	二等奖	2009
31	《20世纪初在黑龙江传播马克思主义的电子媒介》	黄进华	黑龙江省第二届社会科学学术年会优秀论文奖	一等奖	2010
32	《人格培养:一个被遮蔽的研究生培养维度》	徐奉臻	黑龙江省高等教学学会学术会议优秀教学科研论文	二等奖	2008
33	《成人教育中思想政治理论课教学新方法的探索》	姚永利	黑龙江省优秀高等教育科研论文奖	二等奖	2009
34	《从人与自然的和谐关系透视消费模式的转变》	姚永利	黑龙江省高校人文社会科学研究优秀成果奖	三等奖	2010
35	《构建责任政府的理论思考》	吴威威	黑龙江省高校人文社会科学研究优秀成果奖	三等奖	2008
36	《"90后"大学生——〈中国近现代史纲要〉教学的新挑战及其对策研究》	黄进华	黑龙江省优秀高等教育科学研究论文奖	三等奖	2009
37	《培育大学生的民族精神——"中国近现代史纲要"课教学肩负的重要任务》	赵爱伦	黑龙江省优秀高等教育科学研究成果奖	三等奖	2008
38	《西学东渐冲击下中国的现代化思潮》	徐奉臻	黑龙江省十一届社会科学优秀科研成果奖	三等奖	2004
39	《转型及其怪圈:1961—1965年经济调整时期中国的技术观》	徐奉臻	黑龙江省十二届社会科学优秀科研成果奖	三等奖	2006

续表

序号	成果名称或荣誉名称	获奖者	奖励名称	奖励等级	获奖时间
40	《试论1875—1878年近东危机中的英国外交与三皇同盟的瓦解》	徐奉臻	黑龙江省社会科学优秀科研成果奖	三等奖	1994
41	《"西化主义":现代化的误区》	徐奉臻	黑龙江省教育委员会社会科学优秀科研成果奖	三等奖	2000
42	《马克思科学技术观的生态维度》	解保军	第十四届黑龙江省社会科学优秀科研成果奖	佳作奖	2010
43	《政协委员的民族精神的培育》	赵爱伦	纪念人民政协成立60周年优秀论文奖	优秀论文	2009
44	《社会主义政治文明视域中的人民政协建设》	赵爱伦	哈尔滨市人民政协理论研讨会优秀论文奖	优秀论文	2008
45	《英国对日媾和政策形成史论》	赵爱伦	第十二届黑龙江省社会科学优秀科研成果奖	佳作奖	2006
46	《邓小平现代化理论初探》	孙焱杰	黑龙江省教委思想政治教育处	一等奖	1999
47	《提高马克思主义理论课教学实效刍议》	孙焱杰	黑龙江省高等教育学会	二等奖	2008
48	《高校"概论"课教学的基本要求》	孙焱杰	黑龙江省高等教育学会	三等奖	2009
49	《将案例教学引入高校"概论"课》	孙焱杰	黑龙江省高等教育学会	三等奖	2009
50	《学习党史 坚定对社会主义和党的领导的信念》	孙焱杰	哈尔滨市纪念中国共产党成立90周年征文优秀论文奖	无	2011

表30 2011年之前思想政治理论课教师荣获的校级科研奖励和荣誉一览表

序号	成果名称或荣誉名称	获奖者	奖励名称	奖励等级	获奖时间
1	哈尔滨工业大学第十批"教学带头人"	徐奉臻	无	无	2008
2	哈尔滨工业大学教学名师奖	徐奉臻	无	无	2009
3	哈尔滨工业大学优秀共产党员	徐奉臻	无	十佳	2010

续表

序号	成果名称或荣誉名称	获奖者	奖励名称	奖励等级	获奖时间
4	中国近现代史纲要	孙艺 赵爱伦 黄进华 陈松 商桂珍 张德旺	哈尔滨工业大学优秀课程	无	2008
5	哈尔滨工业大学教学优秀奖	徐奉臻		一等奖	2008
6	《"一元三线梯级型教学模式"的构建与思考:有关博士生"现代科技革命与马克思主义"课程内容与体系的一项探索》	徐奉臻 姜振寰 叶平	哈尔滨工业大学研究生优秀教学成果奖	一等奖	2004
7	哈尔滨工业大学第三届青年教师教学基本功竞赛	赵爱伦	无	一等奖	2009
8	哈尔滨工业大学工会积极分子	赵爱伦	无	无	2001

2006年,徐奉臻荣获黑龙江省高校人文社科研究优秀成果一等奖

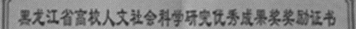

2004年，徐奉臻荣获黑龙江省教育研究一等奖

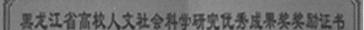

2008年，徐奉臻荣获黑龙江省高校人文社科研究优秀成果一等奖

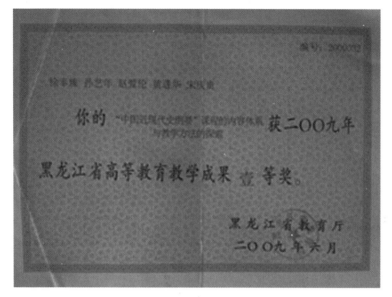

2009年,徐奉臻等教师荣获黑龙江省高等教育教学成果一等奖

五、重大标志性成果

在哈尔滨工业大学校史上,特别是思想政治理论课教师历史上,一个重大标志性成果就是发表于1960年的一篇论文得到毛泽东主席的亲笔批示,并产生强烈反响。

20世纪50年代末60年代初,在老校长李昌的倡导下,哈尔滨工业大学在全国率先开展自然辩证法研究。1960年11月25日,在《光明日报》上,哈工大机械制造工艺及其设备专业师生和哈尔滨机械厂职工发表《从设计"积木式机床"试论机床内部矛盾运动的规律》,其主要执笔人为该学科教师关士续。这篇文章受到毛泽东主席高度重视。在学校党委的直接领导下,特别是在老校长李昌的亲自主持下,哈工大机械系和自然辩证法教研室的几位教师(包括关士续等人)撰写了一篇长篇文章——《再论机床内部矛盾运动的规律和机床的"积木化"问题》,在1960年第24期《红旗》杂志发表,在全国引起强烈反响。

第四章 2011年以来马克思主义学院学科建设

哈尔滨工业大学
HARBIN INSTITUTE OF TECHNOLOGY
———— 1920-2020 ————

第一节 2011年以来马克思主义学院学科发展

学科建设是学院核心竞争力的集中体现,正所谓"山不在高,有仙则名;水不在深,有龙则灵"。自从2011年建院以来,马克思主义学院就明确"马克思主义理论"一级学科博士点这个学科建设的总目标,在这个总目标引领下,沿着"硕士一级学位点—博士二级学位点—博士一级学位点"的发展路径,大力开展学科建设,取得了骄人的业绩。

一、学科简介

目前,马克思主义学院拥有"马克思主义理论""哲学"两个一级学科和"马克思主义社会学(马克思主义理论与社会实践)"一个二级学科,正好形成一个"铁三角",构成一个"马克思主义学科群",体现多学科交叉、融合的特征。

(一)马克思主义理论一级学科简介

2011年秋,为了集中力量冲击"马克思主义理论"一级学科博士点,根据学校统一部署,对马克思主义学院所属一级学科硕士学位授权点和二级学科硕士学位授权点进行凝练和调整,统一调整至"马克思主义理论"一级学科硕士学位授权点之下:将"中共党史"二级学科硕士学位授权点更名为"马克思主义中国化研究"二级学科硕士学位授权点,将"中国近现代史"二级学科硕士学位授权点更名为"中国近现代史基本问题研究"二级学科硕士学位授权点,"思想政治教育"二级学科硕士学位授权点不变,马克思主义学院教师也得以集中力量开展"马克思主义理论"一级学科建设。

目前,"马克思主义理论"一级学科建设的定位是:围绕中央把马克思主义学院作为推进理论工作的"四大平台"之一的基本定位,依托哈工大综合实力和创建世界一流大学的机遇,扎根东北,放眼全国,运用系统思维,将学科建设与科研、课程建设紧密结合,打造能够吸引人才、留住人才的发展平台。

"马克思主义理论"一级学科建设的目标是:以"马克思主义理论"一级学科博士点这个目标为引领,建设成为培养优秀人才的教学基地、推出科研精品的学术高地、引领社会进步的思想阵地。

"马克思主义理论"一级学科建设的优势与特色有二：

1. 学科建设与特色科研紧密结合，成效显著：发挥学科教师现有优势，整合、凝练科研方向，是学科建设的关键。学科如下方向各具特色，在国内外具有一定影响：（1）习近平新时代中国特色社会主义思想；（2）现代化理论及其实践；（3）生态马克思主义；（4）马克思主义在东北的传播与践行。

2. 学科建设与思想政治理论课建设紧密结合，取得较大进展：马克思主义理论一级学科中的各二级硕士点基本对应本科"新四门"思想政治理论课，所以学科建设必须以课程建设为依托。

（二）哲学一级学科简介

在哲学一级学科之下，有两个研究领域：

1. 马克思主义哲学研究

目前，马克思主义哲学二级学科主要有三个研究方向：

（1）中国古代辩证法思想研究。

中国古代辩证法和马克思主义辩证法既有区别又有联系，而长期以来，我国学者主要研究马克思主义辩证法，忽视自己的辩证法文化传统。该方向主要围绕以下方面展开：对儒、道、墨、兵家辩证法源流的探析；《周易》辩证法研究；儒、道辩证法的现代意义；中庸、中和等辩证思想与和谐理念的内在同一性；中国古代辩证法与西方辩证法的比较分析；等等。其研究特色主要表现为：从中国古代哲学原典中深刻挖掘辩证法的丰富思想，阐述其理论价值和实践意义，特别是儒、道两家所蕴含的辩证思想与现代辩证思想所具有的内在同一性，同时，对先秦关于辩证法对立统一规律表达方式及其在中国哲学史上的传承与发展进行理论探索，在对马克思主义"对立统一"规律与中国"合二为一"思想的比较研究与深入阐发中，赋予了"合二为一"以马克思主义辩证法思想内涵，成为马克思主义哲学中国化、中国优秀传统哲学思想马克思主义化的一个杰出典范，在中国哲学史和社会主义建设史上有着重要理论价值及历史地位。

（2）中国传统伦理道德观念的现代转型研究。

中国素有礼仪之邦、文明古国的称誉。在中国传统文化中，伦理道德观是重要的组成部分，甚至从一定意义上说，它是中国传统文化的核心。中国古代尊崇以德治国、以德立人。传统伦理道德，一方面要求统治者施仁政，另一方面要求社会成员讲仁德。现代社会，无论是进行制度伦理建设，还是加强个人品德建设，都有必要从传统伦理文化中吸取养分，即对传统伦理道德观念进行批判继承，并在新的时代不断发扬光大。该方向主要研究仁、礼、中庸、中和、忠孝、义利、诚信等伦理范畴及其转型。以"中和"为例来说明其现代转型。"中和"思想的精义是"执两用中""允执其中""过犹不及"。中和思想与科学发展观在理论上有着相通之处——它们有共同的方法论根据，即普遍联系的系统观、矛盾同一性原理和无过不及的适度原则。另外，社会主义和谐社会以"和谐"作为出发点和最终目标，强调人与自然、人与人、人与社会、人自我身心内外的和谐。"中和"思想作为古代调节人与自然、人与社会、人与他人以及人自身内部各种矛盾关系的高级哲理，与"社会主义和谐社会"理念具有内在同一性，其共同指向是实现人的全面自由的发展。

(3)唯物史观与当代伦理问题研究。

历史唯物主义是马克思的两大独创之一,是关于人类社会发展一般规律的哲学。但由于受苏联教科书的影响,以及囿于马克思在他那个时代关注的主题,现有的历史唯物主义体系基本只讲社会发展的必然规律,不讲作为主体的"人"的问题,给人一种"经济决定论"的感觉。这一点备受诟病。20世纪至今,无论国外还是国内,都有学者在不断发展完善唯物主义。这种发展完善,其切入点就是作为历史主体的"人"。而与人相关的便是人道主义、人的异化、人的自由全面发展、以人为本、自由平等、公平正义、人性、人的本质、人的价值、公民社会、公共性等。这些都涉及伦理道德,或本身就是伦理道德问题。当代英美分析马克思主义学派主要研究马克思主义正义观,一方面他们坚持认为社会主义优于资本主义,并从"正义"的角度加以辩护与证明,另一方面他们在理论争鸣与重建中,抛弃历史唯物主义和辩证法。因此,尽管他们的初衷是好的,但研究得出的结论难以令人信服。该研究方向一方面从马克思主义人学、伦理学、价值哲学等方面发展历史唯物主义,彰显历史唯物主义的主体性维度,另一方面在发展过程中坚持传统唯物史观的基本原理,做到科学与伦理、真理与价值、合规律与合目的性等的辩证统一。

2. 科技哲学研究

目前,在科技哲学领域主要有两个研究方向:

(1)生态文明。

①生态文明的理论研究。首先,研究国内外生态马克思主义思想和观点,为建设中国特色社会主义生态文明奠定理论基础。其次,研究生态文明的生态哲学理论,在生态存在论、生态认识论、生态价值论和生态方法论方面做出贡献。再次,研究生态文明的生态伦理学理论,在生态文明的伦理信念和态度,以及道德原则和规范方面开展深入研究。第四,开展中国生态哲学和生态伦理学理论研究,批判地借鉴西方生态哲学和生态伦理学思想,面向我国生态文明建设的重大需求,对我国生态哲学和生态伦理学传统进行梳理和重建,以期为建构适合我国国情的本土化中国生态哲学和生态伦理学奠定理论基础。

②生态文明的实践研究。首先,开展生态文明与文明的生态研究,为我国生态文明建设中重整生态秩序与文明秩序奠定实践基础。其次,开展城市、乡村和荒野地"多规合一"的整合研究,在生态文明的视域中重新审视各种土地规范、矿产规范、森林资源规范、河流利用规范等,为国家生态安全、资源合理利用和人居环境安全提供"统一性"的实践基础。

③生态文明的典型案例研究。开展"生态功能区保护和建设规划研究",在生态环境部的统一安排和部署下,主持开展县域和省域生态功能区保护和建设的"划界"或"规划"研究,将生态文明落实在城乡规划和具体建设过程中。

(2)实践哲学。

实践哲学是马克思主义哲学的特质。自然辩证法、科学技术与工程哲学、科学技术与社会的理论与实践研究是由理论优位向实践优位的重大转向的学术领域,是实践哲学在自然、社会、科学技术与社会领域和工程实践中的具体化。实践哲学视域中的科学技术与工程哲学研究,以及科学技术与社会的相互作用关系研究,以辩证唯物主义和历史

唯物主义为理论指导,主要研究有三大领域:

①基于科学技术思想史的技术哲学实践传统研究。一是技术哲学有许多研究角度,用实践哲学梳理和概括中国技术哲学传统,凸显马克思主义的认识论和方法论,是该研究的特色。二是开展国内外技术哲学思想比较,阐释中国技术哲学研究主题的实践特点及在国际技术哲学领域中的价值。三是研究中国技术哲学发展的历史规律,包括在我国一定历史时期,具有代表性的知名专家、教授在科学发现、技术发明和工程造物过程中体现出来的技术哲学思想及其渗透的实践哲学方法论。目的是通过丰富马克思主义技术哲学观加深认识和理解技术实践哲学传统的价值和意义。

②实践哲学视域中的工程哲学研究。A. 以辩证唯物主义和历史唯物主义为理论指导,主要研究工程实践中的本体论,包括工程的性质、对象、特点和类型,工程活动与技术活动的关系问题;价值论,包括工程价值、工程评估以及工程师的权利、责任和义务问题;认识论和方法论问题,包括工程实践的认识论模式、工程设计的方法论问题。B. 研究中外典型的重大工程案例,工程教育与工程伦理,工程开发,工程制造,工程运行和演化,工程决策问题。

③科学技术与社会的理论与实践问题研究。所谓科学技术与社会(STS),就是研究科学、技术与社会的相互关系和互动机制的综合性交叉性探索领域。该研究对于促进科学、技术与社会发展之间和谐关系的形成有重大的理论意义和实践价值。该方向的研究重点是科学技术实践哲学研究、自主创新研究、科学技术的跨文化研究等,试图产生真正具有国际水平和本土特色的研究成果。

(三)马克思主义社会学二级学科简介

在学术定位上,马克思主义社会学是从马克思、恩格斯开始的,以历史唯物论为理论基础和指导思想的马克思主义理论及其社会实践的通称。马克思主义社会学,包括 K. 马克思、F. 恩格斯本人及其后继者的社会学思想、社会学说,以及当代学者运用马克思主义的立场、观点和方法所阐述的社会学理论及其社会实践。

马克思主义社会学(马克思主义理论与社会实践),是运用社会学优势,以调查、量化、实证等方法为主的中观视角来研究马克思主义理论与社会实践互动关系与建构的学科,是社会学与马克思主义理论交互结合的产物,是把社会学的研究范式、理论工具、应用方法等引入马克思主义理论;是研究马克思主义理论视角下的社会变迁、生态社会、社会哲学、科技社会、社会历史;是社会理论、社会发展、社会实践三大视角下的学术竞合,具有重要的研究价值与地位。在国内外学术界,一般将马克思主义社会学视为马克思主义理论与社会学的前沿融合,这个学科既可以设在马克思主义理论之内,也可以设在社会学之内;马克思主义社会学者既可以站队马克思主义理论,也可以站队社会学。

马克思主义社会学(马克思主义理论与社会实践)是在社会学一级学科范畴中马克思主义理论的映射与角度转换研究。作为社会学目录外二级学科,马克思主义社会学(马克思主义理论与社会实践)具有广阔的发展空间。马克思主义社会学(马克思主义理论与社会实践)的学科背景历史悠久、问题导向突出,其学科内涵横跨多个学科领域,具有综合性。

马克思主义社会学(马克思主义理论与社会实践)是一个马克思主义理论与社会学的复合型二级学科体系,其学术射程既贯穿社会学的全系学科,又贯穿马克思主义理论、哲学、历史学、教育学、政治学等多个学科与各学科内多级分布的学科内涵,其研究内容需要基于社会学一级学科进行科学统筹、前沿创新,离不开学科建设的前期积累与后续发展的目标设定,其学科体系与内涵如下图所示:

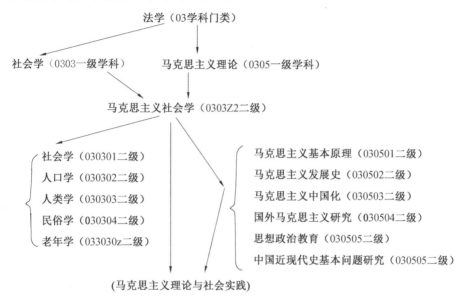

马克思主义社会学(马克思主义理论与社会实践)的学科体系拓扑图

作为一个新兴学科,2017年,马克思主义社会学二级学科在马克思主义学院是伴随着申报和建设"马克思主义社会学(马克思主义理论与社会实践)"二级学科博士点而兴起的。

考虑到马克思主义发展的理论需要和新时代中国特色社会主义建设的现实需要,2017年,在学校和人文学院的鼎力支持下,马克思主义学院在现有的"马克思主义理论"和"哲学"两个一级学科硕士学位授权点的基础上,成功申报"马克思主义社会学(马克思主义理论与社会实践)"二级学科博士点,并设在"社会学"一级学科博士点之下;至2018年,根据学校的统一安排,"马克思主义社会学(马克思主义理论与社会实践)"二级学科博士点更名为"马克思主义社会学(马克思主义理论与社会实践)"博士培养方向,主要研究方向有四:(1)马克思主义社会变迁理论及其实践研究;(2)马克思主义生态社会理论及其实践研究;(3)马克思主义社会哲学理论及其实践研究;(4)马克思主义科技社会理论及其实践研究。从2018年起,"马克思主义社会学(马克思主义理论与社会实践)"二级学科已经开始招收博士研究生。

展望未来,马克思主义学院将在"马克思主义理论"一级学科博士点这个目标引领下,大力开展学科建设,着重做好科研攻关、人才培养工作,为冲击全国重点马克思主义学院奠定强有力的基础。

二、人才培养

(一)硕士生培养

目前,马克思主义学院拥有"马克思主义理论"和"哲学"两个一级学科硕士学位授权点,并拥有"马克思主义社会学(马克思主义理论与社会实践)"博士培养方向。以2019年为例,马克思主义学院共培养"马克思主义理论"和"哲学"两个专业的硕士研究生24人,招收硕士研究生28人,另外在"马克思主义社会学(马克思主义理论与社会实践)"博士培养方向招收博士研究生2人。

1. 马克思主义理论专业硕士生培养

截至2019年底,"马克思主义理论"一级学科硕士点共有10名硕士生导师,具体名单见表31:

表31 "马克思主义理论"一级学科硕士生导师名单

姓名	研究领域	出生年月	最高学位	专业技术职务
徐奉臻	马克思主义理论	1962年6月	博士	长聘教授(博导)
黄莺	马克思主义理论	1964年7月	硕士	教授
巩茹敏	马克思主义理论	1973年5月	博士	准聘教授
黄进华	马克思主义理论	1976年7月	博士	准聘教授
赵爱伦	马克思主义理论	1970年9月	硕士	教授
吴威威	马克思主义理论	1973年11月	博士	副教授
姚永利	马克思主义理论	1972年4月	博士	副教授
刘桂芳	马克思主义理论	1961年3月	硕士	副教授
刘晓芳	马克思主义理论	1963年10月	硕士	副教授
闫金红	马克思主义理论	1979年3月	博士	副教授

2011年秋,在学校统一部署下,对马克思主义学院所属一级学科硕士学位授权点和二级学科硕士学位授权点进行凝练和调整,在"马克思主义理论"一级学科硕士学位授权点之下设置"马克思主义中国化研究""中国近现代史基本问题研究"和"思想政治教育"三个二级学科硕士学位授权点,分别培养硕士研究生。根据国家和学校的统一要求,2018年,马克思主义学院对"马克思主义理论"一级学科硕士学位授权点所属"思想政治教育""马克思主义中国化研究"和"中国近现代史基本问题研究"等3个二级学科硕士点进行调整,将其调整为"思想政治教育""马克思主义中国化研究"和"中国近现代史基本问题研究"3个培养方向,并对"马克思主义理论"一级学科硕士学位授权点的培养方案进行重新修订,修订后的培养方案如下:

(1)培养目标。

培养面向现代化、面向世界、面向未来,德智体美全面发展,具有坚定的马克思主义信仰和社会主义信念,具有较好的马克思主义理论素养、政治素质和道德素质,能够从事

马克思主义理论研究、教学、宣传和党政管理工作实践,具备思想政治教育理论和实践能力的专业人才,为新时代中国特色社会主义建设事业服务。

（2）学术学位硕士研究生的基本要求。

①应具备的品德及基本素质要求。

具有坚定的马克思主义信仰和社会主义信念,具有较好的马克思主义理论素养、政治素质和道德素质。

②应掌握的基本知识及结构。

比较系统地掌握马克思主义基本原理和马克思主义中国化的最新成果；较好地掌握中国近现代史基本问题研究的理论与方法；系统地掌握思想政治教育理论与方法,熟悉思想形成、发展规律和思想政治教育规律,能够服务于建设新时代中国特色社会主义事业的需要；较为熟练地掌握一门外国语,并能阅读本专业的外文资料；了解本学科的最新研究动态。

③应具备的基本能力。

能够承担思想政治理论课的教学、科研工作,从事马克思主义理论宣传、党政管理、群团及学生教育管理工作等。

（3）培养方向。

①马克思主义中国化研究。

②思想政治教育。

③中国近现代史基本问题研究。

2. 哲学专业硕士生培养

截至2019年底,"哲学"一级学科硕士点共有9名硕士生导师,具体名单见表32：

表32 "哲学"一级学科硕士生导师名单

姓名	研究领域	出生年月	最高学位	专业技术职务
杨涯人	哲学	1963年10月	硕士	教授
谢咏梅	哲学	1962年12月	硕士	教授
王德伟	哲学	1960年4月	博士	教授
吴永忠	哲学	1963年7月	博士	教授
朱加凤	哲学	1964年3月	硕士	副教授
黄丽华	哲学	1961年7月	硕士	副教授
彭华	哲学	1979年8月	博士	副教授
刘程岩	哲学	1979年10月	博士	副教授
黄磊	哲学	1980年1月	博士	副教授

根据国家和学校的统一安排,2018年,马克思主义学院对"哲学"一级学科硕士学位授权点所属"马克思主义哲学"和"科技哲学"两个二级学科硕士点进行调整,将其调整为"马克思主义哲学"和"科技哲学"两个培养方向,并对"哲学"一级学科硕士学位授权点的培养方案进行重新修订,修订后的培养方案如下：

(1)培养目标。

培养面向现代化、面向世界、面向未来,德智体美全面发展,具有良好的学术道德操守、较为扎实的哲学理论基础和深厚的专业知识素养,熟悉本学科的研究现状与发展动态,站在学科前沿进行学术研究,能够比较熟练地阅读和运用哲学文献和相关外文资料,能够胜任本学科相关的理论研究、教育教学、宣传及广泛的公共管理和实务工作。

(2)学术学位硕士研究生的基本要求。

①应具备的品德及基本素质要求。

热爱祖国,具有严谨求实的科学态度、工作作风和良好职业道德,具有求实创新、团结协作的精神,具有健康的体魄和良好的心理素质,热爱哲学社会科学,积极为新时代中国特色社会主义建设服务。

②应掌握的基本知识及结构。

较好地掌握马克思列宁主义、毛泽东思想和中国特色社会主义理论,树立辩证唯物主义和历史唯物主义世界观,系统地掌握哲学理论和专业知识,了解所从事研究方向的国内外发展动态以及最新研究成果。

③应具备的基本能力。

具有辩证唯物主义和历史唯物主义世界观,能胜任与本学科相关的教学、科研以及党政、宣传、对外文化交流和企事业管理等工作。

(3)培养方向。

①马克思主义哲学。

②科学技术哲学。

(二)博士生培养

从2018年起,"马克思主义社会学(马克思主义理论与社会实践)"博士培养方向开始招收和培养博士研究生。

1. 培养目标

根据哈尔滨工业大学研究生院2015年颁发的《博士研究生培养方案(试行)》的规定,"马克思主义社会学(马克思主义理论与社会实践)"博士培养方向的培养目标为:

(1)在思想上,树立爱国主义和集体主义思想,掌握辩证唯物主义和历史唯物主义的基本原理,树立科学的世界观与方法论。

(2)在能力上,掌握本学科坚实宽广的基础理论和系统深入的专门知识;熟练地掌握一门外国语,并具有一定的国际学术交流能力;具有独立地、创造性地从事科学研究的能力;能够在科学研究或专门技术上取得创造性的成果。具体体现为培养高起点、研究型、国际化、精英化和实践型高层次复合型人才。

(3)在学风上,尊师重教,具有严谨的科研作风、良好的合作精神和较强的交流能力。

2. 招生选拔

(1)生源要求和选拔方式·基础知识。

应具备马克思主义理论、哲学、社会学、政治学、历史学或教育学等学科的基础知识,原则上应从相关院校的马克思主义理论、哲学、社会学、政治学、历史学或教育学硕士学位获得者中选拔优秀生源。

(2)生源要求和选拔方式·基本素质和能力。

能够保证专心学习深造,科研能力较强,外语较好,具有一定的学术成果。

3. **培养环节**

(1)导师负责制:博士生培养实行博士生导师负责制,可根据培养工作的需要确定副导师和协助指导教师。为有利于在博士生培养中博采众长,提倡对同一研究方向博士生成立博士生培养指导小组,对培养中重要环节和博士学位论文中重要学术问题进行集体讨论。博士生培养指导小组名单在学院备案。

(2)中期考核制:在博士生完成全部课程学习、修满规定所需学分后,对博士研究生进行综合考核,综合考核合格后方可进入博士论文阶段。

(3)学位论文开题及评阅制度:论文开题要有规范程序。论文评阅要保证有一定数量的外单位同行专家参与,加强匿名评阅等适合本单位实际的论文评阅制度建设。在条件允许的情况下,应探索国际同行评阅。

(4)论文答辩和学位授予制度:学位论文要经过预答辩、答辩和答辩后修改等程序。答辩委员会和各级学位评定委员会要严格履行职责,保证学位授予的质量。

(5)社会实践环节:博士生在校学习期间要从事必要的教学实践,如辅导硕士生课程、指导毕业设计和社会调查、做专题讲座等,博士生应参加导师或学科点的科研课题,并列入培养计划。

(6)发表论文要求:应符合哈工大博士在学期间发表论文基本要求。

(7)科学道德与学术规范教育制度:在博士生培养过程中安排必修环节,对博士生进行科学精神、科学道德、学术规范、学术伦理和职业道德教育。明确学术不端行为处罚办法。

(8)制定博士生分流与淘汰办法:制定博士生课程学习、中期考核和学位论文开题等各阶段的分流与淘汰办法。

4. **学位论文**

"马克思主义社会学(马克思主义理论与社会实践)"博士培养方向的学位论文基本要求如下。

(1)发表学术论文。

博士研究生在攻读学位期间发表高水平学术论文是研究生培养质量和学位授予质量的重要标志之一。哈工大对博士生发表学术论文的基本要求见《哈尔滨工业大学关于博士研究生在攻读学位期间发表学术论文的要求》。

(2)学位论文撰写。

博士学位论文是博士生科学研究工作的全面总结,是描述其研究成果、反映其研究水平的重要学术文献资料,是申请和授予博士学位的基本依据。学位论文撰写是博士生培养过程的基本训练之一,必须按照规范认真执行。根据《哈尔滨工业大学博士学位论文撰写基本要求》,具体要求如下:

①选题要求。

博士学位论文的选题应当具备开拓性、先进性、成果的必要性与可能性。开拓性,即博士学位论文的选题必须是前人没有专门研究过,或虽已研究但有待进一步深入的课题。先进性,即博士学位论文的选题必须能够做出创造性成果。成果的必要性,即博士学位论文的选题应当针对实际的和科学发展的需要,具有实际效益或学术价值。成果的可能性,即博士学位论文选题的内容要有科学性,难易程度和工作量要适当,充分考虑到在一定时间内获得成果的可能性。

②综述要求。

文献综述是开展马克思主义社会学(马克思主义理论与社会实践)研究的前提和基础,是对研究领域已有研究成果的梳理、总结和评价。马克思主义社会学(马克思主义理论与社会实践)博士学位论文的综述应当全面地反映与选题相关的主要研究成果,应当尽可能地搜集所有相关重要研究成果,并进行系统、客观、准确的梳理和分析。文献综述不能仅仅列举已有的研究观点,而是按照问题、观点或方法来分类和评价。文献综述的基点在于"述",要点在于"评"。

③规范性要求。

博士学位论文写作应符合国家标准《科学技术报告、学位论文和学术论文的编写格式》(GB 7713—87)、《文后参考文献著录规则》(GB 7714—87)的规范性要求。

A. 论文的结构合理,应当包含中英文摘要、目录、导论、正文、结论、注释和参考文献等基本内容。

B. 论文篇幅适中,正文一般应达到15万字。

C. 引文适当、注释规范,避免引发知识产权纠纷。

D. 术语使用规范,其中有关学科、专业术语等表述应当符合学术界的通常用法,不致产生歧义和误解。

④创新性要求。

博士学位论文应当具有明显的创新性。

A. 提出新的命题或者比较重要的理论观点,拓展新的研究领域或者新的研究视角。

B. 运用新的研究方法,研究水平达到国内领先水平或者国际先进水平。

C. 对马克思主义社会学(马克思主义理论与社会实践)重要领域或者重要问题做出新的系统描述、分析和概括。

D. 运用新的实证数据和研究资料作为论据进行研究和分析,丰富和发展重要的理论观点。

E. 进行交叉学科研究,取得新的进展。

F. 对马克思主义理论与社会实践的重要问题提出富有价值的见解或方案。

G. 对有重大争议的理论问题,提出新的观点或者解决方案。

H. 具有创新性的其他情形。

(3)预答辩及答辩。

博士学位论文预答辩是切实检查博士学位论文工作,保证博士学位论文质量的重要环节。博士生在学位论文初稿完成,并经导师审阅认可后,可向所在学科点提出预答辩申请。对预答辩的有关要求见《哈尔滨工业大学博士研究生申请学位工作细则》。

博士学位论文答辩是对博士生科学研究工作和学位论文水平的全面考核，是申请和授予博士学位的重要程序。申请博士学位论文答辩的条件及有关要求见《哈尔滨工业大学博士研究生申请学位工作细则》。

三、依托与平台

（一）黑龙江省重点马克思主义学院

2011年，在原有人文与社会科学学院马克思主义理论学科和哲学学科相关教研室的基础上，正式成立直接隶属于学校党委的独立的教学科研二级机构——马克思主义学院，这为马克思主义学院学科建设提供了前所未有的依托和平台。

学校要闻　　　　　　　　　　　　　　　　　当前位置：首页|学校要闻

马克思主义学院获批黑龙江省首批高校重点马克思主义学院

2017年02月05日 13时15分29秒　新闻网　浏览次数：4090

哈工大报讯（张妍/文）日前，省委宣传部下发《关于推进我省首批高校重点马克思主义学院建设的通知》，我校等5所高校马克思主义学院获批省首批高校重点马克思主义学院。

为深入贯彻落实习近平总书记系列重要讲话精神和中央关于加强思想理论建设的决策部署，根据中宣部、教育部《关于加强马克思主义学院建设的意见》等文件要求，2016年11月，省委宣传部、省委高校工委、省教育厅联合下发文件，决定在全省高校开展重点马克思主义学院建设工作，拟分2至3个批次，对若干个马克思主义学院予以重点资助，计划到2020年培育和支持10所左右高校建设省级重点马克思主义学院，逐步带动全省马克思主义学院整体发展。经评委阅看材料、深入讨论、投票表决等程序，确定我校、哈尔滨师范大学、东北林业大学、东北农业大学、黑龙江大学5所高校马克思主义学院为我省首批高校重点马克思主义学院。

我校思想政治理论课建设具有悠久历史和优良传统。1952年，我校在全国理工科院校中率先成立政治课教研室，开创我国工科院校马克思主义理论教育的先河。1953年，政治课教研室改称为马列主义教研室。1956年，对马列主义教研室进行调整，成立哲学、政治经济学、中国革命史、马列主义基础4个教研室。后经社会科学部、社会科学系、人文与社会科学学院等不同阶段，马克思主义学院发展成为直接隶属于学校的独立教学科研单位。

近年来，学校党委坚决贯彻落实习近平总书记"坚持把立德树人作为中心环节，把思想政治工作贯穿教育教学全过程，实现全程育人、全方位育人"的重要指示，高度重视马克思主义学院发展，党委常委会定期研究马克思主义学院建设，坚持将思想政治理论课程建设、马克思主义理论学科建设纳入学校"十三五"事业发展规划、学科建设规划，同步规划、同步落实、同步检查。学校主要领导、分管校领导和相关职能部门领导每学期深入马克思主义学院开展调研，深入思想政治理论课堂听课，听取学院工作汇报，与任课教师共同研究探讨思想政治理论课改革创新思路，推动了"大班授课-小班讨论-大班总结"改革，加强了社会实践、课外阅读和课内研讨等环节，开设了习近平总书记系列重要讲话专题辅导课。学校相关部门各司其职、各负其责，为马克思主义学院教学改革、科研立项、学科建设和队伍建设提供相应的经费支持和政策保障，推动马克思主义学院又好又快发展，在师资队伍建设、课程建设等方面取得了长足的发展进步、获得了一系列重要表彰奖励。

2017年，获批黑龙江省首批高校重点马克思主义学院在学校党委高度重视和各个职能部处的大力支持下，自从建院以来，马克思主义学院在学科建设、科学研究、教学改革、研究生培养和社会服务等多方面成绩突出；至2016年12月19日，被黑龙江省委宣传部、黑龙江省委高校工委和黑龙江省教育厅评为"黑龙江省首批高校重点马克思主义学院"（全省仅5所），为马克思主义学院未来的学科建设和发展提供了强有力的依托平台。特别是，根据中共黑龙江省委宣传部的要求，学校承诺对黑龙江省划拨重点马克思主义学院资助经费实施1∶4的配套经费支持，首先在黑龙江省重点马克思主义学院建设周期内拨款300万元，这为马克思主义学院学科建设提供了持续、强有力的经费保障。

（二）黑龙江省哲学社会科学学科体系创新工程学科项目

2018年11月，马克思主义学院整合"马克思主义社会学（马克思主义理论与社会实践）"博士培养方向和马克思主义理论、哲学两个一级学科硕士点的力量，以"马克思主义学科群"的名义向黑龙江省学位办成功申报"黑龙江省哲学社会科学学科体系创新工程学科项目"。这次评审非常严格，A档空缺，最高档为B档，黑龙江全省只有两个马克思主义学院获评，一个是东北林业大学马克思主义学院，另一个便是哈尔滨工业大学马克思主义学院，省里和学校给予滚动支持，这既是对马克思主义学院学科建设的充分肯定，也为马克思主义学院学科建设提供了有效的依托平台，如2019年，学校学科办就为这一项目向马克思主义学院拨款65万元，这是马克思主义学院建院以来集体获批金额最高的项目。

（三）徐奉臻名师工作室

2019年1月4日，黑龙江省委教育工委、黑龙江省教育厅为首批全省高校思想政治理论课名师工作室授牌，马克思主义学院徐奉臻教授负责的"徐奉臻名师工作室"成为首批入选的两个名师工作室之一。2019年1月4日，在全省高校思想政治理论课"名师工作室"启动仪式暨名师学术报告视频会议上，徐奉臻为全省高校思想政治理论课教指委委员、全省高校思想政治理论课教师和高校马克思主义学院硕博研究生做"如何当好思想政治理论课教师"的报告，主会场和分会场收听收看人数1 500余人，受到好评。

黑龙江省高校思想政治理论课名师工作室，是在中共黑龙江省委教育工委、黑龙江省教育厅指导下，以高校思想政治理论课名师个人姓名命名的非行政性工作机构，是集教学、科研、培训等职能于一体的高校思想政治理论课教师合作共同体。设立高校思想政治理论课名师工作室，是黑龙江省委教育工委、黑龙江省教育厅深入学习贯彻习近平新时代中国特色社会主义思想和党的十九大精神，深入贯彻落实全国教育大会和全国、全省高校思想政治工作会议精神，继续打好提高高校思想政治理论课质量和水平的攻坚战，加强黑龙江省高校思想政治理论课教师队伍建设的重要举措。黑龙江省高校思想政治理论课名师工作室将切实发挥示范引领作用，促进全省高校思想政治理论课中青年骨干教师专业发展，创新思想政治理论课教学方法改革，推动全省高校思想政治理论课教育教学水平再上新台阶。

2019年，徐奉臻名师工作室成立

具体而言，"徐奉臻名师工作室"的主要建设内容是：

（1）培养、培训青年教师。根据黑龙江省委高校工委、黑龙江省教育厅的有关要求，在全省高校遴选青年教师（年龄40周岁以下）作为工作室学员，学员学制1年，原则上每批5~10人，名师工作室主持人所在学校学员数量不得超过总数的五分之一。

（2）制订名师工作室的工作计划和学员培养计划，建立学员学习进修的业务档案，实施全程指导；负责学员的年度考核，并做出综合鉴定，形成书面意见，按年度提交到黑龙江省教育厅思政处。外校学员到名师工作室研修，要纳入名师工作室负责人所在学校的国内访问学者计划，以"访问学者"的身份招收学员，颁发资质。

（3）每年举办至少1次面向全省高校思想政治理论课青年教师的教学培训班。

（4）在名师工作室建设期间，至少召开一次全国性的思想政治理论课教学改革方面的相关会议。

（5）开展课题研究。以名师工作室主持人和成员的教学科研专长为基础，针对思想政治理论课教学实践中的重点、难点问题进行专题研究，申报教学改革研究课题，推出高质量的思想政治理论课教学改革研究成果。每年至少在全国核心刊物上发表2~3篇教学改革研究论文。参撰一部马工程教材辅助教学用书，等同于1篇核心教学改革论文；独立撰写一部教学研究专著，等同于5篇教学改革论文；如发表CSSCI期刊及以报纸杂志的教学科研论文1篇，等同于一般核心教学改革论文2篇。

（6）推广教学经验。及时总结先进教学经验并通过教学观摩、教学研讨会、巡回演讲等形式加以介绍、推广，展示教学成果。开展对外教学交流活动，每年在全国各地做教学改革讲座5场左右。

（7）整合优质教学资源。根据名师工作室特色，以名师工作室负责人名义建立网站，并参与黑龙江省高校思想政治理论课教学资源库建设，实现优质教学资源共建共享。

为此，学校给予专项拨款，支持"徐奉臻名师工作室"的建设，旨在将其建设成为思想政治理论课改革基地、马克思主义理论学科建设基地，成为马克思主义学院学科建设的

重要平台和依托。

(四) 马克思主义文献中心

在2011年建院之初,受到各项条件限制,马克思主义学院仍然设在校部楼,与人文学院一直共用一个图书资料室,缺少独立的马克思主义文献中心。自从2019年7月底马克思主义学院整体搬迁至明德楼后,马克思主义学院不能再与人文学院共同使用一个图书资料室,在学校大力支持下,积极筹建一个与哈尔滨工业大学这所国际一流大学相匹配的一流马克思主义文献中心,目前正在建设过程中。

根据建设计划,马克思主义文献中心建成后,既向马克思主义学院教职工、博士生、硕士生开放,为他们提供优质服务,又向学校教职工和各个专业的博士生、硕士生、本科生开放,成为马克思主义学院的学科建设基地、思想政治理论课教学改革基地和红色精神文化传承基地。

第二节 2011年以来马克思主义学院科研状况

在学科建设中,科研工作占据核心地位。自从建院以来,马克思主义学院一直重视教师的科学研究,为了更好地调动、提高广大教师从事科学研究的主动性和积极性,推出更多更好的马克思主义科研精品,加快培养、引进一批活跃在学术前沿的学科领军人物、思想政治理论课教学名师和青年拔尖人才。2017年秋,马克思主义学院草拟并开始执行《马克思主义学院科研论著资助办法》《马克思主义学院科研获奖资助办法》,对马克思主义学院教师的科研成果给予不同程度的奖励,并制订、执行《马克思主义学院高层次人才领军人物计划》《马克思主义学院中青年骨干人才培养资助计划》,对于入选者给予重点扶持和资助。在一系列措施的激励下,马克思主义学院广大教师在从事正常的思想政治理论课和专业课教学活动的同时,积极开展马克思主义研究,成绩斐然。

一、科学研究方向

1. 习近平新时代中国特色社会主义思想

该研究方向的主要内容是:一方面,深入挖掘习近平新时代中国特色社会主义思想的理论精髓,揭示党的十八大以来,以习近平同志为核心的党中央围绕坚持和发展什么样的中国特色社会主义、怎样坚持和发展中国特色社会主义这个重大时代课题进行的艰辛理论探索,取得的重大理论创新成果;另一方面,深入考察习近平新时代中国特色社会主义思想在中国的具体实践,进而探究习近平新时代中国特色社会主义思想的理论创新成果与中国实践之间的有机互动关系。

该研究方向的标志性成果是在国家顶级报纸、期刊上发表的多篇系列论文,《"红船精神":实现中国梦的成功密码》(徐奉臻:《光明日报》)、《理解中国梦的方法论与核心价值观》(徐奉臻:《光明日报》)、《进行社会革命须一以贯之》(徐奉臻:《光明日报》)、《不忘初心:理解十九大精神的钥匙》(徐奉臻:《光明日报》)、《中国特色社会主义政治发展道路的生成逻辑》(徐奉臻:《当代世界与社会主义》)、《"科学发展观"何以进思想政治理论课之课堂》(徐奉臻:《教学与研究》)、《习近平社会革命论的历史意蕴和现实意义》(徐奉臻等:《江汉论坛》)、《习近平运用马克思主义的方法论思考》(徐奉臻等:《求是学刊》)、《从两个图谱看国家治理体系和治理能力现代化》(徐奉臻:《人民论坛》)、《国家治理体系现代化探微》(徐奉臻:《中国科学报》)、《习近平运用马克思主义的方法论思考》(徐奉臻:《求是学刊》)、《基于科学发展观的中国新型现代化的理论构建》(徐奉臻:《求实》)、《"中国梦"思想中的历史思维方法》(徐奉臻:《哈尔滨工业大学学报·社会科学版》)、《文化自信的定位内涵及功能路径》(徐奉臻:《社会科学家》)、《"伟大社会革命"论的生成逻辑、科学意蕴及其时代价值》(黄进华:《马克思主义研究》)等。

2. 现代化理论及其实践

该研究方向的主要内容是:一方面,基于学术逻辑和社会条件,阐释马克思现代化思想的生成背景;基于对原著的再考证,对体现马克思现代化思想的典型命题进行再解读;围绕马克思观察现代化的出发点、马克思对现代化道路的构想、马克思现代化思想的基调等,复原马克思思想中被遮蔽的现代性维度,使处于隐性化的马克思现代化思想显性化,体现马克思主义的整体性;对马克思现代化思想进行二阶观察,澄清马克思被误读的现代化思想;通过还原马克思的学术努力,"走近马克思",体现马克思主义的复杂性。另一方面,聚焦东北,面向全国,探究马克思主义现代化理论在中国的具体实践。

该研究方向的标志性成果是在国家顶级报纸、期刊上发表的多篇系列论文,如《生活的生产:〈德意志意识形态〉中被遮蔽的现代性维度》(徐奉臻:《马克思主义研究》)、《马克思运用"现代化"概念考》(徐奉臻:《光明日报》)、《把握马克思主义"与时俱进的理论品质"》(徐奉臻:《光明日报》)、《阅读原典是马克思主义教育的起点》(徐奉臻:《光明日报》)、《30年来中国化马克思主义诸理论之内在逻辑关系》(徐奉臻:原载《马克思主义与现实》,后《新华文摘》全文转载)、《从批判视阈审视马克思主义中国化的理论实质》(徐奉臻:《马克思主义与现实》)、《"回到马克思"的内涵路径及其功能限度》(徐奉臻:《马克思主义与现实》)、《马克思现代化思想显性化的应然性与实然性》(徐奉臻:《吉林大学社会科学学报》)、《中国现代化的缘起演变及时代特点和未来愿景》(徐奉臻:《社会科学家》)、《"国家治理体系和治理能力现代化"的历史定位》(徐奉臻:《社会主义核心价值观研究》)、《国内马克思现代化思想研究的进程与思考》(徐奉臻:《哈尔滨工业大学学报·社会科学版》)、《中国梦与中国现代化的多维关系探微》(徐奉臻:《理论探讨》)、《"中国新型现代化"的内涵、维度与特点》(徐奉臻《学术交流》)等。

3. 生态马克思主义

该研究方向的标志性成果是在国家顶级报纸、期刊上发表的多篇论文,如《生态伦理的价值定位及其方法论研究》(叶平:《哲学研究》)、《社会主义与生态学联姻是如何可能的?——詹姆斯·奥康纳的生态社会主义理论探析》(解保军:《马克思主义与现实》)、《人与自然和谐共生的现代化——对西方现代化模式的反拨与超越》(解保军:《马克思主义与现实》)、《马克思"人与土地伦理关系"思想探微》(解保军:《伦理学研究》)、《基于国学智慧构建生态经济新模式的合理性》(徐奉臻:《贵州社会科学》)等。

4. 马克思主义哲学理论

该研究方向的主要内容有三个方面。①关于中国古代辩证法思想研究:对《周易》及儒、墨、道、法、兵家的辩证法思想进行探析;对中国古代辩证法思想和辩证思维的不同形式展开研究;对唯物辩证法与中国传统辩证法进行比较研究。②关于中国传统伦理道德观念的现代转型研究:现代社会发展必须对传统伦理思想进行批判、继承,主要从事以儒家伦理思想范畴为主的转型研究,实施对仁、礼、中庸、忠孝、义利、诚信等伦理观念的现代转化研究。③关于唯物史观与当代伦理问题研究:主要探讨人性、人的本质、人的价值、人的异化、人的自主全面发展及以人为本、公平正义等哲学与伦理学问题,彰显历史唯物主义的主体性维度。

该研究方向的标志性成果是在国家顶级期刊发表多篇高水平论文,如在哲学学科顶级期刊——《哲学研究》上发表高水平论文 1 篇:《马克思哲学中的人性范畴及关于人的本质的论断》(2012 年,杨洱人),在哲学学科顶级期刊——《哲学动态》上发表高水平论文 1 篇:《儒家女性角色伦理的三个理论视角》(2013 年,彭华、杜帮云),以及在伦理学学科顶级期刊——《伦理学研究》上发表高水平论文 3 篇:《儒家女性角色伦理视角转换路径探析》(2014 年,彭华)、《康德实践哲学的义理构建及其逻辑跳跃》(2019 年,由田等)、《论分配公平中的收入差距问题》(2014 年,杜帮云)。

5. 科技哲学理论及其实践

该研究方向的主要内容是:以哈尔滨工业大学强大的科技实力为依托,主要研究科学技术发展对社会的影响,科学、技术、经济与环境相互协调的可持续发展,其中包括科学技术在物质文明和精神文明中的地位与作用,科学生产力的理论与运作,科学技术与知识经济,科学技术与社会文化,科学技术的发展及其实践所引发的有关社会、伦理问题;科技发展战略和社会发展规划,以及科学管理理论,科技政策、组织、开发、转让与评价等。

该研究方向的标志性成果是在国家顶级期刊发表多篇高水平论文,如叶平、谢咏梅、吴永忠、王德伟、王凤珍等多位教授在科技哲学顶级期刊——《自然辩证法研究》上发表 11 篇高水平论文:《科学创造性的野性思维艺术探释》(2016 年,叶平等)、《对一项下马工程的社会学分析与反思》(2012 年,谢咏梅等)、《中国工程技术的缘起及其意义——哈工大早期工程技术辩证法的研究》(2013 年,谢咏梅)、《工程研究的跨学科视野——第六次全国工程哲学学术会议综述》(2014 年,谢咏梅)、《关士续与中国的自然辩证法》(2019 年,谢咏梅等)、《技性科学发展中的义利之辨问题探析》(2016 年,吴永忠等)、《J.K.芬奇的古典工程兴衰思想初探》(2012年,王德伟等),《对"鸭式布局"战机工程的"复杂性"认识》(2013年,王德伟等),《由生存论得以确立的工程哲学——〈历史与实践——工程生存论引论〉读》(2014年,王德伟),《电子战的赛博空间的维度识别》(2014年,王德伟),《从人的发展看技术本质的实现》(2013年,王凤珍等),并在科技哲学顶级期刊——《自然辩证法通讯》上发表1篇高水平论文:《机械论的合理性和局限性》(2019年,王德伟等)。

6. 马克思主义在东北的传播与践行

该研究方向聚焦东北,面向全国,运用马克思主义理论(马克思主义中国化)、政治学(中共党史)、历史学(中国近现代史)、社会学(场域理论)、传播学等跨学科的理论和方法,开展交叉研究:一方面,对马克思主义在东北的传播展开深入、系统的研究,揭示马克思主义在东北从传播走向大众化的道路、内涵与意义;另一方面,对马克思主义在东北的践行展开个案研究,进而探析马克思主义在东北的传播与践行之间的有机互动关系。

该研究方向的标志性成果是在国家顶级期刊发表多篇高水平论文,如黄进华教授在中共党史学科顶级期刊——《中共党史研究》上发表的两篇高水平论文:《解放战争时期东北解放区大生产运动研究》(2013年)和《新中国成立前夕黑龙江地区"公开建党"探析》(2014年)。

二、科学研究项目

2011—2020年,据不完全统计,马克思主义学院教师共承担/主持各类教学科研项目103项,总经费680.3万元:其中国家级和部级教学科研项目28项,总经费429万元,详见表33;省级教学科研项目38项,总经费129.3万元,详见表34;校级教学科研项目24项,总经费82万元,详见表35;院级教学科研项目11项,总经费40万元,详见表36。

表33　2011—2020年马克思主义学院教师主持的国家级和部级教学科研项目一览表

序号	项目来源	项目名称	负责人	金额/万元	立项时间
1	国家社会科学基金重大招标项目子课题	东北(辽宁)老工业基地劳动模范人物史志	徐奉臻	0	2015
2	国家社会科学基金一般项目	习近平关于社会革命和自我革命的重要论述研究	徐奉臻	20	2019
3	国家社会科学基金一般项目	马克思恩格斯关于资本主义生态批判理论研究	解保军	20	2014
4	国家社会科学基金一般项目	中国特色的民生科技发展的公正观研究	吴永忠	20	2018
5	国家社会科学基金一般项目	抗战时期马克思主义在东北传播的历程研究(1931—1945)	黄进华	20	2014
6	国家社会科学基金一般项目	儒家仁学与女性主义关怀伦理学的对话研究	彭华	20	2016
7	国家社会科学基金一般项目	社会治理视域下大学生社会责任教育的运行机制研究	吴威威	20	2017
8	国家社科基金后期资助项目	新中国成立初期农村思想政治教育的承继与转向(1949—1956)	巩茹敏	25	2019
9	国家出版基金重点资助项目	马克思主义在中国东北区域社会的传播与践行研究(1872—1958)	黄进华	61	2019
10	中共中央网络安全和信息化领导小组办公室决策咨询类项目(委托项目)	网络时代大学生的政治认同研究	吴威威	20	2015
11	中国科学技术协会文科纵向项目	王子才学术成长资料采集	谢咏梅	30	2016
12	中国科学技术协会一般项目	张乃通学术成长资料采集	黄磊	30	2016
13	中国博士后科学基金特别资助项目	基于传播力视角的马克思主义大众化研究——以东北为例	黄进华	15	2012
14	中国博士后科学基金面上资助项目	以公民权利为导向的中国特色社会管理问题研究	吴威威	3	2011
15	中宣部2014年度文化名家暨"四个一批"人才自主选题资助项目	现代化与马克思主义中国化理论及实践研究	徐奉臻	50	2014
16	教育部全国高校思想政治理论课教学方法改革择优推广项目	回溯提升教学模式在中国近现代史纲要中的构建与运用	徐奉臻	5	2015
17	工信部党的政治建设研究中心重大课题	习近平关于党的"伟大自我革命"的重要论述研究	黄进华	6	2019

续表

序号	项目来源	项目名称	负责人	金额/万元	立项时间
18	黑龙江省哲学社会科学研究规划项目	思想扶贫 强化理论指导	姚永利	2	2019
19	团中央网络建设专项	团学工作网络新媒体战略转型	魏红梅	0	2014
20	团中央团组织建设专项	新时期基层共青团组织创新	魏红梅	0	2013
21	环保部人文与社会研究科学重点项目	推进大学环境教育与生态文明伦理自觉	叶平	8	2015
22	教育部人文社会科学研究专项项目	高校思想政治理论课教学重点难点问题解答	魏红梅	1	2015
23	教育部人文社会科学研究规划基金项目	科学、技术与社会领域中的哲学观研究	吴永忠	9	2012
24	教育部人文社会科学研究规划基金项目	中国技术哲学实践传统的缘起与50年发展进路研究	谢咏梅	9	2011
25	教育部人文社会科学研究一般项目	文化自信视阈下大学生红色文化认同培育研究	闫金红	10	2019
26	教育部人文社会科学研究青年基金项目	马克思主义在中国东北传播的历史经验和现实启示	黄进华	7	2011
27	教育部人文社会科学研究青年基金项目	新时代高校学生信仰生成的影响因素及实证研究	由田	8	2018
28	教育部示范优秀教学科研团队建设项目	形势与政策课教学内容与本科生四门思想政治理论课关系研究	巩茹敏	10	2017
	合计			429	

全国哲学社会科学规划办公室

2014年度国家社会科学基金项目立项通知书

黄进华 同志：

经国家社会科学基金学科评审组评审，全国哲学社会科学规划领导小组批准，您申请的国家社会科学基金项目 **抗战时期马克思主义在东北传播的历程研究（1931—1945）**

获准立项，批准号 14BDJ002 ，项目类别 一般项目 ，资助总额 20.00 万元，第一次拨款 18.00 万元，预留经费 2.00 万元。请按批准的资助金额编制项目经费预算，认真填写《回执》，于7月20日前由各地社科规划办统一汇总后寄回我办。

本年度国家社会科学基金项目立项时间为2014年6月15日，立项后《国家社会科学基金项目申请书》即成为有约束力的协议，您及所在单位要按照《国家社会科学基金管理办法》承担相应责任并执行以下规定：

1. 国家社会科学基金项目研究工作要坚持正确的政治方向，牢固树立问题意识、创新意识和精品意识，立足学术前沿，体现有限目标，突出研究重点，避免重复研究，弘扬优良学风，

— 1 —

2014年，黄进华国家社会科学基金项目立项通知书

全国哲学社会科学规划办公室

2014年度国家社会科学基金项目立项通知书

解保军 同志：

经国家社会科学基金学科评审组评审，全国哲学社会科学规划领导小组批准，您申请的国家社会科学基金项目**马克思恩格斯关于资本主义生态批判理论研究**获准立项，批准号 14BKS001，项目类别 一般项目，资助总额 20.00 万元，第一次拨款 18.00 万元，预留经费 2.00 万元。请按批准的资助金额编制项目经费预算，认真填写《回执》，于7月20日前由各地社科规划办统一汇总后寄回我办。

本年度国家社会科学基金项目立项时间为2014年6月15日，立项后《国家社会科学基金项目申请书》即成为有约束力的协议，您及所在单位要按照《国家社会科学基金管理办法》承担相应责任并执行以下规定：

1. 国家社会科学基金项目研究工作要坚持正确的政治方向，牢固树立问题意识、创新意识和精品意识，立足学术前沿，体现有限目标，突出研究重点，避免重复研究，弘扬优良学风，

— 1 —

2014年，解保军国家社会科学基金项目立项通知书

全国哲学社会科学规划办公室

2016年度国家社会科学基金项目立项通知书

彭华　同志：

经国家社会科学基金学科评审组评审、全国哲学社会科学规划领导小组批准，您申请的国家社会科学基金项目 <u>儒家仁学与女性主义关怀伦理学的对话研究</u>

获准立项，批准号 <u>16BZX041</u>，项目类别 <u>一般项目</u>，资助总额 <u>20.00</u> 万元，第一次拨款 <u>19.00</u> 万元，预留经费 <u>1.00</u> 万元。请按批准的资助金额编制项目预算，认真填写《回执》，由各省(区、市)、兵团社科规划办或在京委托管理机构统一汇总后报送我办。

本年度国家社会科学基金项目立项时间为2016年6月30日，立项后《国家社会科学基金项目申请书》即成为有约束力的协议，项目负责人及责任单位要按照《国家社会科学基金管理办法》承担相应责任并执行以下规定：

1. 国家社会科学基金项目研究工作要坚持正确的政治方向，牢固树立问题意识、创新意识和精品意识，立足学术前沿，

— 1 —

2016年，彭华国家社会科学基金项目立项通知书

全国哲学社会科学规划办公室

2018年度国家社会科学基金项目立项通知书

吴永忠 同志：

经国家社会科学基金学科评审组评审，全国哲学社会科学工作领导小组批准，您申请的国家社会科学基金项目 中国特色的民生科技发展的公正观研究

获准立项，批准号 18BZX057 ，项目类别 一般项目 ，资助总额 20.00 万元，第一次拨款 19.00 万元，预留经费 1.00 万元。

本年度国家社会科学基金项目立项时间为2018年6月21日，立项后《国家社会科学基金项目申请书》即成为有约束力的协议，您及责任单位要按照《国家社会科学基金管理办法》承担相应责任并执行以下规定：

1. 国家社会科学基金项目研究工作要坚持正确的政治方向和学术导向，牢固树立问题意识、创新意识和精品意识，立足学术前沿，体现有限目标，突出研究重点，避免重复研究，弘扬优良学风，恪守学术规范，着力推出代表国家水准的研究成

— 1 —

2018年，吴永忠国家社会科学基金项目立项通知书

全国哲学社会科学工作办公室

2019年国家社科基金后期资助项目立项通知书

巩茹敏 同志：

经全国哲学社会科学工作领导小组批准，您申请的国家社会科学基金后期资助项目<u>新中国成立初期农村思想政治教育的承继与转向（1949—1956）</u>获准立项，项目类别为 <u>一般项目</u>，批准号 <u>19FKSB049</u>，资助总额 <u>25</u> 万元，第一次拨款 <u>23</u> 万元，预留经费 <u>2</u> 万元。

本年度国家社会科学基金后期资助项目立项时间为2019年9月28日，立项后《国家社科基金后期资助项目申请书》《国家社科基金优秀博士论文出版项目申请书》即成为有约束力的协议，您及责任单位要按照《国家社会科学基金管理办法》承担相应责任并执行以下规定：

1.国家社会科学基金后期资助项目研究工作，要以习近平新时代中国特色社会主义思想为指导，坚持正确的政治方向、价值取向、研究导向，牢固树立问题意识、创新意识和精品意识，着力推出代表国家水准的研究成果。项目负责人要严

— 1 —

2019年，巩茹敏国家社科基金后期资助项目立项通知书

国家出版基金规划管理办公室

基金办〔2019〕7号

国家出版基金规划管理办公室
关于2019年度国家出版基金项目立项的通知

黑龙江美术出版社有限公司：

经国家出版基金管理委员会批准，你单位《马克思主义在中国东北区域社会的传播与践行研究（1872—1958）共10册》被确定为2019年度国家出版基金项目，资助总额为61万元，其中，其他费用0万元。2019年首拨款金额20万元。

请按照《关于组织签订2019年度国家出版基金资助项目协议书的通知》（见国家出版基金规划管理办公室网站www.npf.org.cn）要求，认真填报《国家出版基金资助项目协议书（2019年度）》。同时，请根据国家出版基金管理规定和项目实际情况，研究制定国家出版基金资助项目质量和进度保障措施、项目经费使用管理办法及相关廉洁保障制度，确保项目保质按时完成。

国家出版基金规划管理办公室

2019年3月6日

抄送：黑龙江省新闻出版广电局

2019年，黄进华国家出版基金重点资助项目立项通知书

全国哲学社会科学工作办公室

2019年度国家社会科学基金项目立项通知书

徐奉臻　同志：

经国家社会科学基金学科评审组评审，全国哲学社会科学工作领导小组批准，您申请的国家社会科学基金项目 习近平关于社会革命和自我革命的重要论述研究

获准立项，批准号 19BKS061 ，项目类别 一般项目 ，资助总额 20.00 万元，第一次拨款 19.00 万元，预留经费 1.00 万元。

本年度国家社会科学基金项目立项时间为2019年7月15日，立项后《国家社会科学基金项目申请书》即成为有约束力的协议，您及责任单位要按照《国家社会科学基金管理办法》承担相应责任并执行以下规定：

1. 国家社会科学基金项目研究工作要坚持正确的政治方向和学术导向，牢固树立问题意识、创新意识和精品意识，立足学术前沿，体现有限目标，突出研究重点，避免重复研究，弘扬优良学风，恪守学术规范，着力推出代表国家水准的研究成果。项目

— 1 —

2019年，徐奉臻国家社会科学基金项目立项通知书

表34 2011—2020年马克思主义学院教师主持的省级教学科研项目一览表

序号	项目来源	项目名称	负责人	金额/万元	立项时间
1	黑龙江省哲学社会科学规划项目（重大项目）	探索黑龙江省社会管理创新的路径和方法	徐奉臻	3	2011
2	黑龙江省哲学社会科学规划项目（重点项目）	习近平重要讲话中的依法治国思想研究	徐奉臻	3	2015
3	黑龙江省哲学社会科学研究规划重点项目	习近平的社会革命论的历史意蕴研究	徐奉臻	3	2018
4	黑龙江省哲学社会科学规划项目（一般项目）	习近平重要讲话中的现代化思想研究	徐奉臻	1.5	2013
5	黑龙江省哲学社会科学研究规划专题项目	习近平总书记治国理政战略思想方法论研究	徐奉臻	1	2017
6	黑龙江省哲学社会科学规划项目（专项项目）	基于时空情境的马克思主义中国化的逻辑路径及其方法研究	徐奉臻	0.5	2014
7	黑龙江省哲学社会科学规划专项项目	马克思现代化思想在当代中国的运用与发展研究	徐奉臻	0.5	2016
8	黑龙江省哲学社会科学规划项目（一般项目）	马克思恩格斯生态思想史研究	解保军	1.5	2012
9	黑龙江省哲学社会科学规划项目（专项项目）	转型时期中国社会公德意识的哲学反思	王凤珍	1.5	2013
10	黑龙江省哲学社会科学规划项目（专项项目）	科学、技术与社会领域中的研究范式与哲学基础研究	吴永忠	1.5	2011
11	黑龙江省哲学社会科学规划项目（专项项目）	新中国成立以来中国共产党文化建设中的话语变迁与价值研究	巩茹敏	1.5	2013
12	黑龙江省哲学社会科学规划项目（专项项目）	儒家女性角色伦理研究	彭华	0.3	2012
13	黑龙江省哲学社会科学规划项目（专项项目）	黑龙江省话语推介能力提升策略研究	张世昌	1.5	2018
14	先进焊接与连接国家重点实验室基金项目子课题	新中国焊接技术史	谢咏梅	20	2011
15	黑龙江省新世纪高等教育教改工程重点项目	文化素质教育课群建设	徐奉臻	0	2011
16	黑龙江省高等教育"十二五"教育科学研究项目	5M教学模式：博士生思想政治理论课内容体系和教学方法的探索	徐奉臻	0	2011
17	黑龙江省教育科学"十二五"规划项目	高等思想政治教育视阈下的网络新媒体和大学生发展	魏红梅	0	2015
18	黑龙江省高等教育"十二五"规划项目	"思想道德修养与法律基础"课体验式教学研究	吴威威	0	2011
19	黑龙江省高等教育"十三五"规划项目	基于学生获得感提升的高校思想政治理论课教学话语转换研究	张世昌	0	2018

续表

序号	项目来源	项目名称	负责人	金额/万元	立项时间
20	黑龙江省高等教育教学改革项目	"毛泽东思想和中国特色社会主义理论体系概论"重点难点热点问题研究	黄英	0.5	2011
21	黑龙江省高等教育教学改革项目	"毛泽东思想和中国特色社会主义理论体系概论"课教学贯彻十八大精神的路径研究	黄英	0	2014
22	黑龙江省高等教育教学改革项目	"大工程观"的复合型人才培养模式	王德伟	0	2012
23	黑龙江省高等教育教学改革项目	基于课改的研究生思想政治理论课教学模式研究	谢咏梅	0	2012
24	黑龙江省博士后科研启动金项目	马克思主义大众化机制建设的实证研究——以黑龙江地区为中心	黄进华	5	2015
25	黑龙江省高校思想政治理论课优秀中青年教师择优资助计划项目	中国近现代史纲要课立体教学模式研究	赵爱伦	3	2017
26	黑龙江省高校思想政治理论课优秀中青年教师择优资助计划项目	龙江党史资源与中国近现代史纲要优质教学体系的构建研究	巩茹敏	3	2017
27	黑龙江社科联经济社会发展重点研究项目	嫩江流域经济可持续发展研究	霍跃	3	2015
28	黑龙江省高等教育学会	"思想道德修养与法律基础"课程人文关怀教育模式研究	刘桂芳	2	2016
29	黑龙江省哲学社会科学学科体系创新支持计划专项建设项目	习近平新时代中国特色社会主义思想的原创性理论研究	徐奉臻	10	2019
30	黑龙江省哲学社会科学学科体系创新支持计划专项建设项目	马克思主义哲学与中国传统伦理新范式的建构	杨洱人	10	2019
31	黑龙江省哲学社会科学学科体系创新支持计划专项建设项目	中国化马克思主义技术哲学的历史特色与实践创新研究	谢咏梅	10	2019
32	黑龙江省哲学社会科学学科体系创新支持计划专项建设项目	中国共产党领导的伟大社会革命历程研究	黄进华	10	2019
33	黑龙江省哲学社会科学学科体系创新支持计划专项建设项目	习近平新时代中国特色社会主义思想的立体化高质量传播研究	巩茹敏	10	2019

续表

序号	项目来源	项目名称	负责人	金额/万元	立项时间
34	黑龙江省哲学社会科学学科体系创新支持计划专项建设项目	"兴国之魂"新时代社会主义核心价值观践行研究	吴威威	5	2019
35	黑龙江省哲学社会科学学科体系创新支持计划专项建设项目	话语中国与中国话语:新时代中国共产党意识形态话语体系	张世昌	10	2019
36	黑龙江省哲学社会科学规划项目	习近平治国理政思想的历史唯物主义阐析	王丽颖	2.5	2017
37	黑龙江省哲学社会科学规划专项项目	新时代青年大学生政治信仰生成机制及实证研究	由田	2.5	2018
38	黑龙江省哲学社会科学课题	习近平金句的马克思主义大众化功能研究	闫金红	2.5	2018
合计				129.3	

表35　2011—2020年马克思主义学院教师主持的校级教学科研项目一览表

序号	项目来源	项目名称	负责人	金额/万元	立项时间
1	哈尔滨工业大学哲学社会科学繁荣计划重点项目	习近平现代化思想对马克思主义中国化的新贡献研究	徐奉臻	5	2018
2	哈尔滨工业大学哲学社会科学繁荣计划重点项目	当代中国的新型现代化研究	徐奉臻	5	2018
3	哈尔滨工业大学哲学社会科学繁荣计划马克思主义理论专项课题	习近平开创马克思主义中国化新境界研究	徐奉臻	5	2019
4	哈尔滨工业大学文化素质课程建设项目	世界文明史概论	徐奉臻	10	2016
5	"985工程"高水平教学改革项目	新体系框架内博士生思想政治理论课课程建设研究	徐奉臻	2	2011
6	校级教改课题	深入研究国际政治斗争中的意识形态因素,加强大学生形势与政策教育教学	闫金红	0.5	2014
7	校级教改课题	中美高校思想政治教育比较研究	闫金红	0.5	2011
8	哈尔滨工业大学繁荣计划课题	聚力新时代,坚持和发展中国特色社会主义的内在动力机制研究	闫金红	3	2018
9	哈尔滨工业大学人文社会科学研究课题	美国难民政策的政治经济性分析	闫金红	2	2016
10	哈工大哲学社会科学繁荣计划十九届四中全会专项	中国国家制度的三重逻辑	王丽颖	3	2020

续表

序号	项目来源	项目名称	负责人	金额/万元	立项时间
11	哈尔滨工业大学中央高校基本科研业务费专项资金资助项目	马克思主义大众化机制建设的实证研究——以建国初期黑龙江地区为中心	黄进华	4	2016
12	哈尔滨工业大学中央高校基本科研业务费专项资金资助项目	马克思主义在中国东北的传播研究——基于历史学和传播学的视角	黄进华	3	2012
13	哈尔滨工业大学中央高校基本科研业务费专项资金资助项目	文化强国战略下中国共产党意识形态话语能力建设研究	张世昌	3	2019
14	哈尔滨工业大学社会科学优秀成果培育项目	新中国成立前夕黑龙江地区"公开建党"探析	黄进华	1	2017
15	哈尔滨工业大学哲学社会科学繁荣计划马克思主义理论专项课题	"伟大社会革命"论的生成逻辑、科学意蕴及其重大意义	黄进华	5	2019
16	哈尔滨工业大学哲学社会科学繁荣计划马克思主义理论专项课题	习近平新时代中国特色社会主义思想方法论研究	巩茹敏	5	2019
17	哈尔滨工业大学哲学社会科学繁荣计划马克思主义理论专项课题	性别平等的人类命运共同体建构研究	彭华	5	2019
18	哈尔滨工业大学哲学社会科学繁荣计划马克思主义理论专项课题	问题意识导向下马克思主义价值观话语体系建设研究	张世昌	5	2019
19	哈尔滨工业大学哲学社会科学繁荣计划民族理论研究专项	文化认同视域下强化大学生中华民族共同体意识研究	吴威威	3	2019
20	哈尔滨工业大学哲学社会科学繁荣计划民族理论研究专项	习近平新时代社会主义思想与民族工作研究	黄英	3	2019
21	哈尔滨工业大学中央高校基本科研业务费专项资金资助项目	历史唯物主义视域下高校学生信仰教育路径研究	由田	3	2017
22	哈尔滨工业大学先进焊接与连接国家重点实验室开放课题	"大思政"视域下焊接专业人才培养中实施"课程思政"的探索研究	巩茹敏	5	2019
23	哈尔滨工业大学教学改革项目	新时代工科高校工程伦理体系建构	刘冬	0.5	2019

续表

序号	项目来源	项目名称	负责人	金额/万元	立项时间
24	哈尔滨工业大学教学改革项目	立德树人使命下工科研究生"专业成才"与"精神成人"的耦合性研究	张世昌	0.5	2019
	合计			82	

表36　2011—2020年马克思主义学院教师主持的院级教学科研项目一览表

序号	项目来源	项目名称	负责人	金额/万元	立项时间
1	哈工大马克思主义学院青年教师支持项目	生态文明建设视域下苏联(俄)马克思主义生态思想研究	杜伟男	2	2019
2	哈工大马克思主义学院青年教师支持项目	探析与建构:价值性和知识性相统一的思想政治理论课教学方法论体系	李键	2	2019
3	哈工大马克思主义学院青年教师支持项目	新时代美好生活需要及其社会服务体系研究	刘冬	2	2019
4	哈工大马克思主义学院青年教师支持项目	习近平新时代中国特色社会主义思想的大众化研究	何家旭	2	2019
5	哈工大哲学社会科学繁荣计划青年项目	新时代党的文化建设思想的理论逻辑与价值意蕴	由田	2	2019
6	哈工大哲学社会科学繁荣计划马克思主义理论学科科研专项	伟大社会革命论的生成逻辑、科学意蕴及其重大意义	黄进华	5	2019
7	哈工大哲学社会科学繁荣计划马克思主义理论学科科研专项	问题意识导向下马克思主义价值观话语体系建设研究	张世昌	5	2019
8	哈工大哲学社会科学繁荣计划马克思主义理论学科科研专项	性别平等的人类命运共同体构建研究	彭华	5	2019
9	哈工大哲学社会科学繁荣计划马克思主义理论学科科研专项	社会主义精神文明建设研究	姜昱子	5	2019
10	哈工大哲学社会科学繁荣计划马克思主义理论学科科研专项	习近平新时代中国特色社会主义思想方法论研究	巩茹敏	5	2019
11	哈工大哲学社会科学繁荣计划马克思主义理论学科科研专项	习近平开创马克思主义中国化新境界研究	徐奉臻	5	2019
	合计			40	

三、科学研究论文

2011 年 5 月至 2020 年 4 月,据不完全统计,马克思主义学院教师共发表各类教学科研论文 335 篇:其中 A 类期刊论文 77 篇,详见表 37;CSSCI 期刊和 CSSCI 期刊扩展版(不含 A 类期刊)论文 101 篇,详见表 38;北大核心期刊(不含 A 类、CSSCI 期刊、CSSCI 期刊扩展版)论文 44 篇,详见表 39;一般期刊(不含 A 类、CSSCI、北大核心期刊)论文 109 篇,详见表 40。

表 37　2011 年 5 月至 2020 年 1 月马克思主义学院教师发表的 A 类期刊论文一览表

序号	论文名称	作者	发表年月	发表刊物名称
1	马克思运用"现代化"概念考	徐奉臻	2014 年 5 月	光明日报
2	"四进四信"是教学"提升"的必要环节	徐奉臻	2015 年 7 月	光明日报
3	阅读原典是马克思主义教育的起点	徐奉臻	2016 年 3 月	光明日报
4	把握马克思主义"与时俱进的理论品质"	徐奉臻	2016 年 6 月	光明日报
5	理解中国梦的方法论与核心价值观	徐奉臻	2017 年 7 月	光明日报
6	不忘初心:理解十九大精神的钥匙	徐奉臻	2017 年 11 月	光明日报
7	"红船精神":实现中国梦的成功密码	徐奉臻	2018 年 1 月	光明日报
8	"回到马克思"的内涵路径及其功能限度	徐奉臻	2018 年 3 月	马克思主义与现实
9	进行社会革命须一以贯之	徐奉臻	2018 年 4 月	光明日报
10	国家治理体系现代化探微	徐奉臻	2014 年	中国科学报
11	马克思现代化思想显性化的应然性与实然性	徐奉臻	2015 年 2 月	吉林大学社会科学报
12	中国特色社会主义政治发展道路的生成逻辑	徐奉臻	2018 年 2 月	当代世界与社会主义
13	习近平的思政观	徐奉臻	2019 年 6 月	经济
14	"伟大社会革命"论的生成逻辑、科学意蕴及其时代价值	黄进华	2019 年 5 月	马克思主义研究
15	解放战争时期东北解放区大生产运动研究	黄进华	2013 年 2 月	中共党史研究
16	新中国成立前夕黑龙江地区"公开建党"探析	黄进华	2014 年 1 月	中共党史研究
17	生态伦理的价值定位及其方法论研究	叶平	2012 年 12 月	哲学研究
18	深化生态文明体制改革的时代特点及理论前提	叶平	2015 年 2 月	环境保护
19	科学创造性的野性思维艺术探释	叶平等	2016 年 9 月	自然辩证法研究
20	马克思哲学中的人性范畴及关于人的本质的论断	杨浬人	2012 年 10 月	哲学研究
21	社会主义与生态学联姻是如何可能的?——詹姆斯·奥康纳的生态社会主义理论探析	解保军	2011 年 9 月	马克思主义与现实

续表

序号	论文名称	作者	发表年月	发表刊物名称
22	人与自然和谐共生的现代化——对西方现代化模式的反拨与超越	解保军	2019年3月	马克思主义与现实
23	马克思"人与土地伦理关系"思想探微	解保军	2015年1月	伦理学研究
24	马克思恩格斯对资本主义生产外部不经济问题的生态批判及意义	解保军	2017年10月	国外理论动态
25	儒家女性角色伦理视角转换路径探析	彭华	2014年3月	伦理学研究
26	儒家女性角色伦理的三个理论视角	彭华 杜帮云	2013年10月	哲学动态
27	论分配公平中的收入差距问题	杜帮云	2014年7月	伦理学研究
28	康德实践哲学的义理构建及其逻辑跳跃	由田等	2019年5月	伦理学研究
29	由生存论得以确立的工程哲学——《历史与实践——工程生存论引论》读感	王德伟	2014年9月	自然辩证法研究
30	J.K.芬奇的古典工程兴衰思想初探	王德伟等	2012年4月	自然辩证法研究
31	对"鸭式布局"战机工程的"复杂性"认识	王德伟等	2013年8月	自然辩证法研究
32	机械论的合理性和局限性	王德伟等	2019年7月	自然辩证法通讯
33	电子战的赛博空间的维度识别	王德伟等	2014年11月	自然辩证法研究
34	技性科学发展中的义利之辨问题探析	吴永忠等	2016年3月	自然辩证法研究
35	中国工程技术的缘起及其意义——哈工大早期工程技术辩证法的研究	谢咏梅	2013年12月	自然辩证法研究
36	工程研究的跨学科视野——第六次全国工程哲学学术会议综述	谢咏梅	2014年1月	自然辩证法研究
37	关士续与中国的自然辩证法	谢咏梅等	2019年8月	自然辩证法研究
38	对一项下马工程的社会学分析与反思	谢咏梅等	2012年9月	自然辩证法研究
39	从人的发展看技术本质的实现	王凤珍等	2013年8月	自然辩证法研究
40	1959年西藏叛乱后劳威尔·托马斯及美国紧急救助西藏难民委员会涉藏活动探析	闫金红等	2016年5月	当代中国史研究
41	生态危机的马克思主义哲学应对	王凤珍	2013年5月	中国社会科学文摘
42	评尼尔·哈丁对列宁国家与革命思想的解读	王丽颖	2018年5月	国外社会科学
43	劳斯的科学文化实践观探析	吴永忠等	2011年9月	哲学动态
44	课程思政:隐性思想政治教育的新形态	巩茹敏等	2019年6月	教学与研究
45	20世纪上半期留美学生与中国文化的对外传播	马良玉等	2012年7月	南开学报(哲学社会科学版)
46	我国城镇职工就业、工资与养老保险的联动效应分析	姚永志等	2014年11月	中国管理科学
47	用激情书写时代精神	刘金祥	2016年7月	人民日报
48	推进新型城镇化的四个维度	刘金祥	2013年12月	人民日报
49	让家书文化融入百姓生活	刘金祥	2017年3月	人民日报

续表

序号	论文名称	作者	发表年月	发表刊物名称
50	建设新时代社会主义法治文化	刘金祥	2018年3月	人民日报
51	增强民营文化企业的政策获得感	刘金祥	2018年11月	人民日报
52	思想硬度和美学质感	刘金祥	2015年4月	人民日报
53	马克思主义:勘破迷津的科学理论	刘金祥	2018年6月	光明日报
54	用制度管控和规约文艺评奖	刘金祥	2015年9月	光明日报
55	现代化与当代中国作家精神处境	刘金祥	2014年7月	光明日报
56	《化茧成蝶》龙江转型升级的镜像表达	刘金祥	2015年8月	光明日报
57	经历也是一种教育	刘金祥	2012年8月	光明日报
58	弘扬社会主义法治精神	刘金祥	2014年11月	中国教育报
59	"最美者"人心向善的道德典范	刘金祥	2013年3月	中国教育报
60	振兴中华:中国梦的历史引擎	刘金祥	2013年4月	中国教育报
61	把五四精神熔铸在中国梦之中	刘金祥	2013年5月	中国教育报
62	小康与健康	刘金祥	2013年5月	中国教育报
63	整治"四风"	刘金祥	2013年7月	中国教育报
64	利在天下则谋	刘金祥	2013年7月	中国教育报
65	中国当代文学缺憾的哲学思考	刘金祥	2011年12月	学习时报
66	缺失的大众文学批评	刘金祥	2012年3月	学习时报
67	自觉抵制网络谣言	刘金祥	2012年4月	学习时报
68	打造文化品牌须克服的倾向	刘金祥	2012年9月	学习时报
69	要民生财政,更要民主财政	刘金祥	2011年9月	学习时报
70	文化价值理念的当代建设	刘金祥	2008年10月	学习时报
71	着力发展乡村特色文化产业	刘金祥	2019年3月	学习时报
72	树立忧患意识 增强危机观念	刘金祥	2020年3月	学习时报
73	抗疫斗争磨砺升华伟大民族精神	刘金祥	2020年3月	学习时报
74	思想的伟大力量	刘金祥	2018年5月	学习时报
75	拓宽人民有序参与立法的途径	刘金祥	2018年5月	学习时报
76	传承中华文明须涵育家书文化	刘金祥	2017年3月	学习时报
77	以教育公平促进素质教育	刘金祥	2013年3月	学习时报

注:刘金祥为哈尔滨工业大学马克思主义学院兼职教授

表38　2011年5月至2020年4月马克思主义学院教师发表的
CSSCI 期刊和 CSSCI 期刊扩展版（不含 A 类期刊）论文一览表

序号	论文名称	作者	发表年月	发表刊物名称
1	以系统思维考量社会管理创新	徐奉臻	2012年9月	学术交流
2	国内马克思现代化思想研究的进程及思考	徐奉臻	2014年4月	哈尔滨工业大学学报（社会科学版）
3	基于国学智慧构建生态经济新模式的合理性	徐奉臻	2014年10月	贵州社会科学
4	中国梦与中国现代化的多维关系探微	徐奉臻	2015年4月	理论探讨
5	在思想政治理论课教学中何以实现中国梦之"三进"——以"中国近现代史纲要"课为例	徐奉臻	2015年6月	思想政治教育研究
6	中国梦与中国现代化的多维关系探微	徐奉臻	2015年7月	理论探讨
7	中国新型现代化需要新型智库建设	徐奉臻	2015年10月	学术交流
8	"文化自信"的定位内涵及功能路径	徐奉臻	2017年10月	社会科学家
9	中国现代化的缘起演变及时代特点和未来愿景——哈尔滨工业大学博士生导师徐奉臻教授访谈	徐奉臻	2017年10月	社会科学家
10	中国共产党何以成为抗日战争的中流砥柱	徐奉臻	2017年9月	思想理论教育导刊
11	基于国学智慧构建生态经济新模式的合理性	徐奉臻	2014年10月	贵州社会科学
12	习近平运用马克思主义的方法论思考	徐奉臻	2018年1月	求是学刊
13	习近平社会革命论的历史意蕴和现实意义	徐奉臻	2018年10月	江汉论坛
14	视野要广:思想政治理论课教师的基本功	徐奉臻	2019年6月	思想政治教育研究
15	"中国梦"思想中的历史思维方法	徐奉臻	2017年5月	哈尔滨工业大学学报（社会科学版）
16	从两个图谱看国家治理体系和治理能力现代化	徐奉臻	2020年1月	人民论坛
17	《道德情操论》之"正义"解读	杜帮云	2012年5月	河南师范大学学报
18	论公平正义	杜帮云	2015年11月	理论月刊
19	马克思主义自由平等观与社会主义自由平等的实现	杜帮云	2016年12月	理论月刊
20	民主与社会主义政治文明	杜帮云	2014年1月	兰州学刊
21	论民主法治	杜帮云	2013年7月	理论月刊
22	亚当·斯密美德伦理探析	杜帮云	2012年8月	兰州学刊
23	苏联早期马克思主义理论家的生态思想和生态实践索隐	解保军 杜伟男	2017年7月	晋阳学刊
24	建国以来党的思想政治教育史研究述评	巩茹敏	2012年9月	思想理论教育
25	中国共产党思想政治教育史学科研究的新审视	巩茹敏	2015年4月	思想政治教育研究

续表

序号	论文名称	作者	发表年月	发表刊物名称
26	从文本透视习近平思想政治教育工作的原则方法	巩茹敏	2017年9月	哈尔滨工业大学学报（社会科学版）
27	土改运动中的妇女动员	巩茹敏	2016年10月	学术交流
28	退伍复学大学生校园适应现状及对策研究	巩茹敏等	2018年12月	学校党建与思想教育
29	当代中国学术话语建构的理论前提	郭艳君	2016年11月	中国社会科学报
30	论《关于费尔巴哈的提纲》的思想前提	郭艳君	2015年11月	学术交流
31	一种独特的宣传文书——"告书"研究——以《东北地区革命历史文件汇集》为中心	黄进华	2013年3月	档案学通讯
32	宣传文书的文种与特点探析——基于《东北地区革命历史文件汇集》的研究	黄进华	2015年3月	档案学通讯
33	抗战时期中共纪念文书考察——以东北纪念文书为中心	黄进华	2017年1月	档案学通讯
34	宣誓文书探究——基于东北抗联宣誓文书的考察	黄进华	2017年7月	档案学通讯
35	抗战时期中共纪念文书考察——以东北纪念文书为中心	黄进华	2018年5月	档案学通讯
36	协同论历史学	黄磊	2015年1月	系统科学学报
37	分形心理学	黄磊	2015年9月	系统科学学报
38	突变论视域下福柯的权力结构分析	黄磊	2015年11月	哈尔滨工业大学学报（社会科学版）
39	康德与福柯：从知识论的构造到权力论的生成	黄磊	2014年7月	哈尔滨工业大学学报（社会科学版）
40	通儒达识 巍巍"工大"魂——张乃通学术成长资料采集小组工作心得	黄磊等	2019年8月	中国科学报
41	德性与法律之间——中国传统优秀价值观的当代践行空间	姜昱子	2013年6月	学术交流
42	自由与平等的自然底蕴与政治向度——戊戌维新时期自然科学观论析	姜昱子	2014年8月	学术交流
43	近代中国文化观的革新历程	姜昱子	2013年8月	江汉论坛
44	探索生态文明与市场经济的契合及其进路	解保军	2012年3月	科学技术哲学研究
45	探寻生态文明与市场经济的契合及其进路——中国环境哲学和环境伦理学2011年年会评述	解保军	2012年6月	科学技术哲学研究
46	环境悬崖危机倒逼生态文明建设新契机	解保军	2016年1月	哈尔滨工业大学学报（社会科学版）
47	马克思对资本主义农业的生态批判	解保军	2011年9月	学术交流
48	人与自然：从马克思的对象性关系论述看和谐共生关系	解保军等	2019年3月	哈尔滨工业大学学报（社会科学版）

续表

序号	论文名称	作者	发表年月	发表刊物名称
49	同妻群体生活状态的抗逆力分析	刘冬	2017年5月	哈尔滨工业大学学报（社会科学版）
50	质性、量化方法论融合对社会工作的意义	刘冬	2019年7月	哈尔滨工业大学学报（社会科学版）
51	城市社区民主：我国民主政治建设的增量元素	刘金祥	2012年10月	中国社会科学报
52	高兹的消费批判理论评析	刘晓芳	2012年9月	学术交流
53	儒家"尊母"理念对佛教中国化的影响	彭华	2016年4月	福建论坛（人文社会科学版）
54	朱熹女性观探析	彭华	2011年11月	现代哲学
55	亚当·斯密美德伦理探析	彭华	2012年8月	兰州学刊
56	华美协进社的抗日爱国活动调查研究	马良玉	2016年8月	学术交流
57	以文化人与精神文明建设	任平	2018年10月	人民论坛
58	马克思主义中国化在新时代的四重意蕴	任平	2019年9月	人民论坛
59	高质量绿色发展的理论内涵、评价标准与实现路径	任平	2019年11月	内蒙古社会科学（汉文版）
60	对首都高校大学生礼貌语使用情况的调查研究	任平等	2013年12月	学术交流
61	新时期中国共产党提升国家文化软实力思想探析	孙焱杰等	2012年10月	广西社会科学
62	体育院校思想政治理论课实践教学体系的构建与运行——兼论高校思想政治理论课实践教学建设	王丽颖	2014年2月	思想政治教育研究
63	饶勒斯的革命思想论析	王丽颖	2016年12月	学术交流
64	生态危机中的环境人类中心主义构建	王凤珍	2013年1月	哈尔滨工业大学学报（社会科学版）
65	"类时代"与科技发展观的构建	王凤珍	2011年6月	中国青年政治学院学报
66	社会变迁中"主体性"的缺失与重构——从孔德的"利他主义"说起	王德伟	2015年11月	哈尔滨工业大学学报（社会科学版）
67	回归生命个体的人文关怀：高校道德教育的人本取向	吴威威	2012年5月	江苏高教
68	习近平社会治理思想的创新性思维逻辑	吴威威	2017年9月	哈尔滨工业大学学报（社会科学版）
69	20世纪80年代美国难民政策论析	闫金红	2011年5月	北方论丛
70	20世纪50年代美国难民政策研究	闫金红	2012年3月	北方论丛
71	新时代中国政治文化的价值理念与战略开发	闫金红	2019年5月	理论探讨
72	关于"环境难民"定义的研究	闫金红	2011年11月	天津大学学报

续表

序号	论文名称	作者	发表年月	发表刊物名称
73	荒野保护十年:初露生态的文明和文明的生态	叶平	2012年9月	中国社会科学报
74	深化生态文明体制改革的时代特点及理论前提	叶平	2015年2月	环境保护
75	马克思的共产主义非法权正义观——兼评艾伦·布坎南对马克思正义思想的误解	由田	2017年11月	道德与文明
76	马克思伦理学的"哥白尼式革命"	由田	2018年7月	道德与文明
77	世界主义的跨国移民伦理:挑战与期许	由田等	2019年11月	东南大学学报（哲学社会科学版）
78	《资本论》为什么不是"经济学的形而上学"	由田等	2015年1月	江苏社会科学
79	历史唯物主义的"世界观"内涵	由田等	2015年3月	学习与探索
80	新时代文化扶贫的现实困境与路径探究	由田等	2020年1月	江淮论坛
81	革命文化的历史性内涵与时代价值	张荣荣等	2019年5月	理论探讨
82	作为一种意识形态的"意识形态终结论"	张荣荣	2019年4月	学术交流
83	思想政治教育话语空间之现状述评	张世昌	2019年2月	湖北社会科学
84	网络语境中青年亚文化话语探赜	张世昌	2019年8月	福建论坛（人文社会科学版）
85	智库在推动美国新一轮国防改革中的作用与启示	张世昌	2019年11月	情报杂志
86	工匠精神:思政课教师教育话语认同的能量支点	张世昌	2018年1月	现代教育管理
87	文化强国视域下国家话语能力的建构	张世昌	2016年12月	中州学刊
88	价值自信:国家话语能力提升的精神支点	张世昌	2017年3月	学术交流
89	习近平用典中的思想政治教育元素探析	张世昌	2020年1月	思想教育研究
90	清末民初西布特哈地区教育问题述略——以《档案史料选编·黑龙江少数民族》为中心	赵爱伦	2011年9月	中国边疆史地研究
91	移民实边:东北近代化进程中的催化剂——兼论人口增加对东北近代化的影响	赵爱伦	2014年6月	学习与探索
92	变通政治:东北地区行政机构近代化轨迹	赵爱伦	2013年9月	学习与探索
93	政府行政权力对高等教育现代化的影响——以南京国民政府高等教育制度现代化问题为中心	赵爱伦	2012年12月	学习与探索
94	我国利率平价偏离值的实证分析	朱加凤	2011年5月	学术交流
95	城市社区民主:我国民主政治建设的增量元素	刘金祥	2012年10月	中国社会科学报
96	社会文化服务体系中的中介组织	刘金祥	2011年11月	中国社会科学报
97	论创建文化品牌的现实意义	刘金祥	2012年3月	现代经济探讨

续表

序号	论文名称	作者	发表年月	发表刊物名称
98	时代语境中的雷锋精神价值	刘金祥	2012年8月	学术交流
99	刍议非物质文化遗产产业化	刘金祥	2012年9月	江南大学学报
100	理工类高校建设中国特色新型智库研究	常实	2015年2月	学术交流
101	文化的阅读与阅读的文化	刘金祥	2009年6月	中国图书评论

注:刘金祥为哈尔滨工业大学马克思主义学院兼职教授

表39　2011年5月—2020年1月马克思主义学院教师发表的
北大核心期刊(不含A类、CSSCI期刊、CSSCI期刊扩展版)论文一览表

序号	论文名称	作者	发表年月	发表刊物名称
1	现代化:思想政治理论课"三进"之新学术生长点	徐奉臻	2013年12月	教育探索
2	以系统思维考量社会管理创新	徐奉臻	2012年9月	学术交流
3	按其本性讲解马克思主义哲学	杜帮云 彭华	2012年6月	教育评论
4	解放战争时期东北工业领域开展的献纳器材运动	黄进华等	2019年12月	中国劳动关系学院学报
5	集体主义的理性分析和时代解读	杜帮云	2016年1月	前沿
6	黑龙江省高等教育服务区域经济发展的实践研究	任平等	2013年6月	经济论坛
7	浅谈思想政治理论课教材体系向教学体系的转化	任平等	2013年2月	经济师
8	当代大学生主流意识形态教育对策研究	任平等	2011年12月	经济师
9	"互联网+"时代网络互动对大学生抗逆力的影响:网络支持的中介作用	刘冬	2017年12月	黑龙江高教研究
10	新时代思想政治教育话语转换创新研究	张世昌	2019年2月	湖北行政学院学报
11	从文化到文明:习近平生态文明思想演进探赜	张世昌	2017年4月	中华文化论坛
12	论意识形态安全视域下社会主义核心价值观的公众认同	张世昌	2017年2月	湖北行政学院学报
13	拟态空间视域下的思想政治教育研究	张世昌	2016年11月	学习论坛
14	常态事件演化为网络舆情突发事件的话语博弈探赜	张世昌	2019年7月	领导科学
15	1946—1949中共在哈尔滨的民主建政经验研究	巩茹敏	2013年7月	兰台世界
16	抗日根据地乡村女性的社会流动——以冀中抗日根据地为中心的考察	马良玉	2013年3月	妇女研究论丛
17	理工科院校大学生社会主义核心价值体系建设的思考	马良玉	2012年2月	经济师

续表

序号	论文名称	作者	发表年月	发表刊物名称
18	移动互联网与高校思想政治教育	马良玉	2015年3月	经济师
19	社会主义生态文明培育的"四个维度"	马良玉	2016年5月	理论导刊
20	民本到民主的变奏——近代中国权利思想嬗变	姜昱子	2013年7月	北方论丛
21	新时期大学生思想政治教育路径创新研究	王丽颖等	2016年11月	经济师
22	高校思想政治理论课考评体系的系统化构建	王丽颖	2015年10月	商业经济
23	改革开放以来中国共产党发展国家文化软实力的理论与实践	孙焱杰等	2012年11月	岭南学刊
24	以社会主义核心价值体系引领大学生思想政治教育	孙焱杰	2014年5月	继续教育研究
25	人与自然和谐共生的理论基础	解保军	2018年12月	山东干部函授大学学报(理论学习)
26	新媒体视域下高校创新创业教育"立体化"模式探析	由田等	2018年8月	黑龙江畜牧兽医(教育与教学版)
27	黑龙江省转型升级的镜像表达	刘金祥	2015年9月	当代电视
28	试论文化创新的几个维度	刘金祥	2012年2月	唯实
29	论创建文化品牌的现实意义	刘金祥	2012年3月	现代经济探讨
30	时代语境中的雷锋精神价值	刘金祥	2012年8月	学术交流
31	刍议非物质文化遗产产业化	刘金祥	2012年9月	江南大学学报
32	盗得天火耀人间——观文献专题片《思想的历程》	刘金祥	2011年9月	江南大学学报
33	中国文人的忧患意识与当下价值	刘金祥	2020年2月	文艺报
34	中国古代文人的家国情怀	刘金祥	2019年2月	文艺报
35	历史意识的萎缩与退却	刘金祥	2017年12月	文汇报
36	陆游为何被赞为"爱国主义诗人"	刘金祥	2018年1月	解放日报
37	金融如何支持城市文化产业发展	刘金祥	2018年1月	中国文化报
38	超越与尴尬	刘金祥	2018年3月	文汇报
39	真理标准大讨论:"闪电走在雷鸣前"	刘金祥	2018年5月	解放日报
40	用镜语还原真理的朴素美感	刘金祥	2018年8月	解放日报
41	不缺阅读者,缺有说服力的作品	刘金祥	2017年3月	解放日报
42	关于现实的一切都可从中查阅	刘金祥	2016年6月	解放日报
43	中原城市群:蓄积新型城镇化的理论资源	刘金祥	2014年7月	中华读书报
44	疫情倒逼人类修正不文明行为	刘金祥	2020年4月	南方日报

注:刘金祥为哈尔滨工业大学马克思主义学院兼职教授

表40 2011年5月—2020年1月马克思主义学院教师发表的一般期刊(不含A类、CSSCI、北大核心期刊)论文一览表

序号	论文名称	作者	发表年月	发表刊物名称
1	"国家治理体系和治理能力现代化"的历史定位	徐奉臻	2016年12月	社会主义核心价值观研究
2	新时代哲学社会科学工作者的使命	徐奉臻	2019年5月	黑龙江日报
3	当代中国伟大社会变革与马克思主义深邃意蕴	徐奉臻	2018年5月	黑龙江日报
4	我们为何倡导人类命运共同体意识	徐奉臻	2015年9月	羊城晚报
5	让"四进四信"唱响青春校园	徐奉臻	2015年7月	哈尔滨日报
6	中国特色哲学社会科学何以构建	徐奉臻	2016年8月	奋斗
7	理解新时代中国特色社会主义思想的三重逻辑	徐奉臻	2018年3月	奋斗
8	坚持和发展中国特色社会主义的原创性理论贡献	徐奉臻	2019年8月	奋斗
9	辛亥革命百年祭	徐奉臻	2011年10月	哈尔滨工业大学报
10	悲壮的历程:东北抗战14年	黄进华 徐奉臻	2015年7月	党史文汇
11	东北抗日民族统一战线具有示范作用	黄进华	2015年9月	黑龙江日报
12	理直气壮开好思政课用新时代中国特色社会主义思想铸魂育人	巩茹敏	2019年5月	哈尔滨日报
13	始终坚持马克思主义指导地位不动摇	巩茹敏	2019年4月	奋斗
14	初心和使命是不断前进的根本动力	巩茹敏	2017年11月	黑龙江日报
15	近年来中国共产党文化建设研究述评	巩茹敏	2017年6月	吉林省教育学院学报
16	增强"四进四信"专题教学吸引力	巩茹敏	2016年1月	黑龙江日报
17	思想政治教育环境研究综述	巩茹敏	2011年5月	边疆经济与文化
18	论以人为本	杜帮云	2013年9月	理论界
19	行动者网络理论视域下的"工程共同体"	谢咏梅等	2018年8月	工程研究—跨学科视野中的工程
20	大庆龙凤湿地生态文化建设探析	由田等	2018年10月	大庆社会科学
21	王阳明"万物一体之仁"学说的性别伦理意蕴	彭华	2016年1月	王学研究
22	对中国特色社会主义进入"新时代"的多维解读	任平	2018年2月	知与行
23	公共性:公平正义的理性共识	任平等	2017年4月	哈尔滨师范大学社会科学学报
24	多元社会思潮影响下的大学生思想政治教育研究	任平等	2017年2月	北京青年研究
25	大数据时代高校思想政治教育实效性研究	任平等	2016年3月	价值工程

续表

序号	论文名称	作者	发表年月	发表刊物名称
26	以考核方式的革新促"原理"课教学方法和教学体系创新	任平	2014年9月	黑龙江教育（理论与实践）
27	当代大学生社会主义主流意识培育对策	任平	2014年1月	闽江学院学报
28	国家安全视域下的高校社会主义主流意识形态安全教育	任平	2013年6月	东北农业大学学报（社会科学版）
29	信息化条件下高校德育工作的理性审视	任平	2013年	教书育人
30	关于对中国特色社会主义道路自信的思考	任平	2013年3月	中共石家庄市委党校学报
31	影像视频资料在基础写作教学中的应用	任平等	2011年	学理论
32	"表本兼治"的国家环境理论与认知指南——评《国家环境治理研究》	叶平	2018年7月	晋阳学刊
33	绿色发展的一种方法论——以怀特海"创造的冲动"诠释河流生命为例	叶平等	2017年12月	南京林业大学学报（人文社会科学版）
34	新环保法的生态伦理问题：时代特征、系统关联性与伦理自觉的限度	叶平等	2016年1月	南京林业大学学报（人文社会科学版）
35	努力开创生态文明新时代	叶平	2013年12月	奋斗
36	环境科学特殊对象的哲学与伦理学研究的纲领	叶平等	2013年3月	南京林业大学学报（人文社会科学版）
37	习近平生态文明思想中的责任意蕴话语解读	张世昌	2019年1月	湖南行政学院学报
38	电影《美人鱼》的意蕴解读与三重启示	张世昌等	2016年6月	贵州大学学报（艺术版）
39	习近平生态思想演进论析	张世昌等	2016年6月	中南林业科技大学学报（社会科学版）
40	从《伪装者》与《三八线》的戏剧顺势抗争反思思想政治教育话语之"真"	张世昌	2017年1月	文化创新比较研究
41	论通河人民的抗日斗争	张世昌	2016年1月	佳木斯大学社会科学学报
42	马克思世界历史理论与科学发展观	张世昌等	2014年4月	改革与开放
43	中国共产党加强文化强国建设的思想历程及其现实启示	张荣荣等	2016年11月	法制博览
44	中西方商业文化的差异浅析	张荣荣等	2015年7月	世纪桥
45	关于网络多媒体与高校思想政治课教学整合的研讨	张荣荣等	2013年10月	黑龙江科学
46	网络时代高校思想政治理论课教学方法探析	张荣荣	2013年12月	职业技术

续表

序号	论文名称	作者	发表年月	发表刊物名称
47	创新教学方法 增强教学吸引力——"毛泽东思想和中国特色社会主义理论体系概论"课教学有效性研究	黄莺	2012年8月	教育教学论坛
48	应用型人才培养模式下社会工作专业毕业论文指导的若干思考	赵洪艳等	2016年7月	产业与科技论坛
49	基于代际差异视角下新生代农民工面临问题的实证研究——以哈尔滨市为例	赵洪艳等	2015年3月	经济研究导刊
50	黑龙江省新生代农民工面临主要问题的实证研究	赵洪艳等	2015年1月	学理论
51	关于高等院校国有资产管理信息化建设的思考	姜山等	2015年6月	齐齐哈尔大学学报（哲学社会科学版）
52	从容甲午祭，共筑中国梦——从大历史视角看甲午战争的启示	马良玉	2015年2月	文史资料
53	九一八事变中张学良对日政策评析	马良玉	2015年6月	齐齐哈尔大学学报（哲学社会科学版）
54	黑龙江精神在"中国近现代史纲要"课中的价值与运用	马良玉等	2015年12月	黑龙江教育学院学报
55	地方史资源融入"中国近现代史纲要"课教学的角度和方式：以东北边疆外交事务为例	马良玉	2016年3月	理论界
56	循环经济理论对嫩江流域产业结构调整的启示	霍跃等	2017年1月	黑龙江教育（理论与实践）
57	嫩江流域经济带协调耦合发展模式的构建——基于嫩江流域经济发展"三类优势"的可行性分析	霍跃	2017年1月	学理论
58	"中国近现代史纲要"实践教学与大学生社会责任意识培养研究	霍跃等	2016年8月	湖北函授大学学报
59	东北亚战略安全新变化对中国和平发展的影响及对策	霍跃等	2013年11月	科技视界
60	我国通货膨胀和通货紧缩转换的过程分析	霍跃等	2012年2月	金融经济
61	新形势下大学生国家安全教育的困境	霍跃 马良玉	2017年5月	黑龙江教育理论与实践
62	社会主义核心价值观的三个层次解读	姜昱子	2014年9月	黑龙江日报
63	论以人为本与"三个自信"	姜昱子	2013年5月	黑龙江日报
64	康有为平等思想分析	姜昱子	2013年7月	黑龙江社会科学
65	习近平从严治党思想浅议	王丽颖	2016年7月	边疆经济与文化
66	学习习近平总书记治国理政的科学思维	王丽颖等	2016年6月	大庆社会科学
67	习近平关于理想信念思想的论述	王丽颖	2016年5月	中共杭州市委党校学报

续表

序号	论文名称	作者	发表年月	发表刊物名称
68	黑龙江省特色滑雪旅游产品开发研究	王丽颖等	2013年4月	哈尔滨体育学院学报
69	新形势下增进民族团结的对策探析	孙焱杰	2011年5月	世纪桥
70	论构建社会主义和谐社会的理论创新	孙焱杰	2011年6月	社科纵横
71	中国共产党发展理论的历史演进	孙焱杰	2011年5月	山东理工大学学报
72	论高校马克思主义理论课的文化素质教育功能——以毛泽东思想和中国特色社会主义理论体系概论课为例	孙焱杰	2015年10月	教育观察（上半月）
73	论素质教育视阈下高校马克思主义理论课教学	孙焱杰	2016年7月	世纪桥
74	论高校创新型基层党组织建设的路径及重要意义——学习党的十九大报告的认识与思考	孙焱杰	2018年2月	文化创新比较研究
75	论恩格斯的生态智慧及当代启示	解保军	2019年5月	理论与评论
76	"环境就是民生"：习近平生态文明思想的理论创新	解保军	2019年3月	南海学刊
77	"让人民群众有更多获得感"是习近平改革思想的鲜明特色	解保军	2018年8月	奋斗
78	理解"优美生态环境需要"理念的新视阈	解保军	2018年7月	治理现代化研究
79	马克思恩格斯对资本主义工人生存环境的生态批判及其意义	解保军等	2017年5月	内蒙古师范大学学报（哲学社会科学版）
80	经济新常态：生态文明建设的新契机	解保军	2015年9月	南京林业大学学报（人文社会科学版）
81	生态文明视域下对共产主义社会"财富充分涌流"特征的理解	解保军	2013年10月	武汉科技大学学报（社会科学版）
82	"努力建设美丽中国"——马克思主义中国化的新维度	解保军	2013年6月	南京林业大学学报（人文社会科学版）
83	生态文明的新高度——努力建设美丽中国	解保军	2013年2月	奋斗
84	马克思对资本主义工业的生态批判	解保军等	2011年11月	鄱阳湖学刊
85	五权分立与三权分立的比较研究	杜伟男	2015年5月	赤子
86	试析当代西方资本主义国家政党制度的走势	杜伟男	2015年6月	赤子
87	论《大诰》的思想政治教育职能	杜伟男	2015年7月	才智
88	平等的张力与诉求——马歇尔公民资格理论及对中国构建和谐社会	吴威威等	2014年3月	唐都学刊
89	共和主义公民观的渊源——古希腊的公民资格概述	吴威威等	2013年9月	黑龙江史志

续表

序号	论文名称	作者	发表年月	发表刊物名称
90	企业责任的道德追问——企业道德责任及建设	吴威威等	2011年9月	唐都学刊
91	抗日战争时期中国共产党人现代化理论的内涵	赵爱伦等	2014年2月	哈尔滨学院学报
92	1840—1912年中国社会各阶层对中国现代化道路的探索	赵爱伦等	2014年2月	重庆与世界（学术版）
93	阿格尔异化消费理论及其对我国生态文明建设的启示	吴永忠等	2013年9月	北京化工大学学报（社会科学版）
94	富勒科学哲学思想演化探析	吴永忠等	2014年6月	长沙理工大学学报（社会科学版）
95	"天人合一"的思维模式与现代生态伦理学的重建	杨涯人等	2015年9月	南京林业大学学报（人文社会科学版）
96	从传统"和"文化看环境哲学中国化理论体系的构建	杨涯人等	2019年2月	南京林业大学学报（人文社会科学版）
97	城镇化的路径——《中国都市化进程报告》解析	刘金祥	2014年2月	书屋
98	政治秩序是历史文化的产物	刘金祥	2014年6月	书屋
99	人类灵魂的五彩画廊	刘金祥	2013年3月	文化学刊
100	城镇化战略与经济转型	刘金祥	2013年4月	书屋
101	城市文明与精神气质	刘金祥	2012年10月	书屋
102	不同文化铸就了不同民族文化性格	刘金祥	2011年10月	书屋
103	中国人深层的文化心理密码	刘金祥	2019年10月	北京日报
104	乡村文化式微因由	刘金祥	2018年8月	北京日报
105	以民生为价值取向的民主才有生命力	刘金祥	2018年8月	北京日报
106	重新回答发展中国家的"发展"问题	刘金祥	2018年8月	北京日报
107	健康城市才是幸福城市	刘金祥	2018年10月	北京日报
108	一个年份与一部史著	刘金祥	2018年10月	北京日报
109	中国人深层的文化心理密码	刘金祥	2019年10月	北京日报

注：刘金祥为哈尔滨工业大学马克思主义学院兼职教授

四、科学研究著作

2011—2020年，据不完全统计，马克思主义学院教师共出版各类教学科研著作34部；其中在国家级出版社出版的教学科研著作19部，详见表41；在省部级出版社出版的教学科研著作9部，详见表42；在校级出版社出版的教学科研著作6部，详见表43。

表41 2011—2020年马克思主义学院教师在国家级出版社出版的教学科研著作一览表

序号	著作名称	主要作者	出版时间	出版单位
1	发展观的嬗变与中国新型现代化的理论建构	徐奉臻	2014	中国环境出版社
2	中国近现代纲要教学中的回溯提升教学模式研究	徐奉臻	2017	中国社会科学出版社
3	生态资本主义批判	解保军	2015	中国环境出版社
4	环境科学及其特殊对象的哲学与伦理学问题研究	叶平	2013	中国环境出版社
5	现代化视域下的大学生公民责任教育研究	吴威威	2015	中国社会科学出版社
6	公民责任探析	吴威威	2015	中国社会科学出版社
7	马克思主义在中国东北的传播：1900—1931——基于历史学和传播学的视角	黄进华	2012	中国社会科学出版社
8	马克思主义在哈尔滨传播的历史经验和现实启示	黄进华	2017	中国社会科学出版社
9	协同论历史哲学	黄磊	2012	中国社会科学出版社
10	解读难民政策——意识形态视阈下美国对社会主义国家的难民政策研究	闫金红	2014	人民日报出版社
11	"十八大精神"重点难点疑点问题解析	黄英 孙焱杰	2013	中国商务出版社
12	建构美好生活:网络互动对抗逆力的提升机制研究	刘冬等	2019	人民日报出版社
13	高校思想政治工作科学化的思考与实践	黄进华等	2015	中国文史出版社
14	"深化东北抗联历史研究弘扬东北抗联精神"学术研讨会论文集	黄进华 徐奉臻等	2015	中共党史出版社
15	"中国近现代史纲要"课学生辅学读本（马克思主义理论研究和建设工程重点教材配套用书）	徐奉臻等	2016	高等教育出版社
16	《"中国近现代史纲要"课重点难点解析》（马克思主义理论研究和建设工程重点教材配套用书）	徐奉臻等	2017	高等教育出版社
17	"中国近现代史纲要"课学生基本要求（马克思主义理论研究和建设工程重点教材配套用书）	徐奉臻等	2016	高等教育出版社
18	中国人民抗日战争史料简编	黄进华等	2016	高等教育出版社
19	马克思主义大众化机制建设的实证研究——以新中国成立初期黑龙江地区为中心	黄进华等	2016	中国社会科学出版社

表42 2011—2020年马克思主义学院教师在省部级出版社出版的教学科研著作一览表

序号	著作名称	主要作者	出版时间	出版单位
1	场域视野与马克思主义在东北的传播：1872—1948	黄进华	2016	黑龙江人民出版社
2	马克思主义中国化早期探索研究	黄英	2012	黑龙江人民出版社
3	"毛泽东思想和中国特色社会主义理论体系概论"课程教学模式研究	黄英	2012	黑龙江人民出版社
4	"毛泽东思想和中国特色社会主义理论体系概论"必读文选导读	黄英	2012	黑龙江人民出版社
5	《国家与革命》基本思想与当代价值	王丽颖	2019	黑龙江人民出版社
6	大学生德育教育发展与道德培育研究	王丽颖	2018	黑龙江教育出版社
7	高教综合改革研究与实践	徐奉臻等	2012	黑龙江人民出版社
8	"毛泽东思想和中国特色社会主义理论体系概论"课程教学模式研究	黄英、张德旺等	2012	黑龙江人民出版社
9	"毛泽东思想和中国特色社会主义理论体系概论"难点疑点热点问题解析	黄英等	2012	黑龙江人民出版社

表43 2011—2020年马克思主义学院教师在校级出版社出版的教学科研著作一览表

序号	著作名称	主要作者	出版时间	出版单位
1	基于生态伦理的环境科学理论观念与实践观念	叶平	2015	哈尔滨工业大学出版社
2	生态学马克思主义名著导读	解保军	2014	哈尔滨工业大学出版社
3	习近平总书记系列重要讲话专题辅导教学大纲	徐奉臻、巩茹敏、赵爱伦等	2015	东北林业大学出版社
4	习近平总书记系列重要讲话专题辅导教学大纲（修订版）	徐奉臻、巩茹敏等	2016	东北林业大学出版社
5	习近平新时代中国特色社会主义思想专题辅导大纲	徐奉臻、巩茹敏等	2018	东北林业大学出版社
6	中国化马克思主义经典著作导读	王丽颖等	2011	东北林业大学出版社

五、科研奖励和荣誉

2011—2020年，据不完全统计，马克思主义学院教师共获得各类科研奖励和荣誉59项，其中国家级科研奖励和荣誉13项，详见表44；省级科研奖励和荣誉41项，详见表45；校级科研奖励和荣誉5项，详见表46：

表44　2011—2020年马克思主义学院教师荣获的国家级科研奖励和荣誉一览表

序号	荣誉名称	成果名称	获奖教师	时间	备注
1	第二批"万人计划"哲学社会科学领军人才	综合奖励（以科研为主）	徐奉臻	2016	黑龙江省思政界"零"的突破
2	2014年中宣部文化名家暨"四个一批"人才	综合奖励（以科研为主）	徐奉臻	2015	黑龙江省思政界"零"的突破
3	全国和各省区市中国特色社会主义理论体系研究中心高质量理论文章奖	《不忘初心：理解十九大精神的钥匙》	徐奉臻	2018	黑龙江共2人获奖
4	"首届全国高校思想政治理论课教学能手"第一名	教学比赛	徐奉臻	2012	所有思想政治理论课教师比赛（全国"零"的突破）
5	首届全国高校思想政治理论课教师影响力标兵人物		徐奉臻	2014	全国共10人
6	全国基层理论宣讲先进个人		徐奉臻	2018	黑龙江1人
7	全国大学素质教育精品通选课	世界文明史课程		2014	
8	全国高校思想政治理论课巡回教学展示活动教学标兵	弘扬中华传统美德	吴威威	2017	
9	首届全国高校形势与政策课巡回教学展示活动教学标兵	不忘赶考初心方能砥砺前行	巩茹敏	2016	全国共5人
10	教育部举办的首届全国高校思政课教学展示活动一等奖	习近平总书记对外开放的关键词	巩茹敏	2019	
11	教育部首届全国思想政治理论课教学展示活动二等奖		赵爱伦	2019	
12	实用新型专利	一种新型思想政治教育宣传栏	王丽颖	2018	专利号：ZL2017 2 1505345.8
13	实用新型专利	一种思想政治教育讲台	王丽颖	2018	专利号：ZL2017 2 0419718.3

表45　2011—2020年马克思主义学院教师荣获的省级科研奖励和荣誉一览表

序号	成果名称	获奖者	奖励名称	奖励等级	获奖时间
1	黑龙江省宣传文化系统"六个一批"理论类人才	徐奉臻	综合奖励（以科研为主）	无等级	2012
2	黑龙江省宣传文化系统"六个一批"理论类人才	郭艳君	综合奖励（以科研为主）	无等级	2017
3	《三十年来中国化马克思主义诸理论之内在逻辑关系》	徐奉臻	第十五届黑龙江省社会科学优秀科研成果奖	一等奖	2013

续表

序号	成果名称	获奖者	奖励名称	奖励等级	获奖时间
4	《青年马克思批判哲学的双重逻辑及其理论意义》	郭艳君	第十六届黑龙江省社会科学优秀科研成果奖	一等奖	2015
5	《商品价值的哲学分析》	郭艳君	第十七届黑龙江省社会科学优秀科研成果奖	一等奖	2016
6	《商品价值的哲学分析》	郭艳君	黑龙江省首届哲学学科优秀科研成果奖	一等奖	2016
7	《生活的生产:〈德意志意识形态〉中被遮蔽的现代性维度》	徐奉臻	黑龙江省高校人文社会科学研究优秀成果奖	一等奖	2014
8	《"中国近现代史纲要"系列教学参考书建设探索》	徐奉臻 赵爱伦 黄进华等	黑龙江省优秀高等教育科学研究成果奖	一等奖	2011
9	《国际STS研究范式的演化》	吴永忠	黑龙江省高校人文社会科学研究优秀成果奖	一等奖	2011
10	《生活的生产:〈德意志意识形态〉中被遮蔽的现代性维度》	徐奉臻	第十六届黑龙江省社会科学优秀科研成果奖	二等奖	2015
11	《"中国近现代史纲要"重点难点理论与实践问题析微》	徐奉臻 赵爱伦 孙艺年 黄进华	黑龙江省优秀高等教育科学研究成果奖	二等奖	2011
12	《论20世纪80年代美国难民政策》	闫金红	第十六届黑龙江省社会科学优秀成果奖	二等奖	2015
13	《解读难民政策——意识形态视阈下美国对社会主义国家的研究》	闫金红	第十七届黑龙江省社会科学优秀成果奖	二等奖	2014
14	《国际STS研究范式的演化》	吴永忠	第十五届黑龙江省社会科学优秀成果奖	三等奖	2013
15	《解放战争时期东北解放区大生产运动研究》	黄进华	黑龙江省高校人文社会科学研究优秀成果奖	二等奖	2015
16	《论20世纪80年代美国难民政策》	闫金红	黑龙江省高校人文社会科学研究优秀成果奖	二等奖	2013
17	马克思主义在哈尔滨传播的历史经验和现实启示	黄进华	首届黑龙江省历史学科优秀科研成果奖（著作类）	二等奖	2019
18	土改运动中的妇女动员	巩茹敏	首届黑龙江省历史学科优秀科研成果奖（论文类）	二等奖	2019
19	《现代化:思想政治理论课"三进"之新学术生长点》	徐奉臻	黑龙江省优秀高等教育科学研究成果奖	二等奖	2015

续表

序号	成果名称	获奖者	奖励名称	奖励等级	获奖时间
20	《博士生思政课"中国马克思主义与当代"需要践行"9个不同于"》	徐奉臻	黑龙江省高等教学学会学术会议优秀教学科研论文	二等奖	2012
21	《"毛泽东思想和中国特色社会主义理论体系概论"课教学与素质教育的有机结合》	姚永志	黑龙江省优秀高等教育科研论文奖	二等奖	2012
22	《行动主义科学知识观》	吴永忠	黑龙江省第八届优秀硕士毕业论文指导教师	优秀硕士毕业论文指导教师	2012
23	《新中国成立前夕黑龙江地区"公开建党"探析》	黄进华	第十七届黑龙江省社会科学优秀成果奖	三等奖	2016
24	《儒学女性观研究》	彭华	第十五届黑龙江省社会科学优秀成果奖	三等奖	2013
25	《解放战争时期中共开展宣传工作的艺术特色》	巩茹敏	黑龙江省高校人文社会科学研究优秀成果奖	三等奖	2014
26	《"中国近现代史纲要"课中的多媒体教学探析》	赵爱伦	黑龙江省高等教育学会教育科研论文	三等奖	2012
27	《从典型案例看苏维埃时期中共反腐败思想与实践》	巩茹敏	第十五届黑龙江省社会科学优秀成果奖	佳作奖	2013
28	习近平思想政治工作教育的原则方法	巩茹敏	首届马克思主义理论学科优秀成果奖	三等奖	2018
29	对党的十八大以来习近平统一战线思想研究述评	巩茹敏	黑龙江省统战理论政策研究创新成果奖	三等奖	2020
30	土改运动中的妇女动员	巩茹敏	黑龙江省首届历史学科优秀成果奖	二等奖	2020
31	《马克思主义在中国东北的传播：1900—1931——基于历史学和传播学的视角》	黄进华	第十六届黑龙江省社会科学优秀成果奖	佳作奖	2015
32	《梳理与反思：政治环境对国家技术观的影响》	黄英	第十五届黑龙江省社会科学优秀成果奖	佳作奖	2013
33	《意识形态视野下美国对社会主义国家难民政策研究》	闫金红	黑龙江省哲学社会科学课题结题鉴定优秀成果奖	优秀奖	2013
34	《东北抗日民族统一战线——"先行者"的探索》	黄进华	黑龙江省纪念中国人民抗日战争暨世界反法西斯战争胜利70周年大会优秀论文	优秀论文	2015

续表

序号	成果名称	获奖者	奖励名称	奖励等级	获奖时间
35	《饶勒斯的革命思想探析》	王丽颖	黑龙江省哲学学科优秀科研成果奖	三等奖	2017
36	"南海,中国的南海"	王丽颖	黑龙江省思想政治理论课"形势与政策"教学巡演	三等奖	2016
37	《马克思的共产主义非法权正义观——兼评艾伦·布坎南对马克思主义思想的误解》	由田	黑龙江省第四届哲学学科优秀科研成果奖	二等奖	2018
38	《马克思伦理学的"哥白尼式革命"》	由田	黑龙江省第五届哲学学科优秀科研成果奖	二等奖	2019
39	论"毛泽东思想和中国特色社会主义理论体系概论"课教育教学之核心所在	孙焱杰	黑龙江省高教学会优秀论文	二等奖	2012
40	北京大学访问学者科研成果奖	孙焱杰	北京大学	无	2012
41	"毛泽东思想和中国特色社会主义理论体系概论"与大学生和谐理念的培育	姚永利	黑龙江省高等教育学会优秀教育科研论文奖	无	2012

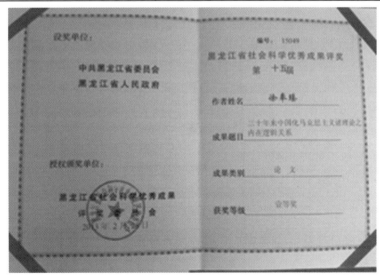

2013年,徐奉臻获黑龙江省社科优秀成果一等奖

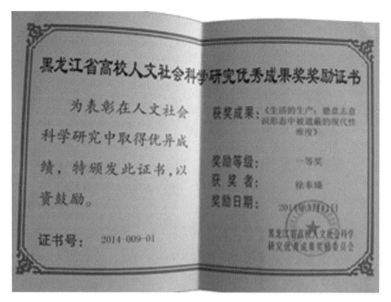

2014年,徐奉臻获黑龙江省高校人文社科研究优秀成果一等奖

表46 2011—2020年马克思主义学院教师荣获的校级科研奖励和荣誉一览表

序号	成果名称	获奖者	奖励名称	奖励等级	获奖时间
1	《六M教学模式:新体系框架内博士生思想政治理论课建设构想》	徐奉臻	哈尔滨工业大学党建与思政工作研究会年会	一等奖	2013
2	5M教学模式:博士生思政课内容体系和教学方法的探索	徐奉臻 叶平 杨韬 杨湦人	哈尔滨工业大学研究生教学成果奖	二等奖	2015
3	《评尼尔·哈丁对列宁国家与革命思想的解读》	王丽颖	中国社会科学院研究生院2017—2018年度研究生优秀学术论文	三等奖	2018
4	中国近现代史纲要课中的多媒体教学探析	赵爱伦	哈尔滨工业大学党建与思想政治工作年会第25届年会	优秀奖	2013
5	转变观念、积极构建"一体两翼"的传统文化教学网络	黄进华	哈尔滨工业大学党建与思想政治工作年会第25届年会	优秀奖	2013

第五章 马克思主义学院行政管理与党的建设

第一节　马克思主义学院行政管理

2011年4月,"哈尔滨工业大学马克思主义学院"正式组建(校党发〔2011〕34号)。

学校加大软件和硬件投入,确保思想政治理论教育教学及办公需要。2009年底,学校投入上千万元修缮校部楼,使马克思主义学院的办公条件得到全面改善。学校在专业技术职务评聘中,同等条件下向思想政治理论课教师倾斜。学院配备办公用房、图书资料室、计算机房以及会议室等。图书资料室内,拥有丰富的图书资料、国内外社科期刊、声像资料等,可以满足教师工作的基本需要。

对照教育部《高等学校思想政治理论课建设标准》(教社科〔2015〕3号)的文件要求,思想政治理论课专业技术职务高级岗位比例不低于学校重点学科高级岗位设置的平均水平,且不得挪作他用。在此方面,学校已全面落实。同时,制定了符合思想政治理论课教师职业特点的职务、职称评聘标准。

2013年12月31日,黑龙江省高校思想政治理论课教学工作视频会议召开,省教育厅厅长徐梅同志做了重要讲话,对全省高校思想政治理论课建设提出明确要求,其中(二)关于规范教学科研组织机构和学科点建设问题,提出"建立独立设置的、直属学校领导的、与学校其他二级院系同级别的思想政治理论课教学科研二级机构,是思想政治理论课建设最基础、最根本、最重要的保障。建立独立的教学科研二级机构,马克思主义学科点设在思想政治理论课教学科研机构,是中宣部、教育部广泛调研、慎重考虑后做出的重大决策,符合高等教育的规律,在推动队伍建设方面发挥了重大作用"。在设立独立的二级教学科研机构问题上,省教育厅领导再次明确要求必须坚决落实好。省里要求在2014年秋季开学前,在机构设置和学科点建设上,都要达到教育部规定要求。已经规范建立的,要保证机构正常高效运行,在这方面学校要提供必要的政策保障措施。机构要与学校其他院系享有同等待遇,有相对独立的人财物事权;充分考虑机构主要为公共课服务的特点,保障教师的实际平均收入不低于本校相关专业院系的平均水平;要营造良好的工作氛围,做到事业留人、感情留人,吸引、凝聚更多的优秀人才长期从事、终身从事思想政治理论课教育教学工作。要选拔政治强、业务精、作风正、懂管理的学术带头人和骨干教师,担任教学科研机构负责人。

学校党委高度重视此次讲话精神,进一步加强了对马克思主义学院的大力支持。2014年3月,学校进一步明确马克思主义学院为直属学校领导的独立二级学院(校人发〔2014〕95号),承担全校本科生、硕士研究生和博士研究生的思想政治理论课教学任务,

并作为马克思主义理论相关学科点的依托单位,承担马克思主义理论研究、学科建设、研究生培养等工作。学院设院长1名,党委书记兼副院长1名,专、兼职副院长2名,班子成员全部为中共党员。2014年12月,学校制定并公布了《哈尔滨工业大学学校领导班子联席基层单位工作制度》,规定学校领导班子成员通过到基层单位调研走访、与师生座谈、列席基层单位领导班子会议等多种形式深入联系单位调研指导。马克思主义学院的联系校领导是校党委书记王树权。校领导高度重视思想政治理论课建设,王树权书记、周玉校长以及其他学校领导班子成员多次到马克思主义学院调研,开领导班子座谈会、师生座谈会,通过深入基层联系单位,认真了解马克思主义学院学科建设、思想政治理论课建设、师资队伍建设等发展状况和存在的问题,保持常态化指导;共同分析、研讨学院发展建设中遇到的难题,形成解决问题的思路和办法;同时广泛听取马克思主义学院师生对学校、学院发展的意见和建议;从学校顶层设计上,在人财物等软硬件建设上,为马克思主义学院的发展保驾护航。

在学校领导的关心、指导和帮助下,马克思主义学院进一步加强管理机构建设和各项管理制度建设。随着学校办学重心的下移,学院在人才培养、科学研究和学科建设中的作用越来越大,管理权限也在不断加强。为适应形势发展的需要,充分发挥好学院党委、行政和教授会在学院重大问题决策中的作用,调动党政领导班子成员的积极性、主动性和创造性,促进决策的科学化、规范化和程序化,按照学校的要求,学院建立了党政联席会议议事制度,根据工作需要,定期召开例会,遇到特殊情况,也可以临时决定召开,一般由院长或书记主持。参加成员,主要包括学院党政领导班子成员、党委秘书。主要议事范围为:(一)学校的各项规定、任务在学院贯彻执行的方案和办法;(二)研究制定学院的发展目标、发展规划、建设方案及其他重要改革措施;(三)研究讨论学院教学、科研、人事管理、行政管理以及学生培养、管理等方面的重大事项;(四)研究学院学科建设、师资队伍建设、年度经费预算、大宗经费使用、办学资源配置及收入分配方案;(五)讨论、推荐各类集体及个人(教学科研优秀团队和个人、教学名师等)建议方案;(六)讨论、推荐学校党委授权管理的干部拟任人选;(七)研究学院重要规章制度的制定、修订、废止;(八)协调组织校、院党代会、教代会等相关工作;(九)学院其他的重大事项。

2016年学院领导班子调整,通过基层推荐、民主选举和组织考察,徐奉臻教授当选为院长,魏红梅为党委书记。2017年学院领导班子通过竞聘和民主选举,确定吴威威为副院长,主管研究生招生、培养以及外事工作。确定黄进华为院长助理,主管学科建设、科研工作和博士点建设。确定巩茹敏为院长助理,主管本、硕、博思想政治理论课教学工作。学院领导干部和组织机构的健全为学院建设提供了一个重要的组织管理基础,2016年以后在学校领导的高度重视和大力支持下,在以徐奉臻院长、魏红梅书记为核心的领导管理团队的带领下,学院在党的建设、制度建设、教学、科研、学科建设、人才培养、师资队伍建设、办公条件改善等各个层面都取得了实质性的进步,整体水平得到了质的提升。学院在2016年12月被评为黑龙江省重点马克思主义学院(全省只有5所)。

第一,学院办公条件得到极大改善,学科建制、师资队伍、组织机构和管理人员建制健全。

从办公条件看,在校党委的大力支持下,学院办公条件得到极大改善。学院于2019

年7月22日从校部楼搬迁至明德楼,办公地点在明德楼E区5~7层,14个大房间,总面积1 292.7平方米(学院在校部楼时原有房间数30个,使用面积739平方米,增幅75%),结合马克思主义学院实际情况,具体划分为6个行政办公室、6个教研室、12个教授办公室、1个名师工作室、1个文献信息中心、1个储卷室、2个会议室、1个职工之家、1个课程思政研究中心等共34个房间。目前所有教研室都配备了计算机、打印机等办公设备。整体设施尚未完成配套,正根据实际情况,逐步完善。

从组织机构看,学院下设1个院办公室、6个教研室——"思想道德修养与法律基础教研室"、"中国近现代史纲要教研室"、"毛泽东思想和中国特色社会主义理论体系概论教研室"、"马克思主义基本原理概论教研室"、"形势与政策教研室"(含"习近平新时代中国特色社会主义思想专题辅导"课程)和"研究生思想政治理论课教研室",以及1个文献信息中心、1个徐奉臻教授名师工作室、1个课程思政研究中心。

2016年以后新增机构有三个:徐奉臻名师工作室、哈尔滨工业大学教师教学发展中心课程思政教学咨询分中心及马克思主义学院文献信息中心。

2019年1月4日,黑龙江省委教育工委、黑龙江省教育厅为首批全省高校思想政治理论课名师工作室授牌,马克思主义学院徐奉臻教授负责的"徐奉臻名师工作室"成为首批入选的两个名师工作室之一。黑龙江省高校思想政治理论课名师工作室,是在中共黑龙江省委教育工委、黑龙江省教育厅指导下,以高校思想政治理论课名师个人姓名命名的非行政性工作机构,是集教学、科研、培训等职能于一体的高校思想政治理论课教师合作共同体。设立高校思想政治理论课名师工作室,是黑龙江省委教育工委、黑龙江省教育厅深入学习贯彻习近平新时代中国特色社会主义思想和党的十九大精神,深入贯彻落实全国教育大会和全国、全省高校思想政治工作会议精神,继续打好提高高校思想政治理论课质量和水平的攻坚战,加强黑龙江省高校思想政治理论课教师队伍建设的重要举措。黑龙江省高校思想政治理论课名师工作室将切实发挥示范引领作用,促进全省高校思想政治理论课中青年骨干教师专业发展,创新思想政治理论课教学方法改革,推动全省高校思想政治理论课教育教学水平再上新台阶。"徐奉臻名师工作室"将通过培养、培训青年教师、制订名师工作室的工作计划和学员培养计划并实施全程指导、举办教学培训班、召开全国性的思想政治理论课教学改革会议、开展课题研究、推广教学经验、整合优质教学资源等方式开展工作,学校给予专项经费支持"徐奉臻名师工作室"的建设,旨在将其建设成为思想政治理论课改革基地、马克思主义理论学科建设基地,成为马克思主义学院学科建设的重要平台和依托。

2019年11月25日,哈尔滨工业大学教师教学发展中心课程思政教学咨询分中心正式成立。为深入贯彻落实全国高校思想政治工作会议、全国教育大会、全国学校思想政治理论课教师座谈会精神,落实立德树人根本任务,进一步推动知识体系教育与思想政治教育深度融合,实现价值引领与知识传授的有机统一,建立起思想政治理论课程和课程思政联合育人的交流平台,努力实现"课程门门有思政,教师人人讲育人"的目标,学校决定成立哈尔滨工业大学教师教学发展中心课程思政教学咨询委员会及课程思政教学咨询分中心。分中心设立在马克思主义学院。哈尔滨工业大学教师教学发展中心课程思政教学咨询委员会主任委员为徐奉臻,副主任委员为巩茹敏,秘书长为田径,学院教师徐奉臻、魏红梅、巩茹敏、田径、吴威威为课程思政教学咨询委员会委员。哈尔滨工业大学教师教学发展中心课程思政教学咨询分中心设在马克思主义学院，主任为徐奉臻，副主任为巩茹敏、田径。中心成员（按姓氏笔画排序）为田径、巩茹敏、任延宇、吴威威、邱微、林铁松、侯宏宇、赵爱伦等。

马克思主义文献信息中心成立于2019年，在建设全国重点马克思主义学院的总目标引领下，结合哈尔滨工业大学百年校庆的时间节点，在2020年百年校庆之前，初步做好了马克思主义文献中心的建设工作，待疫情结束后，可以实现正常开放。在2020年百年校庆后，进一步做好马克思主义文献中心的各项建设工作，其远期建设目标是：通过持续不断的建设，将马克思主义文献中心建设成为与哈尔滨工业大学这所国际一流大学相匹配的一流马克思主义文献中心。建成后的马克思主义文献中心，既向马克思主义学院教职工、博士生、硕士生开放，为他们提供优质服务，又向学校教职工和各个专业的博士生、硕士生、本科生开放，将成为思想政治理论课教学改革基地、马克思主义理论科学研究基地和红色精神文化传承基地。

从学科建设看，学院现有一个二级学科博士点"马克思主义理论与社会实践"（2018年开始招生）和两个一级学科硕士点："马克思主义理论"和"哲学"。其中，"马克思主义理论"一级学科硕士点下设三个方向，即"思想政治教育""马克思主义中国化研究"和"中国近现代史基本问题研究"；"哲学"一级学科硕士点下设两个方向，即"马克思主义哲学"和"科学技术哲学"。

从师资队伍建设看，马克思主义学院拥有一支年龄、学历、专业、职称、学缘结构较为合理、政治素质较好、教学水平较高、科研能力较强的思想政治理论课教师队伍。截至2020年1月，马克思主义学院现有在岗教职工45人，其中专职教师41人，行政管理人员4人。从年龄结构来看，体现老、中、青三代结合的年龄特点：在41名专职教师中，35岁以下8人，占19.51%；36～45岁13人，占31.71%；46～55岁9人，占21.95%；56岁以上11人，占26.83%。从学缘结构来看，这些专职教师大多毕业于北京大学、吉林大学等国内著名的985、211高校或"双一流"建设高校；同时，团队中的彭华、姚永志、闫金红、黄磊、杜伟男等老师有在美国、法国、英国、澳大利亚做访问学者的经历。从专业结构来看，教师主要从事马克思主义哲学、马克思主义中国化、思想政治教育、中国近现代史基本问题、国外马克思主义、科技哲学等领域的研究，凸显马克思主义理论学科和哲学学科特色。从职称结构来看，呈现教授、副教授、讲师梯级过渡的合理状态。在41名专职教师中：教授9人，占21.95%；副教授18人，占43.9%；讲师12人，占29.27%；助教2人，占4.88%。从学历结构来看，41名专职教师中：博士后5人，博士17人，占53.66%；硕士17人，占41.46%。

第二，学院加强制度建设，按照科学化、规范化的要求，制定出台了一系列学院党政建设文件，进一步发挥制度引导、激励和规范约束管理的功能。

学院自成立以来高度重视制度建设，将学院各项工作纳入科学化、规范化管理要求。从科学民主决策制度、干部人事管理制度、财务管理制度、国有资产管理制度、教育教学管理规定、招生考试制度、监督制度、党风廉政建设制度等八个层面制定出台了二十几项制度管理规定，为学院管理立章建制。

其中,干部人事管理制度方面,学院制定了教师岗位分级设置与聘任办法、马克思主义学院教师招聘暂行办法、马克思主义学院教师聘任分类管理实施细则;在人才队伍建设方面,学院制订了马克思主义理论高层次人才领军人物计划、中青年马克思主义骨干人才培养资助计划,制定了马克思主义学院教师培训若干规定、马克思主义学院引人进人基本规程;在财务管理制度方面,学院制定了教师岗位分类管理实施细则、马克思主义学院经费报销流程和经费卡报销使用规范、马克思主义学院教学科研获奖资助办法(试行稿)和马克思主义学院学术论著资助办法(试行稿);在国有资产管理制度方面,学院制定了马克思主义学院公用房产管理条例、哈尔滨工业大学马克思主义学院固定资产管理办法等;在教育教学管理规定方面,学院制定了马克思主义学院研究生国家奖学金评选细则、马克思主义学院硕士研究生学业奖学金评定试行办法等;在招生考试制度方面,学院制定了马克思主义学院硕士研究生招生考试复试及录取工作方案、马克思主义学院2019年招收硕士研究生调剂公告、马克思主义学院接收推免生工作方案、马克思主义学院2018年预选拔推免生工作细则等;在监督制度方面,学院制定了班子民主生活会和班子述职述廉制度及马克思主义学院印章使用管理规定;在党风廉政建设制度方面,学院制定了党风廉政责任制具体落实制度、马克思主义学院党委中心组学习制度、廉政谈话制度等。

教学管理机构方面,2016年学院成立了本科教学督导专家组,指定专人负责,建立了相对稳定的、充足的专家队伍,同时制定公布了《马克思主义学院本科教学督导工作实施条例》。学院教学督导机制,是学院内部质量保障体系的重要组成部分,是常态化机制,每学期初制订督导工作计划,期末进行督导工作总结。每学期每位督导至少应完成5次听课任务,并认真填写好"课堂教学质量评价表",在教学周第18周前,将表格返回秘书处。本科教学督导制度的建立,是跟踪教学运行、指导教学环节、规范教学活动、稳定教学秩序、反馈教学信息、促进教学改革、指导教师成长、提高教学质量的重要举措。这为学院加强和指导思想政治理论课建设,进一步提升思想政治理论课教学水平和质量,起到了重要的监督和指导作用。

第三,学院通过加强过程管理,管理增效,加强科学管理、规范管理和程序化管理,提升学院教学、科研、学科建设、人才培养等整体管理水平。

首先,学院注重过程管理,形成了科学民主决策制度。学院制定了马克思主义学院党委会议事制度。制度指明,为进一步落实全面从严治党要求,充分发挥马克思主义学院党委的政治核心和保证监督作用,规范和完善马克思主义学院党委重要工作议事程序,保证决策的科学化、规范化和程序化,根据《中国共产党章程》《中国共产党普通高等学校基层组织工作条例》《关于加强和改进新形势下高校思想政治工作的意见》等规定,结合我校实际,制定此规则。马克思主义学院党委委员会议执行民主集中制,按照"集体领导、民主集中、个别酝酿、会议决定"的原则开展工作。马克思主义学院党委委员会议由马克思主义学院党委委员组成,会议秘书负责会议记录,会后形成会议纪要。会议必须有半数以上成员到会方能召开,讨论重要事项时,应有三分之二以上成员到会方能召开,以超过应到会人数的半数同意为通过。重大问题表决,可实行票决制。马克思主义学院党委委员会议实行例会制度,原则上每月定期召开,必要时可随时召开。会议由马克思主义学院党委书记或其委托党委副书记召集并主持。根据议题,还可确定其他有关人员列席会议。议事规则还对会议讨论决定的重要事项、会议程序和纪律要求等都做出了明确规定。

其次,学院注重激励管理,学院自成立以来出台了一系列师资队伍建设制度体系,包括《马克思主义理论高层次人才领军人物计划》《中青年马克思主义骨干人才培养资助计划》《马克思主义学院教师培训若干规定》《马克思主义学院科研成果奖励制度》等,从不同层面激励人才引进和人才成长。在这种激励制度促进下,学院2016年以后招聘教师人数、质量等都有了大幅度提升。学院教师积极参与各种师资培训、学术会议交流,在职参与博士后科研工作等人数有大幅度增长。

再次,学院行政管理注重作风建设,教学、科研、学科建设、人才培养等无不注重真抓实干、落在实处。以思想政治理论课教学改革为例,马克思主义学院思想政治理论课全部开展专题化教学探索,采用多元化的教学方法与手段,并实现了全部思想政治理论课都采用"大班授课—小班讨论—大班总结"的教学模式,形成了"累加式—发散式考试体系",特别是,2020年春季学期抗击新冠肺炎疫情期间,为贯彻落实教育部"停课不停教,停课不停学"的要求,春季学期全部思想政治理论课开展线上教学,并根据各自特点,形成了多姿多彩的网课教学模式。真抓实干,以学生为中心,注重学生的获得感和满意度,从而构成了鲜明的哈工大思想政治理论课教学特色。

第二节　马克思主义学院党的建设

一、发展历程,追根溯源,以史为鉴知兴替

2011年5月,哈尔滨工业大学正式组建哈尔滨工业大学马克思主义学院(校党发〔2011〕34号),该学院是学校党委领导下的独立的教学科研二级机构。2014年3月,学校进一步明确马克思主义学院为直属学校领导的独立二级学院(校人发〔2014〕95号),承担全校本科生、硕士研究生和博士研究生思想政治理论课教学任务,并作为哈工大马克思主义理论相关学科点的依托单位,承担马克思主义理论研究、学科建设、研究生培养等工作。2014年,经学校党委常委会2014年4月17日十一届第三十八次会议讨论决定,设立中共哈尔滨工业大学马克思主义学院总支部委员会,同时发布了《中共哈尔滨工业大学委员会关于设立马克思主义学院党总支的通知》(校党发〔2014〕20号),强化了学院基层党组织的领导。以此为基础,学院结合自身党建需求、教学科研、学科设置、学院发展等实际情况,成立6个党支部,其中包括教工党支部4个,分别为机关党支部、思哲党支部、科技哲学党支部、近现代史纲要与概论党支部,另有学生党支部2个,同时配齐各党支部书记及支部委员,使学院基层党建工作步入正轨。

经过半年的建设,截至 2015 年,学院当年有教职工共计 35 人,其中党员 27 人,占比 77%。发展至 2019 年底,学院共有教职工 45 人,其中党员 34 人,占比 75%。近几年间,党员人数占比情况相对稳定,基层组织框架牢固。

2016 年,学院根据学科设置变化情况,增设了形势与政策党支部。至此,学院基层党组织建设形成了 5 个教工支部加上 2 个学生支部的"5+2 模式",支部间密切协同,为学院的建设发展保驾护航。2017 年,学院党总支召开了中共哈尔滨工业大学马克思主义学院总支委员会全体党员大会,选举产生了马克思主义学院新一届党总支委员,形成了思想共识,明确了发展目标,凝聚了人心力量,同时强化了基层党支部功能,统筹学习型、服务型、创新型"三型"党支部建设,进一步加强学院党总支领导能力。

2019 年,经学校党委常委会 2019 年 7 月 16 日十二届第 51 次会议讨论决定,成立中共哈尔滨工业大学马克思主义学院委员会,发布了《中共哈尔滨工业大学委员会关于调整部分基层党组织设置的通知》(哈工大党组〔2019〕56 号),学院党建工作迈上了新台阶。

二、围绕中心,服务大局,咬定青山不放松

学院党委在发展历程中,紧扣时代脉搏,以学校中心工作为外延点,不断增加学院美誉度、提高学院知名度、提升全院教职工政治理论水平,为学院发展助力。

在政治理论贯彻落实方面。2014 年,按照学校党建创优工程、群众路线教育实践活动的要求,持续加强和改进工作作风。号召党员领导干部走出办公室,走到工作第一线。学院党委(时为党总支)将工作空间由办公室拓展到课堂,将走进课堂听课的方式补充到原有的打电话、办公室谈话等形式中去。在参加学校党建优秀工程评估工作中,学院党委(时为党总支)一方面作为学校党建优秀工程评估专家组接待成员,为学校迎评献计献策,参与迎评材料撰写、专家组接待,以及参与迎评基层党组织座谈会等;另一方面借此机会展示学院发展建设成果,营造促进学院发展的舆论氛围。在落实群众路线教育实践中,通过征集、梳理意见和建议,尤其是事关学院发展建设过程中的课程建设、学科建设和师资队伍建设等问题,向学校党委进行专题汇报,建议学校党委为学院建设搭建平台。2015 年,学院党委(时为党总支)认真开展"三严三实"专题教育,依据校党委下发的《哈尔滨工业大学在处级以上领导干部中开展"三严三实"专题教育方案》(哈工大党组〔2015〕34 号)的要求,结合学院群众路线教育实践活动发现的问题和整改落实的情况,下发《马克思主义学院领导班子"三严三实"专题教育方案》,明确提出了亟待思考和整改落实的三个问题:一是哈工大历史传统文化精神与思想政治教育的关系;二是马克思主义学院和世界一流大学建设的关系;三是思想政治理论课建设和拔尖创新人才培养的关系。2016 年,"两学一做"学习教育作为全院党员政治生活的一件大事正式启动,并以此为起点,开始了常态化学习。2016 年 4 月学院制订了学习教育实施方案和时间表,召开了启动仪式。同年 6 月副书记、副校长张洪涛来学院督导学习教育活动。在"学"的层面,分层次成立了"马克思主义学院""两学一做专题""党支部书记"微信平台,100% 覆

盖学院教工和党员;召开支部书记专题会议5次,各党支部召开专题会议53次,支部会议有纪要,党员学习有笔记;成立了"马克思主义学院十八届六中全会师生宣讲团",细化为名师大家、研究学者、学生朋辈等层次,开展了120余场讲座和沙龙。在"做"的层面,开展了"'我'在学校'双一流建设'中的角色担当和思想政治理论课教师党员的标准"的大讨论;试行了"大班教学—小班讨论—大班总结"的教学模式;启动了中国近现代史纲要MOOCs课程建设;下发了《关于习总书记系列重要讲话精神"三进"的立项通知》,增设了《习近平总书记系列重要讲话专题辅导》必修课,思政教师主持研究了习总书记系列讲话思想研究项目4项,上述工作,《光明日报》做3次报道,《黑龙江日报》做4次报道。2017年,重点落实中央巡视整改工作任务。巡视整改是学院当前和今后一个时期的重要政治任务,整改工作时间紧、任务重、要求高,是学院的头等大事和重点工作,学院自2017年至成稿之日,一直加大力度、加快速度、加紧进度推进巡视整改工作。学院落实中央巡视整改事项包括:重点马克思主义学院建设、思想政治理论课教师队伍建设、思想政治理论课教师队伍培养培训、兼职思想政治理论课教师队伍建设、重视加强思想政治理论课建设、思想政治理论课建设改革、规范课堂教学教材选用等。2017年6月,学院党委(时为党总支)制定了整改任务清单、整改措施、完成时限,不推脱、不等待、不应付,坚决做到问题不解决绝不松手、整改不到位绝不罢休、整改任务不完成绝不松劲,确保按时完成整改各项任务,坚定不移地把全面从严治党引向深入。同年,学院党委(时为党总支)认真贯彻落实全国高校思想政治工作会议精神,对照全国高校思想政治工作会议精神、中共中央国务院印发《关于加强和改进新形势下高校思想政治工作的意见》《中共哈尔滨工业大学委员会关于印发加强和改进新形势下思想政治工作的实施方案的通知》(哈工大党宣〔2017〕9号)的相关要求,逐条逐项,对标答题,做了如下几方面尝试:一是不断深化思想政治理论课改革,提升思想政治理论课教学效果;二是注重思想政治理论课教师队伍规划,打造一支高素质的思想政治理论课教师队伍;三是贯彻落实学校《意识形态工作责任制实施细则》,把意识形态工作作为学院中心工作和党的建设的重要内容,坚决做到坚持原则,敢抓敢管,制定了《马克思主义学院思想政治理论课教师落实意识形态工作责任制的通知》,落实到每一位思想政治理论课教师,"警钟长鸣",将意识形态工作责任落细落小落实;四是课堂教学,严守政治红线,真正落实"不使用马工程教材不开课""不把牢政治关不上讲台";五是进一步深入学习宣传贯彻习近平新时代中国特色社会主义思想和党的十九大精神,学院制定实施了《中共哈尔滨工业大学马克思主义学院总支委员会学习宣传贯彻党的十九大精神工作方案》《马克思主义学院党总支理论学习中心组年度学习计划》,在"学懂弄通做实"上下功夫。此外,下发了《哈工大马克思主义学院关于深入开展学习十九大精神融入思想政治理论课课程建设的通知》,设立专项经费,深入持续强力推进党的十九大精神"三进",用理论的力量提升思想政治理论课实效性。学院徐奉臻教授在《光明日报》发表3篇理论文章,巩茹敏教授在《黑龙江日报》发表1篇理论文章,另有7位教师入选哈尔滨工业大学十九大宣讲团,其中,徐奉臻入选省十九大宣讲团、省教育系统百人宣讲团。党的十九大以来,宣讲团成员受中组部、中纪委、教育部、各大高校等邀请先后在北京、上海、广东、黑龙江等20多个省、区、市为高校师生、机关干部、企事业员工等做"十九大精神宣讲""习近平总书记系列重要讲话专题辅导"等学术报告

400余场。"政青春"学生宣讲团,用朋辈视角、朋辈语言、朋辈方式先后开展了"十九大精神""两会精神""改革开放40周年"等主题宣讲活动,一年来先后开展40余场,参与人数达3 000余人。2019年1月下发了《关于设立学习宣传贯彻党的十九届四中全会精神专项课题的通知》,并提供专项经费支持。学习宣传贯彻党的理论和重大会议精神,一是将其融入思想政治理论课课程建设。学院获国家级教学比赛奖项2人次;获省级优秀教师称号1人次;《光明日报》以《爱党报国是这所大学永恒的主题》对学院思想政治理论课教学进行了宣传报道。二是开展理论研究,凝练理论成果,新增国家、省部级立项4项,出版专著2部,发表论文30余篇,让学习往深里走、往心里走、往实里走。2019年,学院党委将"不忘初心、牢记使命"主题教育与"两学一做"学习教育常态化制度化工作有机结合起来,充分运用"三会一课"党建工作制度、"三空间"党建工作模式,认真落实《马克思主义学院推进"两学一做"学习教育常态化制度化工作方案》,研究制定《马克思主义学院"不忘初心、牢记使命"主题教育领导班子集中学习研讨方案》《马克思主义学院"不忘初心、牢记使命"主题教育工作计划》并组织实施。学校党委书记王树权参加了学院主题教育工作的启动会、思想政治理论课教师座谈会和专题民主生活会。主题教育期间,学院组织召开主题教育集中学习15次,学习内容涵盖"十九大"报告、十九届四中全会精神,精读《习近平新时代中国特色社会主义思想学习纲要》,通读《习近平关于不忘初心牢记使命重要论述选编》,认真学习党章、党史和新中国史等专题,以及习总书记在全国学校思想政治理论课教师座谈会上的讲话精神、全国高校思政工作会议精神、全国教育大会精神、中共中央办公厅、国务院办公厅印发的《关于深化新时代学校思想政治理论课改革创新的若干意见》、中共哈尔滨工业大学委员会《关于印发马克思主义学院与思想政治理论课建设方案(2019—2020年)的通知》等。先后与学工部、国有资产管理处、保卫处、生命学院等单位开展联合学习,增强学习的互动性、研讨的深入性、理论的实践性,强化教育效果。此外,结合学校航空航天特色,与空军哈尔滨飞行学院建立长效沟通联络渠道,开展共建互学活动,为建立思想政治理论课教学实践基地奠定了良好的基础。在理论宣讲方面,学院结合自身专业优势及学科特点开展"多层次宣讲、菜单式选择、多维度覆盖"理论宣讲。主题教育活动期间面向校外各单位开展专题讲座、理论宣讲54场,受众面7 000余人。在调查研究方面,学院党政班子通过电话调研、网络调研、实地走访、座谈交流、谈心谈话等方式,先后开展集中调查研究9次,调研了全国"985"重点高校10所、工信部所属高校6所的思想政治理论课教师队伍建设情况,调研了学院各个教工党支部书记针对党建工作以及学院发展建设的意见建议,调研了学院12位新入职思想政治理论课教师面临的工作、生活难题以及个人职业生涯规划,调研了1 230余位在校生对思想政治理论课"大班授课—小班讨论—大班总结"教学模式的意见建议,调研了学院学生对人才培养工作的意见和建议。结合调研情况学院党政班子均按要求讲授了专题党课,召开了调研成果交流会。认真筹备召开了民主生活会,真正做到了红红脸出出汗,有"辣味"。在落实整改方面,对发现的问题及时梳理,查摆各类问题16项,均"立查立改"。召开了主题教育总结会。主题教育对学院班子提高政治站位、强化政治引领、把牢政治方向起到了强有力的支撑作用,将持之以恒地贯彻落实下去。

三、不断创新，勇于开拓，创新是引领发展第一动力

院党组织自成立之日起，充分调动、发挥基层党支部战斗堡垒作用，督促、指导、检查各基层党支部落实"三会一课"制度，认真履行全面从严治党主体责任，把反腐倡廉建设作为学院党委会议、党政联席会议重要议题，高度重视学院党员的管理、教育、考核等各项工作。以此为基础，学院党委利用学院自身专业优势，创造性地开展工作。

1. 一切为了师生，为了师生的一切，建设有温度的党组织

学生工作在确保安全稳定的前提下，发展学院学生工作特色，申请研工部、校团委立项，并获得资金支持。把握入学、就业等关键环节，尤其是在借助资源拓宽学生就业渠道上下功夫，确保学院学生顺利完成学业，实现就业。2014年，学院一位硕士研究生身患重病，需要长期反复治疗，学院为该生办理了休学手续，并联系校基金会、校医院和研究生院，通过补报医疗保险和困难补助等方式切实解决该生看病的经济困难。截至目前，这位研究生同学依然坚强地与病魔做斗争。

2. 高效运用"三空间"工作模式，坚持正确政治方向，严守政治纪律

马克思主义学院全体教工，尤其是教工党员每学期承担着大量教学科研工作，压力大，授课纪律要时时严守，讲政治成为工作的基本要求；授课内容要时时更新，政治理论学习成为工作的重要内容；授课质量要时时提升，政治理论研究成为工作的重要保证。针对这种情况，如何科学有效地开展党建工作，使其与教工党员教学科研工作有效融合和互促互进成了学院党委（时为党总支）思考和解决的问题。2015年，学院党委（时为党总支）积极探索与各支部书记、党员沟通交流的机制，寻求便捷有效的党建工作途径和方法，逐渐探索出"三空间"工作模式：传统会议室、办公室第一空间。组织开展政治理论学习、形势与政策分析、党的民主生活会以及党支部会议、支部活动。理论学习采用统一发放学习资料形式，2015年先后下发书籍5本，包括习近平《谈治国理政》《习近平总书记系列重要讲话读本》《习近平关于协调推进"四个全面"战略布局论述摘编》《党的十八届五中全会"建议"学习辅导百问》《十二届全国人大三次会议"政府工作报告"》等，各类学习资料10余种，涉及党的十八大精神，十八届三中、四中、五中全会精神，国家、省发展重大事件、重点工作以及学校党委重大会议精神等。此外，学院教师还参加学校党委的校院两级中心组学习，这是非常难得的学习机会。新媒体微信、QQ、邮件、网络第二空间。创新政治理论学习方法和途径，关注、转发共产党员微信号，时时分享时政新闻、重要会议和讲话精神，化整为零开展政治理论学习，实现理论学习的多重覆盖和有效覆盖。同时，网络便捷的特点使学院党建日常工作网络化。拓展走进课堂第三空间。走出办公室，走到教学一线，学院党总支将工作空间由办公室、网络拓展到教师课堂，以走进课堂听课的方式补充原有的打电话、办公室谈话等形式，通过走进课堂，了解教师工作状态，掌握思想政治理论课的教育教学效果，聆听工作过程中的问题和困难，切实帮助解决实际困难，尤其在"四进四信"课堂教学中，全程走进课堂，掌握教师授课情况，服务教师教

学,保证了教学政治方向和质量水平。

3. 创造性地开展专题研究,成果丰硕

2015年3月,学院党委(时为党支部)下发了《马克思主义学院关于开展各党支部立项活动的通知》,以"理论热点引航,助力思想政治理论课堂"为主题,全院党支部实现100%参与立项,其中学生党支部立项的《关注城市异乡人,共筑中国梦的民生之基》,作为基层党组织工作品牌在迎接第十二届党代会召开之际进行展示。同年7月,制定了《马克思主义学院领导班子"三严三实"专题教育方案》,结合"三严三实"专题教育要求,面向全院党员开展题为《以"三严三实"推进马克思主义学院发展建设》的专题党课。同年10月,下发了《挖传统立规格树新风——马克思主义学院党总支开展"哈工大规格"大讨论的通知》,组织各支部开展讨论,同时积极鼓励有研究方向的老师撰写理论研究论文。同年11月至12月,积极开展迎接第十二届党代会的系列活动和筹备工作,提高各党支部、党员对党代会的关注度、参与度和认同度,为下一步的贯彻落实党代会精神打牢基础。通过上述活动紧紧围绕学校党委中心工作,理论与实践结合、党建与行政工作结合,发挥好党组织的战斗堡垒作用,时刻保持党支部的生命力。2017年,组织各支部开展"挖传统立规格树新风——'哈工大规格'""'我'在学校'双一流建设'中的角色担当和思想政治理论课教师党员的标准"大讨论;不定期通过微党课组织师生党员在线上观看系列辅导视频;2017年,学院党委(时为党总支)便率先开展了"不忘初心,牢记使命"主题活动,开展"讲好哈工大思政人的故事之十九大专题篇",以及学院党员干部"进课堂"活动等。此外,进一步深化扶持形势与政策党支部与材料学院焊接党支部、鞍钢钢铁研究院焊腐所党支部、广西瑶族自治区金秀县合兴村六桂屯支部的友好党支部合作共建项目。此外,同年11月13日,学校党的十九大精神宣讲团成立,并进行了第一次集体备课,徐奉臻教授作为学校宣讲团专家组组长,学院7位教学科研骨干教师(含4位全国高校思想政治理论课教学标兵、教学能手)作为学校宣讲团专家组成员,其中徐奉臻、谢保军、巩茹敏等教授面向校内外开展多次宣讲。此外,学院硕士研究生结合自己的专业知识,成立了"哈工大政青春学生朋辈宣讲团",参加学校宣讲团集体备课,采用报告、沙龙、座谈等多种形式用学生的语言宣讲党的十九大精神,形成学生工作品牌。上述无论是专家宣讲团,还是学生朋辈宣讲团,都长期坚持理论宣讲,专家宣讲团近3年面向校内外开展党的理论宣讲300余场,学生朋辈宣讲团近1年先后开展党的理论宣讲20余场。

四、继往开来,稳中求进,立足现在规划长远

马克思主义学院党组织自2014年4月成立至今,6年多的时间不断改革创新,取得了骄人成绩。2019年,学院整体搬迁至明德楼,总面积1 292.7平方米,增幅75%,增设了教授办公室、名师工作室、课程思政教学咨询分中心、文献信息中心、党员之家、职工小家,对重点马克思主义学院建设起到了积极的推动作用。同样也是在2019年,中共哈尔滨工业大学马克思主义学院党委总支部委员会升格为中共哈尔滨工业大学马克思主

学院党委,学院党建工作迎来新的发展机遇。学院党委将与学院行政领导一并努力前行,为建设全国重点马克思主义学院不懈奋斗。

第六章 马克思主义学院社会服务与社会影响

第一节　马克思主义学院社会服务

一、社会兼职

自从2011年建院以来,马克思主义学院教师先后兼任多个社会职务,其中值得一提的是,入选"教育部马克思主义理论研究和建设工程重点教材配套用书"编写专家1人(徐奉臻),曾任"教育部思想政治理论课高职高专分教学指导委员会"委员1人(徐奉臻),入选中宣部"核心价值观百场讲坛"宣讲专家1人(徐奉臻),入选黑龙江省思想政治理论课骨干教师师资库2人(吴威威、巩茹敏),入选黑龙江省十九大精神讲师团成员1人(徐奉臻),入选黑龙江省十八届四中全会讲师团宣讲专家1人(徐奉臻),担任黑龙江省高等学校思想政治理论课教学指导委员会副主任委员1人(徐奉臻)、担任"黑龙江省中国近现代史纲要教学指导委员会"主任1人(徐奉臻),担任黑龙江省高等学校思想政治理论课教学指导委员会委员6人(徐奉臻、解保军、叶平、黄英、杨涯人、巩茹敏),参加黑龙江省"习近平总书记系列重要讲话精神专题辅导"教学大纲的编写工作3人(徐奉臻、巩茹敏、赵爱伦),担任黑龙江中国特色社会主义理论体系研究中心特聘研究员1人(徐奉臻),担任工业和信息化部党的政治建设研究中心第一届学术委员会委员1人(徐奉臻),担任中共黑龙江省委意识形态工作领导小组专家组成员1人(徐奉臻)。

此外,马克思主义学院当选中国高校经济理论与思政教改研究会会长1人(徐奉臻),当选"中国近现代史纲要"研究会、"毛泽东思想与中国特色社会主义理论体系概论"研究会副会长2人(徐奉臻、黄英),担任中国环境伦理学研究会会长1人(叶平),担任全国大学绿色教育筹备委员会主任1人(叶平),担任中国伦理学会环境伦理学专业委员会主任1人(叶平),担任中国自然辩证法研究会科技与工程伦理专业委员会副主任1人(叶平),中国自然辩证法研究会科技与社会专业委员会副主任1人(吴永忠),担任中国社会学工业社会学专业委员会秘书长1人(谢咏梅),担任中国自然辩证法研究会生态哲学专业委员会副秘书长1人(解保军),担任中国伦理学会生态伦理学专业委员会副秘书长1人(解保军),担任中共四川省委组织部特邀研究员3人(巩茹敏、黄进华、姚永利),担任哈尔滨工业大学本科生系列和研究生系列教学督导专家5人(徐奉臻、解保军、黄英、杨涯人、田径),担任哈尔滨工业大学教师教学发展分中心课程思政教学咨询委员

会主任委员、副主任委员、秘书长3人（徐奉臻、巩茹敏、田径），担任哈尔滨工业大学教师教学发展分中心课程思政教学咨询分中心主任、副主任2人（徐奉臻、巩茹敏）。

马克思主义学院教师社会兼职情况见表47。

表47 马克思主义学院教师社会兼职情况

序号	姓名	兼职任职	担任评委
1	徐奉臻	1. 中国高校经济理论与思政教改研究会会长 2. 中宣部"核心价值观百场讲坛"宣讲专家 3. 教育部思想政治理论课高职高专分教学指导委员会委员（2013—2016） 4. "教育部马克思主义理论研究和建设工程重点教材配套用书"编写专家 5. 黑龙江省十八届四中全会讲师团宣讲专家 6. 黑龙江省十九大精神讲师团宣讲专家 7. 黑龙江省教育系统十九大讲师团宣讲专家 8. 黑龙江省中国近现代史纲要教学指导委员会主任 9. 黑龙江省高等学校思想政治理论课教学指导委员会副主任委员 10. 黑龙江省中国近现代史纲要研究会副会长 11.《哈尔滨工业大学学报·社会科学版》编委 12. 黑龙江中国特色社会主义理论体系研究中心特聘研究员 13. 教育部学位论文特聘通讯评议专家 14. 工业和信息化部党的政治建设研究中心第一届学术委员会委员 15. 中共黑龙江省委意识形态工作领导小组专家组成员 16. 哈尔滨工业大学教师教学发展分中心课程思政教学咨询委员会主任委员 17. 哈尔滨工业大学教师教学发展分中心课程思政教学咨询分中心主任 18. 哈尔滨工业大学党的十九大宣讲专家组组长 19. 哈尔滨工业大学研究生课程教学督导专家	1. 连续3次担任辽宁省青年教师大奖赛评委和点评嘉宾 2. 担任黑龙江省高职高专青年教师大奖赛评委和点评嘉宾 3. 担任黑龙江省形势与政策青年教师大奖赛评委和点评嘉宾 4. 连续4次担任黑龙江省纲要课大奖赛评委 5. 担任黑龙江省思想政治理论课教师教学竞赛片区评委

续表

序号	姓名	兼职任职	担任评委
2	叶平	1. 中国伦理学会环境伦理学专业委员会主任 2. 全国大学绿色教育筹备委员会主任 3. 中国自然辩证法研究会科技与工程伦理专业委员会副主任 4. 团中央保护母亲河行动专家委员会委员 5. 清华大学绿色大学建设专家委员会委员 6. 黑龙江省伦理学研究会副会长 7. 黑龙江省自然辩证法研究会副会长 8. 黑龙江省委省政府建设环保专家组副组长 9. 黑龙江省生态保护志愿者协会环境理论委员会主任 10. 哈尔滨市环保宣教团团长 11. 海南省"候鸟计划"特聘教授 12. 海南师范大学生态文明研究智库首席专家 13. 哈尔滨工业大学环境与社会研究中心主任 14.《环境与社会》杂志主编	
3	解保军	1. 中国自然辩证法研究会生态哲学专业委员会副秘书长 2. 中国伦理学会生态伦理学专业委员会副秘书长 3. 黑龙江省思想政治理论课教学指导委员会委员 4. 哈尔滨工业大学本科生系列和研究生系列教学督导专家	
4	杨涯人	1. 黑龙江省思想政治理论课教学指导委员会委员 2. 哈尔滨工业大学本科生系列和研究生系列教学督导专家	
5	谢咏梅	1. 中国社会学工业社会学专业委员会秘书长 2. 中国自然辩证法研究会理事 3. 中国自然辩证法研究会工程哲学专业委员会常务理事、秘书长 4. 黑龙江省自然辩证法研究会副会长 5. 哈尔滨市南岗区政协委员	
6	吴永忠	1. 教育部学位论文评审专家 2. 中国自然辩证法研究会常务理事 3. 中国自然辩证法研究会科技与社会专业委员会副主任 4. 黑龙江省自然辩证法研究会常务副理事长	

续表

序号	姓名	兼职任职	担任评委
7	黄英	1."毛泽东思想与中国特色社会主义理论体系概论"研究会副会长 2.黑龙江省思想政治理论课教学指导委员会委员、副主任 3.黑龙江省党史学会理事 4.黑龙江省政治学会理事 5.哈尔滨工业大学本科生督导专家	
8	王德伟	1.教育部学位论文评审专家 2.中国自然辩证法研究会常务理事	
9	吴威威	1.黑龙江省高校思想道德修养与法律基础课教学研究会常务理事、副秘书长 2.黑龙江省政治学会理事	
10	巩茹敏	1.黑龙江省高等学校思想政治理论课教学指导委员会委员 2.黑龙江省教育系统党的十九大精神讲师团成员 3.全国高校学习"新思想千万师生同上一堂课"黑龙江省讲师团专家 4.黑龙江省高校党员教育培训专家 5.入选工信部干部教育培训师资库 6.入选教育部"名师示范课堂" 7.中共四川省委组织部特邀研究员 8.哈尔滨工业大学教师教学发展分中心课程思政教学咨询委员会副主任委员 9.哈尔滨工业大学教师教学发展分中心课程思政教学咨询分中心副主任 10.哈尔滨工业大学"明道讲堂"主讲嘉宾 11.北京大学黑龙江校友会实验中学名誉校长 12.北京大学黑龙江校友会副会长 13.北京大学黑龙江校友会通识教育书院执行院长	1.全国高校"形势与政策"课教学大奖赛评委 2.连续2次担任黑龙江省思想政治理论课教学比赛评委 3.宁夏地区思想政治理论课教学决赛评委 4.连续2次担任哈尔滨工业大学微党课大赛指导教师 5.哈尔滨工业大学电信学院烽火论坛、校园辩论赛点评嘉宾和指导教师
11	黄进华	1.教育部学位论文特聘通讯评议专家 2.教育部中国教育报刊社全国高级别专家 3.中国高校经济理论与思政教改研究会理事 4.黑龙江省中国近现代史纲要教学研究会常务理事	
12	赵爱伦	1.黑龙江省中国近现代史纲要教学研究会副秘书长兼常务理事 2.哈尔滨市人民政协理论研究会理事 3.黑龙江省政治学会理事	

续表

序号	姓名	兼职任职	担任评委
13	田径	1. 哈尔滨工业大学本科生教学督导专家 2. 哈尔滨工业大学素质文化教育委员会副主任 3. 哈尔滨工业大学教学咨询服务委员会副主任 4. 哈尔滨工业大学课程思政委员会秘书长 5. 哈尔滨工业大学课程思政教学咨询中心副主任 6. 哈尔滨工业大学教学研究发展促进委员会委员	
14	闫金红	1. 哈尔滨工业大学党风廉政建设特邀监察员 2. 黑龙江省区域科学学会副理事长兼副秘书长	
15	姚永利	1. 黑龙江省"毛泽东思想和中国特色社会主义理论体系概论"教学研究会副理事 2. 黑龙江省高等学校思想政治教育研究会成员 3. 教育部学位中心硕士学位论文通讯评议专家 4. 中共四川省委组织部特邀研究员	

二、理论宣讲

思想政治理论课教师肩负着立德树人的光荣使命。2016年,教育部在马克思主义理论学科评估中特别强调社会服务,这既是导向,又是指挥棒。当前,中国社会不仅需要思想政治理论课,而且需要高水平的马克思主义理论讲座。

在立足优秀的本科思想政治理论课课堂教学基础上,马克思主义学院本科思想政治理论课团队成员主动走进社会,积极开展理论宣讲,社会反响强烈。其中,团队成员徐奉臻、解保军参加哈尔滨工业大学十八大讲师团;徐奉臻被聘为中宣部"核心价值观百场讲坛"宣讲专家,入选黑龙江省十八届四中全会宣讲团,入选黑龙江省十九大报告宣讲团,入选黑龙江省教育系统百人宣讲团,担任哈尔滨工业大学党的十九大报告宣讲专家组组长。团队成员中,共有7人入选哈尔滨工业大学十九大宣讲团。

党的十八大、十九大以来,学院教师受中组部、中纪委、教育部、各大高校等单位邀请先后在北京、上海、广东、黑龙江等20多个省、区、市为高校师生、机关干部、企事业员工等做"十九大精神宣讲""习近平总书记系列重要讲话专题辅导"等学术报告800余场。

上述讲座在社会上引起强烈共鸣,既发出"哈工大人"的声音,又发挥本科思想政治理论课教师的理论优势,相当于把"课堂"搬到"社会",把思想政治教育从"课内"延伸到"课外",极大地提升了马克思主义学院及哈尔滨工业大学的知名度和美誉度。

自从2011年建院以来,马克思主义学院教师积极承担理论宣讲任务,开展理论宣讲活动,如:

1. 徐奉臻教授

做客人民网,讲授党的十九大精神;以"理解中国梦的方法论与社会主义核心价值观"为题,做客中宣部社会主义核心价值观百场讲坛,观看节目的人数288万,41.9万人参与互动;为黑龙江省委中心组做题为"马克思的生平和马克思主义概论"的专题讲座,受到好评。先后应邀在全国多地为高校师生,部队、机关、企业的干部、战士和员工,做教学观摩、教学改革报告与学术研究报告500余场,包括"中国方案和中国智慧:习近平新时代中国特色社会主义思想解读""中国方案与中国智慧:十九大报告精神解读""马克思的生平与马克思主义概论""思想政治理论课教师何以成为教学能手""国学智慧及其当代价值与启示""依法治国:构建政治文明新常态的必由之路""教学的理念、方法及技巧""'中国梦'的内涵路径及展望思考""习近平系列重要讲话精神解读""习近平四个全面思想解读""习近平的认识论和方法论""党的政治建设思想解读""'不忘初心 牢记使命'主题教育'学思用贯通 知信行统一'""以'六要'和'八统一'为引领打造思政'金课'的理念和路径"等(见表48)。《国内动态清样》《内部参考》《光明日报》《半月谈》等多次报道徐奉臻的宣讲事迹,被称为"徐奉臻现象",黑龙江省委书记两次对其宣讲做出重要批示,号召全省思想政治理论课教师向徐奉臻教授学习。

表48　徐奉臻教授的理论宣讲情况

序号	讲座题目	讲座对象	讲座地点
1		厦门思想政治理论课教师	厦门市委党校
2		黑龙江省思想政治理论课教师	哈尔滨师范大学
3		黑龙江省思想政治理论课教师	中共黑龙江省委党校
4		海南热带海洋学院	海南热带海洋学院
5		东北农业大学行政干部	东北农业大学
6		工业和信息化部优秀干部培训班	哈尔滨工业大学
7		哈尔滨铁路局	哈尔滨铁路局
8		哈尔滨工业大学校院两级中心组	哈尔滨工业大学
9		黑龙江省教育厅全体干部	黑龙江省教育厅
10		河南省统计局干部	哈尔滨工业大学科学园
11	依法治国:构建政治文明新常态的必由之路	保定地税局干部	哈尔滨工业大学建筑学院
12		山西省质监局	哈尔滨工业大学邵馆报告厅
13		山西省阳泉市地税局(1期)	哈尔滨工业大学继续教育学院
14		山西省阳泉市地税局(2期)	哈尔滨工业大学继续教育学院
15		云南昭通地税局	哈尔滨工业大学继续教育学院
16		山西文物局和山西扶贫办	哈尔滨工业大学建筑学院
17		四川宜宾县党校	哈尔滨工业大学继续教育学院
18		山西省委组织部	哈尔滨工业大学科学园
19		广西百色总工会	哈尔滨工业大学继续教育学院
20		广东惠州政协干部	哈尔滨工业大学继续教育学院
21		山西省司法厅	哈尔滨工业大学继续教育学院
22		中共黑龙江省委组织部	黑龙江省省直机关花园街办公区
23		哈尔滨工业大学生命学院	哈尔滨工业大学生命学院

续表

序号	讲座题目	讲座对象	讲座地点
24		"全国高校经济理论与思政教改研究会"第29届年会	重庆师范大学
25		海南热带海洋学院	海南热带海洋学院
26		东北农业大学行政干部	东北农业大学
27		黑河学院	黑河学院
28		中纪委北戴河培训中心(1期)	中纪委北戴河培训中心
29		中纪委北戴河培训中心(2期)	中纪委北戴河培训中心
30		广东省纪委和监察厅	广东省纪委
31		工业和信息化部青年干部培训班	哈尔滨工业大学邵馆报告厅
32		哈尔滨工业大学后勤集团	哈尔滨工业大学活动中心
33		哈尔滨工业大学交通学院	哈尔滨工业大学交通学院
34		黑龙江农发行	黑龙江农发行
35		黑龙江海关	黑龙江海关
36		黑龙江检验检疫局	黑龙江检验检疫局
37		哈尔滨医科大学大庆分校	哈尔滨医科大学大庆分校
38		黑龙江省报业集团	黑龙江省报业集团
39	习近平总书记系列重要讲话精神解读	中共黑龙江省委宣传部	黑龙江省直机关花园街办公区
40	"四个全面"重要思想解读、"四个全面"战略思想解读	广西柳州市直机关工委干部(1期)	哈尔滨工业大学继续教育学院
41		广西柳州市直机关工委干部(2期)	哈尔滨工业大学继续教育学院
42	一位历史学者眼中的中国现代化	重庆市检察院干警(1期)	哈尔滨工业大学继续教育学院
43		重庆市检察院干警(2期)	哈尔滨工业大学建筑学院
44		重庆市高校人事处长	哈尔滨工业大学继续教育学院
45		山西省直机关工委干部	哈尔滨工业大学科学园
46		七台河市委组织部	哈尔滨工业大学继续教育学院
47		郑州金水区政法委(1期)	哈尔滨工业大学继续教育学院
48		郑州金水区政法委(2期)	哈尔滨工业大学继续教育学院
49		郑州市纪检监察系统(1期)	哈尔滨工业大学继续教育学院
50		郑州市纪检监察系统(2期)	哈尔滨工业大学继续教育学院
51		广东梅州城市建设局干部	哈尔滨工业大学继续教育学院
52		荥阳市委组织部	哈尔滨工业大学继续教育学院
53		黑龙江省农行基层党支部书记	哈尔滨工业大学科学园报告厅
54		国务院国家机关事务管理局北戴河分局	国务院国家机关事务管理局北戴河分局
55		哈尔滨工程大学	哈尔滨工程大学
56		哈尔滨学院	哈尔滨学院
57		深圳龙岗区社会建设与社会治理培训班	哈尔滨工业大学活动中心

续表

序号	讲座题目	讲座对象	讲座地点
58		海南热带海洋学院	海南热带海洋学院
59		东北农业大学行政干部	东北农业大学
60		中纪委中国纪检监察学院	中纪委中国纪检监察学院
61		黑龙江海关	黑龙江海关
62		长春中医药大学	长春中医药大学
63		哈尔滨工业大学威海分校	哈尔滨工业大学威海分校
64		韩山师范学院	韩山师范学院
65		黑龙江农行中青年干部	哈尔滨工业大学科学园
66		山西省司法厅	哈尔滨工业大学活动中心
67		山东临沂地税局（1期）	哈尔滨工业大学邵馆报告厅
68		山东临沂地税局（2期）	哈尔滨工业大学继续教育学院
69		天津市通信系统干部（1期）	哈尔滨工业大学活动中心
70		天津市通信系统干部（3期）	哈尔滨工业大学邵馆报告厅
71		广西北海工信委干部	哈尔滨工业大学继续教育学院
72		山西省运城市地税局干部	哈尔滨工业大学继续教育学院
73	国学智慧及其当代价值	江西抚州建筑业高管	哈尔滨工业大学继续教育学院
74		广西钦州市政协委员	哈尔滨工业大学继续教育学院
75		郑州市人防办	哈尔滨工业大学继续教育学院
76		黑河市委组织部	哈尔滨工业大学继续教育学院
77		云南普洱司法系统（1期）	哈尔滨工业大学继续教育学院
78		云南普洱司法系统（2期）	哈尔滨工业大学继续教育学院
79		济南市政务服务系统干部	哈尔滨工业大学继续教育学院
80		福建、安徽、四川三省通信管理局	哈尔滨工业大学行政楼
81		宁波经信委组织的企业家培训班	哈尔滨工业大学继续教育学院
82		福建、安徽、四川、山东四省通信管理局干部	哈尔滨工业大学行政楼
83		江西职业技术学院教师	哈尔滨工业大学继续教育学院
84		西安翻译学院干部	哈尔滨工业大学活动中心
85		温州科技局干部	哈尔滨工业大学继续教育学院
86		山东菏泽国税干部	哈尔滨工业大学活动中心
87		黑龙江省农行干部培训班	黑龙江省农行
88		沈阳航空航天大学	沈阳航空航天大学
89	十八大报告：中国梦的愿景和蓝图	哈尔滨工业大学交通学院	哈尔滨工业大学交通学院
90		哈尔滨工业大学材料学院	哈尔滨工业大学材料学院
91	十八大报告：中国走向新型现代化的里程碑	哈尔滨工业大学化工学院	哈尔滨工业大学化工学院
92		哈尔滨工业大学电气学院	哈尔滨工业大学电气学院

续表

序号	讲座题目	讲座对象	讲座地点
93	习近平总书记关于中国梦的思想解读 中国梦断想 中国梦的内涵路径和展望思考 中国梦与社会主义核心价值观	海南热带海洋学院	海南热带海洋学院
94		上海大学	上海大学
95		哈尔滨工业大学材料学院	哈尔滨工业大学材料学院
96		中共黑龙江直属机关党校	中共黑龙江直属机关党校
97		中共黑龙江直属机关党校	中共黑龙江直属机关党校
98		中共黑龙江直属机关党校	中共黑龙江直属机关党校
99		中共黑龙江直属机关党校	中共黑龙江直属机关党校
100		中共黑龙江直属机关党校	中共黑龙江直属机关党校
101		牡丹江幼儿师范学校	牡丹江幼儿师范学校
102		哈尔滨医科大学	哈尔滨医科大学哈尔滨主校区
103		黑龙江检验检疫局	黑龙江检验检疫局
104		黑龙江省外国语学院	黑龙江省外国语学院
105		郑州中原区妇联	哈尔滨工业大学活动中心
106		山西省总工会	哈尔滨工业大学建筑学院
107		黑河市委组织部干部	哈尔滨工业大学活动中心
108		山西省政协干部	哈尔滨工业大学继续教育学院
109		河南新郑信访局干部(1期)	哈尔滨工业大学继续教育学院
110		河南新郑信访局干部(2期)	哈尔滨工业大学活动中心
111		黑龙江省福彩中心	黑龙江省福彩中心
112		齐齐哈尔大学新任职干部	齐齐哈尔大学
113	思想政治理论课教师何以成为教学能手	全国高职高专思想政治理论课创新高峰论坛	新疆
114	思想政治理论课教改体会及思想政治理论课学习的重难点问题	黑龙江省博士生思想政治理论课研究会	东北林业大学
115	思想政治理论课教学体会	全国高校思想政治理论课教学改革创新会议	四川大学
116	课堂教学的方法与艺术	黑龙江"中国近现代史纲要"研究会年会	齐齐哈尔大学
117	教学的理念、方法及技巧	教育部全国思想政治理论课骨干培训班	国家教育行政学院
118	博士生课"中国马克思主义与当代"的教学体会	厦门思想政治理论课教师	厦门市委党校
119	博士生思想政治理论课教学的主要问题	全国思想政治理论课创新教学培训会	青岛
120	如何上好一堂党课 中国近现代史纲要2013版教材修订培训	全国思想政治理论课创新教学培训会	长沙华鼎大酒店
121	回溯提升教学模式在中国近现代史纲要教学中构建运用的理念路径	思政名师谈教学——全国高校思政课名师工作室特色教学方法改革与创新研修班	昆明

续表

序号	讲座题目	讲座对象	讲座地点
122	思想政治理论课教师何以成为教学能手 思想政治理论课教改体会及思想政治理论课学习的重难点问题 思想政治理论课教学体会 课堂教学的方法与艺术 教学的理念、方法及技巧 博士生课"中国马克思主义与当代"的教学体会 博士生思想政治理论课教学的主要问题 如何上好一堂党课 中国近现代史纲要2013版教材修订培训 回溯提升教学模式在中国近现代史纲要教学中构建运用的理念路径	全国高校名师工作室特色教学方法改革与创新研修班	大连恒元大酒店
123		辽宁省思想政治理论课教师	辽宁市委党校
124		吉林省思想政治理论课教师	吉林大学
125		辽宁省思想政治理论课教师	辽宁大学
126		海南热带海洋学院	海南热带海洋学院
127		重庆交通大学思想政治理论课教学科研部	重庆交通大学
128		辽宁师范大学马克思主义学院教师	辽宁师范大学
129		哈尔滨师范大学管理学院	哈尔滨师范大学
130		哈尔滨师范大学新入职青年教师	哈尔滨师范大学
131		黑龙江省"纲要"2013版教材修订培训	哈尔滨师范大学
132		东北农业大学新入职青年教师	东北农业大学
133		黑河学院	黑河学院
134		辽宁世纪教育研究院和辽宁省社科院联合主办思想政治理论课教师培训班	辽宁世纪教育研究院
135		齐齐哈尔工学院	齐齐哈尔工学院
136		长春理工大学	长春理工大学
137		长春中医药大学	长春中医药大学
138		哈尔滨工业大学威海分校	哈工大威海分校
139		黑龙江职业学院	黑龙江职业学院
140		哈尔滨工程大学马克思主义学院	哈尔滨工程大学
141		黑龙江民族职业学院	黑龙江民族职业学院
142		四川省马克思主义学院院长培训班	四川大学
143		四川省马克思主义学院教研室主任培训班	四川大学
144		四川省马克思主义学院本科新入职教师培训班	四川大学
145		四川省马克思主义学院高职高专新入职教师培训班	四川大学
146		西南科技大学	西南科技大学
147		西南财经大学	西南财经大学

续表

序号	讲座题目	讲座对象	讲座地点
148		西华大学	西华大学
149		哈尔滨工业大学首期青年教师培训研讨班	哈尔滨工业大学
150		哈尔滨工业大学党校学员	哈尔滨工业大学
151		哈尔滨工业大学党校教师	哈尔滨工业大学
152		哈尔滨工业大学博士讲师团成员	哈尔滨工业大学
153		哈尔滨理工大学	哈尔滨理工大学
备注	其他理论宣讲服务社会形式： （一）担任评委工作 1. 徐奉臻连续 3 次担任辽宁省青年教师大奖赛评委和点评嘉宾。 2. 徐奉臻担任黑龙江省高职高专青年教师大奖赛评委和点评嘉宾。 3. 徐奉臻担任黑龙江省形势与政策青年教师大奖赛评委和点评嘉宾。 4. 徐奉臻连续 4 次担任黑龙江省纲要课大奖赛评委。 5. 徐奉臻担任黑龙江省思想政治理论课教师教学竞赛片区评委。 （二）经验介绍与教学展示 1. 徐奉臻在首都师范大学召开的高校思想政治理论课教研创新研讨会及首届思想政治理论课教师影响力标兵人物颁奖大会上，做经验介绍。 2. 徐奉臻在上海交通大学举行的首届思想政治理论课教学能手竞赛表彰大会上，做教学观摩。 3. 徐奉臻应邀到天津师范大学做教学观摩和经验介绍。 4. 徐奉臻在于花园邨召开的"全省习近平讲话精神及四进四信专题研讨会"上做经验介绍。省委副书记到会并讲话。 5. 徐奉臻应邀在于哈尔滨工程大学召开的"全省高校宣传思想工作经验交流会"上做经验介绍，受到省委副书记和省委宣传部长的表扬。哈尔滨工业大学校报对此进行了报道。 6. 徐奉臻应邀在于哈尔滨花园邨召开的"四进四信"总结大会上做工作汇报，受到省委领导的肯定和表扬，《光明日报》进行了报道。 7. 徐奉臻应邀在黑龙江省名师工作室启动仪式上，为全省思想政治理论课教师做教学经验介绍。 8. 徐奉臻应教育部之邀，在国家教育行政学院为全国的思想政治理论课教学做教学经验介绍。 9. 徐奉臻应邀多次在大庆为全国高校思想政治理论课骨干教师实践研修班做教学经验介绍。 10. 徐奉臻应邀在上海大学做教学观摩。 10. 徐奉臻应邀在呼和浩特、大连、沈阳、长春、青岛、成都、北京、贵阳、长沙、武汉、厦门、福州等地做教改报告和教学经验介绍。 （三）筹办会议 1. 徐奉臻以会长身份，筹备和主持"全国高校经济理论与思政教改研究会"第 27 届年会。 2. 徐奉臻以会长身份，筹备和主持"全国高校经济理论与思政教改研究会"第 28 届年会。 3. 徐奉臻以会长身份，筹备和主持"全国高校经济理论与思政教改研究会"第 29 届年会。 4. 徐奉臻以会长身份，筹备和主持"全国高校经济理论与思政教改研究会"第 30 届年会。 5. 徐奉臻以会长身份，筹备和主持"全国高校经济理论与思政教改研究会"第 31 届年会。

2. 巩茹敏教授

2016年至2019年,以"从十九大报告理解习近平新时代中国特色社会主义思想""学习贯彻落实习近平总书记东北之行讲话精神,推动龙江全面振兴全方位振兴"" '四个全面'战略布局解读""全面从严治党""全面从严治党和十八届六中全会关系""黑龙江的前世今生""新形势下党内政治生活若干准则解读""习近平总书记高校思政会议解读""人民的名义视域下廉洁从政的思考"为题目,为中国战略支援部队、黑龙江省检察院、黑龙江省监狱管理局、黑龙江省校友会、黑龙江省证监会、黑龙江省直机关、大唐电力公司、哈尔滨消防支队、哈工大继续教育学院组织的全国各地干部教育培训班、哈工大各院系做专题讲座300余场,取得良好的社会反响。

2016年获得首届全国高校"形势与政策"课巡回教学展示活动一等奖后,以"不忘赶考初心,方能砥砺前行"为题目,在上海交通大学、辽宁大学、国家教育行政学院、东北林业大学组织的黑龙江省高校思想政治理论课第一片区、牡丹江师范学院组织的黑龙江省高校思想政治理论课第四片区进行教学展示,共有来自省内外的1 000余名思想政治理论课教师现场观摩。特别是2017年初在国家教育行政学院由《时事报告》组织的全国第38期"形势与政策"课培训班的教学展示,受到省内外400余名同行的高度评价,极大地提高了哈尔滨工业大学的知名度和美誉度。巩茹敏教授的理论宣讲情况见表49～表57。

表49 "四个全面"战略布局解读

序号	讲座题目	讲座对象	讲座地点
1	"四个全面"战略布局	大唐电力公司全省中层管理干部	龙唐大厦大唐培训中心
2		哈尔滨工业大学交通学院教师和研究生党员	哈尔滨工业大学交通学院
3		安徽特检设备培训班	哈尔滨工业大学能源学院
4		哈尔滨工业大学研究生院	一校区学生活动中心

表 50 "人民的名义视域下廉洁从政的思考"专题

序号	讲座题目	讲座对象	讲座地点
1	"人民的名义"视域下廉洁从政的思考 "人民的名义"视域下习式反腐战略 习近平总书记治国理政之反腐战略 习近平治国理政思想之"四个全面"战略布局解读 从人民的名义看党内法规建设与发展	甘肃酒泉人社局的公务员	哈尔滨工业大学一校区活动中心
2		哈尔滨工业大学全体预备党员	哈尔滨工业大学二校区活动中心
3		黑龙江省机场建设集团处级干部	哈尔滨工业大学继续教育学院
4		东方学院	东方学院
5		河南省统计局领导干部	哈尔滨工业大学继续教育学院
6		广西壮族自治区住房公积金中心的领导干部	哈尔滨工业大学继续教育学院
7		山西省外事侨务办公室的领导干部	哈尔滨工业大学继续教育学院
8		山西省政府采购中心的领导干部	哈尔滨工业大学继续教育学院
9		四川省统战部组织的四川民主党派省市新任领导班子成员培训班	哈尔滨工业大学继续教育学院
10		河南省新郑市人民法院的领导干部	哈尔滨工业大学继续教育学院
11		四川省内江市食品药品监督管理局第一期领导干部培训班	哈尔滨工业大学继续教育学院
12		四川省内江市食品药品监督管理局第二期领导干部培训班	哈尔滨工业大学继续教育学院
13		北大黑龙江校友会通识教育书院学员	哈尔滨市道里区新桥小学
14		哈尔滨消防支队附属的消防大队教导员、消防中队指导员	哈尔滨消防支队红星水库培训基地
15		哈尔滨消防支队中层以上领导干部	哈尔滨消防支队会议室
16		黑龙江省监狱管理局基层党支部履职能力提升培训班第一期	哈尔滨工业大学活动中心
17		黑龙江省监狱管理局基层党支部履职能力提升培训班第二期	哈尔滨工业大学活动中心
18		黑龙江省监狱管理局基层党支部履职能力提升培训班第三期	哈尔滨工业大学活动中心
19		贵州省黔东南州直机关的党务干部第一期培训	哈尔滨工业大学继续教育学院
20		贵州省黔东南州直机关的党务干部第二期培训	哈尔滨工业大学继续教育学院
21		河南省卫计委领导干部	哈尔滨工业大学继续教育学院
22		山东省莱芜市机关党组织书记培训班	哈尔滨工业大学继续教育学院
23		四川省内江市工商局培训班一期	哈尔滨工业大学继续教育学院
24		四川省内江市工商局培训班二期	哈尔滨工业大学继续教育学院
25		河南省郑州市物价局培训班	哈尔滨工业大学继续教育学院
26		四川省内江市质监局一期高级研修培训班	哈尔滨工业大学继续教育学院
27		四川省内江市质监局二期高级研修培训班	哈尔滨工业大学继续教育学院
28		四川省凉山州直机关党务干部	哈尔滨工业大学科学园航天馆
29		广东省韶关市水务局一期干部	哈尔滨工业大学继续教育学院
30		广东省韶关市水务局二期干部	哈尔滨工业大学继续教育学院
31		山东省邹县党政机关业务知识高级研修培训班	哈尔滨工业大学继续教育学院
32		黑龙江省委统战部新的社会阶层人士理论研修班	哈尔滨工业大学邵逸夫馆
33		哈尔滨工业大学环境学院团委	哈尔滨工业大学环境学院
34		大唐电力公司中层管理干部培训	大唐电力公司

表51 "两会"深度解读

序号	讲座题目	讲座对象	讲座地点
1	2018两会精神解读	哈尔滨工业大学党员发展对象培训班	哈尔滨工业大学礼堂
2		哈尔滨汽轮机厂有限责任公司中层管理者综合能力提升培训班	哈尔滨汽轮机厂

表52 秉持敬畏之心,上好思想政治理论课

序号	讲座题目	讲座对象	讲座地点
1	以敬畏之心,上好思想政治理论课	全国各地思想政治理论课教师	哈尔滨市龙达假日酒店

表53 不忘赶考初心、方能砥砺前行

序号	讲座题目	讲座对象	讲座地点
1	不忘赶考初心方能砥砺前行	上海交通大学	上海交通大学
2		北京大学黑龙江校友会	太阳岛月亮湾电视城

表54 击水中流浪千重——从十九大报告理解习近平新时代中国特色社会主义思想

序号	讲座题目	讲座对象	讲座地点
1	击水中流浪千重——从党的十九大报告把握习近平新时代中国特色社会主义思想 / 击水中流浪千重——习近平新时代中国特色社会主义思想关键词	哈尔滨工业大学交通学院全体党员	哈尔滨工业大学交通学院
2		哈尔滨工业大学体育部全体党员	哈尔滨工业大学体育馆
3		哈尔滨工业大学电信学院本科生、研究生全体党员	哈尔滨工业大学格物楼
4		哈尔滨工业大学机电学院教师支部与院办支部	哈尔滨工业大学制造楼
5		哈尔滨工业大学基础学部入党积极分子	哈尔滨工业大学二校区主楼
6		黑龙江省戒毒管理局以上局领导干部	黑龙江省戒毒管理局会议室
7		黑龙江省司法厅党支部书记	黑龙江省司法厅会议室
8		哈尔滨市教育局人事干部素养提升培训班	哈尔滨工业大学继续教育学院
9		北京战略支援部队全体官兵	北京战略支援部队
10		七台河市勃利县政府干部	七台河市勃利县
11		重庆市潼南县人民法院干警综合素能提升班	哈尔滨工业大学继续教育学院
12		大唐电力公司处级领导干部培训班	大唐电力大厦会议室
13		黑龙江省机场管理集团有限公司培训班	哈尔滨工业大学继续教育学院
14		哈尔滨工业大学生命学院全体党员师生	哈尔滨工业大学生命学院
15		哈尔滨工业大学各单位组织员、党务工作者	哈尔滨工业大学管理学院
16		黑龙江省机场管理集团有限公司二期培训班	哈尔滨工业大学继续教育学院
17		绥化学院全体师生	绥化学院
18		黑龙江职业技术学院全体师生	黑龙江职业技术学院
19		鹤岗师范专科学校全体师生	鹤岗师范专科学校
20		伊春职业技术学院全体师生	伊春职业技术学院
21		哈尔滨工业大学化工学院全体师生党员	哈尔滨工业大学化工学院
22		中国银行黑龙江省分行柜面人员能力提升培训班一期	哈尔滨工业大学科学园管理学院
23		中国银行黑龙江省分行柜面人员能力提升培训班二期	哈尔滨工业大学科学园管理学院
24		黑龙江省机场管理集团有限公司培训班三期	哈尔滨工业大学继续教育学院

续表

序号	讲座题目	讲座对象	讲座地点
25		河北省雄县人大	哈尔滨工业大学建筑学院
26		山西省经信委	哈尔滨工业大学建筑学院
27		黑龙江省民族学校内高班	哈尔滨工业大学继续教育学院
28		黑龙江省哈尔滨14中、73中教师	哈尔滨工业大学继续教育学院
29		山东东营广饶县人大	哈尔滨工业大学建筑学院
30		大唐哈尔滨第一热电厂	大唐电力大厦
31		中国银行黑龙江省分行柜面人员能力提升培训班四期	哈尔滨工业大学科学园管理学院
32		铁路局系统牡丹江机务段培训班	哈尔滨工业大学建筑学院
33		山东东营广饶县人大二期	哈尔滨工业大学建筑学院
34		中国银行黑龙江省分行柜面人员能力提升培训班五期	哈尔滨工业大学科学园管理学院
35		江西抚州市企业经营管理人才高级研修培训班	哈尔滨工业大学继续教育学院
36	击水中流浪千重——从党的十九大报告把握习近平新时代中国特色社会主义思想	中国银行黑龙江省分行柜面人员能力提升培训班六期	哈尔滨工业大学科学园管理学院
37		中国银行黑龙江省分行柜面人员能力提升培训班七期	哈尔滨工业大学科学园管理学院
38		中国银行黑龙江省分行柜面人员能力提升培训班八期	哈尔滨工业大学科学园管理学院
39	击水中流浪千重——习近平新时代中国特色社会主义思想关键词	中国银行黑龙江省分行柜面人员能力提升培训班九期	哈尔滨工业大学科学园管理学院
40		中国银行黑龙江省分行柜面人员能力提升培训班十期	哈尔滨工业大学科学园管理学院
41		菏泽市经信委	哈尔滨工业大学继续教育学院
42		哈铁职业技术学院中层干部培训班	哈铁职业技术学院图书馆报告厅
43		山西晋城培训班	哈尔滨工业大学节能楼
44		山东高级企业家培训班	哈尔滨工业大学节能楼
45		贵州人大培训班	哈尔滨工业大学科学园航天馆
46		七台河检察院	哈尔滨工业大学继续教育学院
47		郑州市郑东区统计干部综合能力提升班	哈尔滨工业大学建筑学院
48		郑州综合能力提升班	哈尔滨工业大学节能楼
49		山西晋城培训班(二期)	哈尔滨工业大学节能楼
50		郑州中原新区综合素能提升研修班二期	哈尔滨工业大学节能楼
51		黑龙江省教育厅组织的黑龙江省民族学校理科骨干教师培训班	哈尔滨工业大学继续教育学院
52		郑州市郑东区统计干部综合能力提升班二期	哈尔滨工业大学建筑学院
53		七台河检察院二期	哈尔滨工业大学继续教育学院

续表

序号	讲座题目	讲座对象	讲座地点
54	击水中流浪千重——从十九大报告把握习近平新时代中国特色社会主义思想	重庆潼南区法院二期	哈尔滨工业大学建筑学院
55		黑龙江省科协	哈尔滨工业大学建筑学院
56		黑龙江省国资委	哈尔滨工业大学理学楼
57	击水中流浪千重——习近平新时代中国特色社会主义思想关键词	山西临汾市经信委	哈尔滨工业大学建筑学院
58		哈尔滨工业大学经管学院中级团校	哈尔滨工业大学一校区活动中心

表55 通过学习,做最好的自己

序号	讲座题目	讲座对象	讲座地点
1	通过学习,做最好的自己	望奎县后三乡全体师生	望奎县后三乡
2		道里区关心下一代委员会	道里区113中学

表56 贯彻实施习近平总书记东北之行讲话精神,推动黑龙江振兴

序号	讲座题目	讲座对象	讲座地点
1	黑龙江的前世今生	省直机关工委	果戈里书店
2		大唐电力公司中层管理干部培训	大唐电力公司
3	新时代振兴东北,发展黑龙江	惠州市惠济区政协高级研修培训班	哈尔滨工业大学继续教育学院
4		哈尔滨消防支队	哈尔滨消防支队会议室

表57 新时代新矛盾新征程

序号	讲座题目	讲座对象	讲座地点
1	新形势下党内政治生活的若干准则	哈尔滨大唐电力哈一热电厂中层干部	大唐哈尔滨电力哈一热电厂三楼会议室
2		黑龙江证监局党员中层干部	黑龙江证监局会议室
3	新时代新矛盾新征程	哈尔滨工业大学离退休老干部	哈尔滨工业大学活动中心
4		哈尔滨工业大学化工学院特种化学电源研究所师生联合党支部	A10公寓3楼党员工作室

3. 解保军教授

表58 解保军教授理论宣讲情况

序号	讲座题目	讲座对象	讲座地点
1	生态学马克思主义观点集萃	福建师范大学马克思主义学院	福建师范大学
2	马克思恩格斯的生态思想及其当代意义	山东农业大学马克思主义学院	山东农业大学校本部8号楼519报告厅
3	知青岁月,教授年华,解老师的那些年……	哈尔滨工业大学管理学院	哈尔滨工业大学正心楼

续表

序号	讲座题目	讲座对象	讲座地点
4	十九大生态文明的理论创新与马克思的生态文明思想	北京大学马克思主义学院师生	北京大学马克思主义学院
5	马克思恩格斯生态思想的当代意义	北京大学马克思主义学院师生及专家学者	北京大学马克思主义学院
6	习近平生态文明思想研究	成都理工大学马克思主义学院师生	成都理工大学马克思主义学院
7	马克思的生平及其思想	哈尔滨工业大学环境学院师生	哈尔滨工业大学环境学院
8	十九大报告辅导	广西金秀瑶族自治县全县领导干部	广西金秀瑶族自治县
9	十九大报告辅导	黑龙江省拜泉县全县领导干部	黑龙江省拜泉县
10	十九大报告辅导	黑龙江省拜泉县同乐村全体村委、村民	黑龙江省拜泉县同乐村
11	中国社会主义生态文明的理论与实践问题探讨	山东大学社会主义生态文明与环境政治与会专家	山东大学
12	新中国成立70周年的伟大成就	黑龙江省农业投资集团有限公司干部培训班师生	黑龙江省农业投资集团有限公司
13	绿色治理：中国农村垃圾处理的地方探索	福建师范大学马克思主义学院师生	福建师范大学马克思主义学院
14	生态学马克思主义的中国当代意义研究	武汉中南财经政法大学马克思主义学院师生及专家学者	武汉中南财经政法大学马克思主义学院

4. 黄进华教授

表59 黄进华教授理论宣讲情况

序号	讲座题目	讲座对象	讲座地点
1	如何开展马克思主义研究	哈尔滨工业大学马克思主义学院青年教师	哈尔滨工业大学马克思主义学院
2	如何开展科学研究	哈尔滨工业大学马克思主义学院博士生、硕士生	哈尔滨工业大学马克思主义学院
3	如何开展党的建设研究	哈尔滨工业大学各学院党委副书记、辅导员	哈尔滨工业大学8号楼
4	中国历史上最好的大学——西南联合大学	哈尔滨工业大学本科生	哈尔滨工业大学二校区B11教室
5	宇文融括户与唐朝中央行政体制的演变	北京大学历史学系师生	北京大学
6	唐代宇文融括户的组织体制新探	首都师范大学历史系师生	首都师范大学
7	台海变局与"陈水扁弹劾案"	首都师范大学师生	首都师范大学

第二节 马克思主义学院的社会影响

自从 2011 年建院以来,马克思主义学院的教学、科研、人才培养和理论宣讲等多项工作受到学校高度重视,得到社会肯定,产生了较为广泛的社会影响力。因此,马克思主义学院的工作被大量有影响力的新闻媒体、相关期刊、公开出版的著作等给予宣传报道,如新华社和《光明日报》《中国教育报》《思想理论教育导刊》《黑龙江日报》等多家媒体多次报道哈尔滨工业大学马克思主义学院的相关工作,主要报道见表60:

表60 对马克思主义学院相关工作的主要报道

序号	媒体名称	报道篇名	发表时间	主要内容
1	《能手之路》高等教育出版社	《形成于渐固于积 默默"奉"献达"臻"境——记哈尔滨工业大学马克思主义学院徐奉臻事迹》	2012 年	徐奉臻专题报道
2	哈尔滨工业大学新闻网	《哈尔滨工业大学十大新闻》	2012 年 12 月 30 日	徐奉臻因获"首届全国高校思想政治理论课教学能手"第一名入选哈尔滨工业大学十大新闻
3	《中国教育报》	《加强高校思想政治理论课教师队伍建设》	2013 年 9 月 13 日	徐奉臻以第一名的成绩当选全国高校思想政治理论课教学能手,并在现场教学观摩会上做公开展示
4	哈尔滨工业大学新闻网	《哈尔滨工业大学十大新闻》	2014 年 5 月 6 日	徐奉臻因入选"首届全国高校思想政治理论课教师影响力标兵人物"入选哈尔滨工业大学十大新闻
5	《思想理论教育导刊》	《默默奉献达臻境:记哈尔滨工业大学马克思主义学院徐奉臻教授》	2014 年 7 月	高校思想政治理论课教师 2013 年度影响力标兵人物先进事迹摘登——记徐奉臻教授
6	《春风化雨立德树人》高等教育出版社	《形成于渐固于积 默默"奉"献达"臻"境——哈尔滨工业大学马克思主义学院徐奉臻事迹》	2014 年	徐奉臻专题报道
7	《光明日报》	《徐奉臻:默默奉献达臻境》	2014 年 9 月 1 日	徐奉臻专题报道
8	《光明日报》	《打开青年学生思想上的"锁头"》	2015 年 7 月 15 日	哈尔滨工业大学专门成立"四进四信"专题教学教研室

续表

序号	媒体名称	报道篇名	发表时间	主要内容
9	《黑龙江日报》	《既要横贯中西 又要逻辑为王——哈尔滨工业大学教授徐奉臻谈"四进四信"教学》	2015年7月24日	徐奉臻谈"四进四信"教学报道
10	《光明日报》	《善为教育之本 善本方能成物:记哈尔滨工业大学马克思主义学院教授徐奉臻》	2015年8月21日	徐奉臻专题报道
11	《黑龙江日报》	《强师资精教学增强"四进四信"实效性》	2015年12月20日	介绍马克思主义学院"四进四信"教学特色
12	《黑龙江日报》	《实强深精活 增强教学实效性》	2015年12月22日	介绍哈尔滨工业大学"四进四信"教学
13	《黑龙江日报》	《增强"四进四信"专题教学吸引力》	2016年1月21日	介绍哈尔滨工业大学"四进四信"教学
14	哈尔滨广播电视台	《为什么说"进京赶考"还未结束》	2016年8月3日	巩茹敏解读习近平总书记"七一"讲话精神
15	《光明日报》	《激发"四进四信"专题教学活力》	2016年10月6日	哈尔滨工业大学"四进四信"特色报道
16	《时事报告》	《首届全国高校"形势与政策"课巡回教学展示活动举行,将在全国巡展》(有马克思主义学院教师获奖的详细介绍)	2016年11月22日	巩茹敏在活动中做教学展示
17	哈尔滨工业大学新闻网	《巩茹敏获首届全国高校"形势与政策"课巡回教学展示活动一等奖》	2016年11月23日	巩茹敏获首届全国高校"形势与政策"课巡回教学展示活动一等奖
18	《时事报告》	《黑龙江哈尔滨工业大学巩茹敏:不忘"赶考"初心方能砥砺前行》	2016年11月29日	巩茹敏在国家教育行政学院为全国380名思想政治理论课教学骨干进行教学展示的报道
19	辽宁大学新闻网	《首届全国高校"形势与政策"巡回教学辽宁站展示活动及"从思想政治理论课程到课程思政"专题教学研讨活动在辽宁大学举行》	2016年12月9日	介绍教学获奖与教学展示的报道
20	《黑龙江日报》	《面对教育须怀有信仰和虔敬之心:访哈尔滨工业大学马克思主义学院院长徐奉臻》	2016年12月12日	徐奉臻专题报道

续表

序号	媒体名称	报道篇名	发表时间	主要内容
21	黑龙江电视台	《张庆伟在与哈尔滨工业大学青年学生代表座谈时寄语全省青年 坚定理想信念跟党走 与时代主题同心同向 勤奋学习工作在激情奋斗中绽放青春光芒》	2017年5月5日	省委书记张庆伟莅临哈尔滨工业大学巩茹敏老师思想政治理论课堂,聆听专题思想政治理论课的报道
22	上海交通大学新闻网	《首届全国高校"形势与政策"课巡回展示在上海交大举行》	2017年12月2日	介绍巩茹敏教学获奖与教学展示的报道
23	黑龙江高校广播《早安秀》	巩茹敏接受思想政治理论课教学专题采访	2018年1月10日	巩茹敏接受思想政治理论课教学专题采访
24	新华通讯社主办《内部参考》总第8908期 第29期	《宣讲十九大精神的"徐奉臻现象"》	2018年4月19日	徐奉臻专题报道
25	新华通讯社《国内动态清样》第1552期	《马院专家徐奉臻创新方式宣讲十九大精神受欢迎》	2018年4月25日	徐奉臻专题报道
26	《半月谈》2018年9期	《愿做新时代的传习者——徐奉臻的课程和宣讲为何受欢迎》	2018年5月	徐奉臻专题报道
27	东北网	《马克思主义永不"过时" 马克思主义中国化为世界贡献中国方案——访哈尔滨工业大学马克思主义学院院长徐奉臻》	2018年5月4日	徐奉臻专题报道
28	新华通讯社《参考选编》第18期	《徐奉臻创新方式宣讲十九大精神受欢迎》	2018年5月9日	徐奉臻专题报道
29	《黑龙江日报》	《为学生当好党和国家理论政策的"翻译员"》	2019年4月21日	徐奉臻专题报道
30	工业和信息化部扶贫工作	《金秀瑶族自治县举办金秀·哈尔滨工业大学瑶山讲堂》	2018年6月11日	巩茹敏为讲堂做第一讲专题报道
31	绥化学院新闻网	《全国高校学习新思想千万师生同上一堂课 黑龙江省讲师团走进绥化学院》	2018年6月15日	报道巩茹敏在绥化学院讲课

续表

序号	媒体名称	报道篇名	发表时间	主要内容
32	哈尔滨市消防支队新闻网	《哈尔滨支队举办"新时代振兴东北,发展龙江"专题讲座》	2018年12月10日	报道巩茹敏深入解读习近平总书记"深入推进东北振兴座谈会"会议精神
33	黑龙江省检察院新闻网	《不忘初心牢记使命 主题教育再出发》	2019年6月21日	报道巩茹敏上专题党课
34	《光明日报》	《爱党报国是这所大学的永恒主题——哈尔滨工业大学开展主题教育纪实》	2019年11月14日	巩茹敏帮助专业课教师在课堂上融入思政元素
35	哈尔滨工业大学新闻网	《我校教师在首届全国高校思想政治理论课教学展示活动中获奖》	2019年12月6日	报道巩茹敏获教育部举办的首届全国高校思想政治理论课教学展示活动一等奖,赵爱伦获二等奖
36	新华网	《不忘赶考初心 方能砥砺前行》	2019年12月7日	巩茹敏进行教学展示的报道
37	搜狐网	《不忘赶考初心 方能砥砺前行》	2019年12月8日	巩茹敏进行教学展示的报道
38	《黑龙江日报》	《"实强深精活" 增强教学实效性》	2015年12月22日	巩茹敏介绍课程经验的报道
39	哈尔滨电视台	《为什么中国共产党赶考在路上》	2016年8月3日	巩茹敏做"为什么中国共产党赶考在路上"的视频报道
40	东北农业大学新闻网	赵爱伦做教学示范	2013年11月30日	在哈本科高校思想政治理论课教学观摩活动

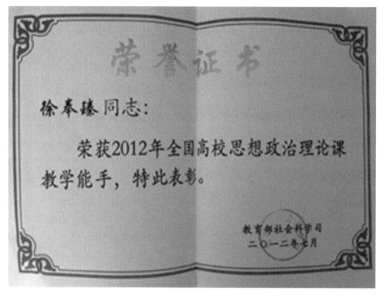

2012年，徐奉臻荣获全国高校思想政治理论课教学能手称号